KW

ANGELICA GARNETT

FREUNDLICHE TÄUSCHUNGEN

EINE KINDHEIT IN BLOOMSBURY

Aus dem Englischen und
mit einem einführenden Essay von
Kyra Stromberg

Verlag Klaus Wagenbach Berlin

Die Originalausgabe erschien 1984 unter dem Titel
Deceived With Kindness
bei Chatto & Windus/The Hogarth Press, London

Das Frontispiz zeigt
Angelica Bell mit ihrer Mutter Vanessa
in Charleston

Gesetzt aus der Korpus Walbaum Roman durch MegaSatzService, Berlin. Gedruckt und gebunden von Wagner, Nördlingen. Umschlaggestaltung Rainer Groothuis.
Printed in Germany. ISBN 3803135567.
Die Abbildungen der Seiten 2, 19, 20, 52, 59, 78, 90, 110, 111, 127, 129, 146, 148, 151, 162 aus *Vanessa Bell's Family Album*, London, 1981. Umschlag, S. 36, 39, 50 aus Virginia Woolf, *Quentin Bell*, 1976. S. 39 u.re., 64: Ullstein Bilderdienst. S. 45, 68 aus *The Letters of Virginia Woolf*, New York, 1975. S. 31, 69, 114: aus J. Lehmann, *Virginia Woolf*, 1975. S. 20, 87: Tate Gallery, London. S. 119, 120 aus G. Spater/I. Parsons, *A Marriage of True Minds*, New York, 1975.

INHALT

Duncan Grant, Eve Younger, Angelica Bell,
im Hintergrund Adrian Stephen und Angus Davidson

KYRA STROMBERG

EIN KIND VON BLOOMSBURY

Die Autorin dieser autobiographischen Aufzeichnungen, Angelica Garnett, ist ein Nachkömmling, die Jüngste ihrer Generation in der engeren Familie, das – späte – Wunschkind aus einer ungewöhnlichen Liebesbeziehung. Und sie wächst auf in einem Künstlerclan: ihre Mutter ist die Malerin Vanessa Bell, geborene Stephen, ihr Nenn-Vater deren Ehemann, der Kunsthistoriker und Literat Clive Bell, ihr wahrer Erzeuger – was sie erst spät erfährt – der Maler Duncan Grant. Zu ihm entwickelte Vanessa Bell in der Zeit ihrer bröckelnden Ehe eine starke Passion, die dann in eine lebenslange Künstler-Freundschaft überging. Duncan Grant neigte erklärtermaßen mehr zu männlichen Partnern. Als er im Ersten Weltkrieg nach 1916* als Kriegsdienstverweigerer seinen Zivildienst mit Landarbeit im Umkreis von Vanessas ländlichem Wohnsitz in Charleston, Sussex, ableistete, verband ihn eine intensive Beziehung mit David (»Bunny«) Garnett, der sich gleichfalls als zivildienstleistender Landarbeiter in Charleston aufhielt. Sehr viel später wird dieser Angelica Bell – die zu der Zeit noch gar nicht geboren ist – heiraten, sein einstiger Geliebter also sein Schwiegervater werden. Angelica ist, um das noch ihren Personalien hinzuzufügen, die besonderes geliebte Nichte Virginia Woolfs, der Schwester ihrer Mutter, die auch in ihrem Leben einen wichtigen Platz einnimmt.

Übersichtlich kann man diese Familienverhältnisse – die damals manchen skandalös erscheinen mochten – nicht nennen, vielversprechend immerhin, wenn auch nicht alles, was sie zu versprechen schienen, sich halten ließ.

Anlaß für diese späten Aufzeichnungen – im Original erschienen sie 1984 – ist das Bedürfnis der Verfasserin nach einer Selbsterforschung, vor allem das Bedürfnis, mit ihrem schwierigen und vieldeutigen Verhältnis zu ihrer Mutter ins Reine zu kommen – wenn auch erst nach deren Tode. Vielleicht haben sie der Autorin diesen begreiflichen Wunsch erfüllt. Jedenfalls ergeben sie zugleich ein sehr spezifisches Zeitbild der Epoche zwischen den Kriegen und liefern einen lebendigen Beitrag zu einem vielerörterten und facettenreichen Kulturphänomen. Im Mittelpunkt dieses Rückblicks steht nämlich das besondere Lebensmilieu der Autorin, das bestimmt wird von einem Mythos, und der heißt: Bloomsbury. Bloomsbury, gesehen aus dem Blickwinkel, durch

* Die Sternchen verweisen auf die Seite 176

das Temperament und die Erfahrungen der den Gründern nachgeborenen Generation.

Zu sagen wäre, ehe man sich auf die widersprüchlichen Ausdeutungen dieses Phänomens einläßt, daß Bloomsbury ein reizvolles Stadtquartier Londons in der Nähe des British Museum war und zum Teil noch oder wieder ist: Häuser und ruhige Plätze frühviktorianischer Herkunft, die aber zu Beginn dieses Jahrhunderts bereits ein wenig heruntergekommen waren. »Keine gute Adresse« – so befanden die gehobenen bürgerlichen Kreise, die am Hyde Park, in der Nähe von Kensington Gardens oder Regents Park siedelten, und also der richtige Ort für rebellierende Künstler und Intellektuelle. Als Künstlerviertel war es bereits eingeweiht durch die Maler Whistler und Sickert, die dort ihre Ateliers hatten. Es bot große Räume bei mäßigem Komfort, maßvollen Mieten und offenbar toleranten Vermietern. Denn hier entstanden – sehr zum Kopfschütteln der älteren Generation – im ersten hoffnungsvollen, hochbegabten und hochexplosiven Jahrzehnt dieses eher kunstverwirrt und literaturermattet zu Ende gehenden Jahrhunderts die ersten aus jungen Männern und Frauen gemischten Wohngemeinschaften. Hierher, das heißt genauer, an den Gordon Square 46, zogen nach dem Tode ihres Vaters, des bekannten viktorianischen Publizisten Sir Leslie Stephen, im Jahre 1904 seine vier Kinder Vanessa und Thoby, Virginia und Adrian. Mit dem Haus in der Hyde Park Gate 22 und seinem düster-prächtigen Historismus ließen sie eine Lebensweise hinter sich, die vor allem die Rolle der weiblichen Familienmitglieder – traditionell und behindernd – geprägt hatte. Das Neue, nach dem man so heftig begehrte, drückte sich im neuen Quartier auch in weißgestrichenen Wänden, lichtgrünem Chintz an großen Fenstern, ungerahmten Bildern und lässiger Tagesordnung aus: Kaffee nach dem Essen statt Tee zur Teezeit, kein Umkleiden mehr zum Dinner, endlos durchredete Nächte, späte Morgenstunden.

Dieses Neue, für das der Name Bloomsbury stand, rief von Anbeginn Interesse und auch Zustimmung hervor, mehr noch hämische Kritik und neidvollen Klatsch. Es wurde als wilde Orgien feiernde Clique mit fragwürdigen sexuellen Neigungen verschrien, als machtvolle Gang, ja als Mafia mißverstanden. Einige »von manischem Mißtrauen Gepeinigte« sagten Bloomsbury eine finstere Macht über die Presse nach.

Zu den milderen Anwürfen gehörten: eine gewisse Exklusivität, massenfeindlicher Intellektualismus, eine sich überlegen dünkende Frivolität und blinde Egozentrik. Ein Epigramm aus der Zeit beißt sich daran fest. Es verkennt allerdings die Grundlage des Bloomsbury-Kreises: das intensive freundschaftliche Interesse am anderen und seinem künstlerischen und literarischen Erzeugnis.

Von allen klugen Leuten rund um mich
entzückt mich doch zumeist mein eigenes Ich
Nur meine eigene Stimme höre ich
und nur mich selbst zu sehn begehre ich.

Zu vielen der Mißverständnisse bot Bloomsbury sicherlich Anlaß. Bekannt geworden ist später vor allem die heftige Kontroverse, die Clive Bell als Sprecher für Bloomsbury mit dem Vortizisten* Wyndham Lewis ausfocht: Dessen schonungslose Invektiven richteten sich auch gegen die literarische Methode Virginia Woolfs und deren Anspruch auf eine Erneuerung des Romans, wie sie ihn 1919 in ihrem Aufsatz »Moderne Roman-Kunst« beschrieben hatte.

Kontroversen gab es nicht nur – und aus den verschiedensten Gründen – mit Außenstehenden, sondern mindestens so heftig innerhalb der Gruppe, aber sie vermochten die Freundschaften nicht zu sprengen. Jeder und jede redete und schrieb – mit der gebotenen Aufrichtigkeit – über jede und jeden. Wenn man diese Äußerungen aus verschiedenen Jahren hintereinander liest, meint man in ein Spiegelkabinett zu blikken, in dem alle dort auftretenden Personen vielfach reflektiert werden – und in dem einige Zerrspiegel eingebaut sind. Alles spricht dafür, daß diese Bloomsbury geheißene Erscheinung jedenfalls mehr war als nur ein literarischer Zirkel unter anderen. Was aber war es wirklich?

Das sonst so verläßliche Oxford English Dictionary (von 1972) fertigt es als »eine Schule von Schriftstellern und Ästheten« ab, »die in Bloomsbury lebten und im frühen 20. Jahrhundert ihre Blütezeit hatten. Auch der Name für Angehörige der Gruppe.« Das ist eine magere und sogar falsche Auskunft. Denn eine »Schule« war diese lockere und offene Gruppierung gerade nicht. Es gab keinerlei Doktrin, nur gewisse Grundübereinstimmungen. Und außer Schriftstellern gehörten nicht nur »Ästheten« (was immer das ist) dazu, sondern veritable Maler wie Duncan Grant und Vanessa Bell, Kunstkenner und Kritiker wie Clive Bell und vor allem Roger Fry, (der 1911 – mit großem Eklat – die erste Ausstellung französischer Post-Impressionisten in London durchsetzte); der später weltbekannte und einflußreiche Wirtschaftswissenschaftler Maynard Keynes und die so viele Themengebiete umfassenden hommes de lettres: Lytton Strachey (Verfasser der »Eminent Victorians«), der hochgebildete Saxon Sydney-Turner, der wahre Exzentriker (der nie etwas veröffentlichte) und der politisch engagierte Publizist und Schriftsteller Leonard Woolf.

Die Encyclopaedia Britannica (1964) ist ergiebiger. »Bloomsburys Bedeutung lag«, so eine Passage, »in dem außergewöhnlichen Zusammentreffen talentierter Persönlichkeiten, deren Leistungen auf verschiedenen Gebieten vielfach hervorragend und einflußreich waren.«

Soviel aus lexikalischer Distanz. Präziseres – und auch Verwirrendes – erfährt man aus den Mitteilungen von Zeitgenossen und Späteren, zustimmenden wie opponierenden. Bloomsbury sei die einzige echte Bewegung in der kulturellen Entwicklung Englands gewesen, notiert 1929 der Schriftsteller E. M. Forster, der dieser Gruppe nahestand, ja vielleicht zu ihren Mitbegründern zu zählen ist. So genau ist das nicht auszumachen. Denn auch das gehört zu Bloomsbury: Eine Zugehörigkeit wurde gelegentlich von Fernerstehenden in Anspruch genommen, während Insider sie in Abrede stellten. »Bloomsbury«, so Forster weiter, »besteht aus Leuten, die ähnliche Meinungen haben und gern zusammen sind, ... im Grunde anständige Leute. Sie könnten schon einmal die Briefe anderer öffnen, würden aber nie stehlen, brutal sein, nie jemanden verleumden oder erpressen oder Großzügigkeit mißdeuten... Und sie haben sich eine Kultur angeeignet, die mit ihrer gesellschaftlichen Stellung harmoniert. Daher ihre Standfestigkeit.« Zu ihren weiteren Kennzeichen gehöre ein akademischer Hintergrund, finanzielle Unabhängigkeit (eine oft äußerst bescheidene), die Begeisterung für das kontinentale Europa, das Reden über Sex und eigentlich überhaupt über alles. Ihre exzentrischen Neigungen. »Sie passen durchaus in die englische Tradition.« Aus dieser Tradition – zumindest aus dem, was die Viktorianer darunter verstanden – wollten sich die jungen Leute, die sich im Namen Bloomsbury zusammenfanden, ja gerade lösen.

In einem späten und vielleicht ein wenig simplifizierenden Rückblick aus dem Jahr 1933 faßt der Zeitungskritiker Desmond McCarthy – der seine geistige Heimat nicht in Bloomsbury sah, aber ein Sympathisant war und einigen Bloomsbury-Werten zu großer Verbreitung verhalf – seine Ansicht nüchtern zusammen. »Tatsächlich... ist Bloomsbury weder eine Bewegung noch ein Anstoß, sondern ganz einfach eine Gruppe von alten Freunden, deren Sympathien und deren Respekt voreinander die Probe von fast dreißig Jahren bestanden hat und deren Offenheit ihr Zusammensein für alle erfreulich macht... Was Geschmack und andere Urteile angeht, so war man in Bloomsbury durchaus verschiedener Meinung... Die Ansichten und Temperamente waren differenziert genug, um das Gespräch immer neu zu stimulieren, und ihre intellektuelle Ehrlichkeit erlaubte ihnen, voneinander zu lernen...« Ein »Selbstbeweihräucherungs«-Verein sei es ganz entschieden nie gewesen: An den Eigenerzeugnissen der Bloomsburyaner sei im Freundeskreis selbst allerschärfste Kritik geübt worden.

Auch die sonst schweigsame Vanessa Bell, eine authentische Mitbegründerin von Bloomsbury, versucht (1951) als verläßliche Chronistin Bloomsbury von Mißverständnissen und falschen Vorstellungen zu befreien. Für sie liegt die Hoch-Zeit der Gruppe – begreiflicherweise –

zwischen 1910 und 1914: Mit Roger Fry und seiner provozierenden Post-Impressionisten-Ausstellung rückten die Maler und die Malerei – gegenüber den rein literarischen Anfängen – mehr in den Mittelpunkt des Interesses. Das Ende der kontroversen Lebendigkeit Bloomsburys sieht sie mit dem Ausbruch des Ersten Weltkrieges gekommen – auch wenn zunächst die jungen Männer zu einem erheblichen Teil nicht an die Front müssen, sondern als überzeugte Kriegsdienstverweigerer Landarbeit leisten und der Freundeskreis noch eine Weile im Windschatten des Krieges existieren kann. »Nichts wiederholt sich«, schreibt sie, »und Bloomsburys Zeit war um. Es ging in einer neuen Welt und in der jungen Generation auf, die man heute als die zwanziger Jahre kennt.«

Der reiz- und streitbare Clive Bell geht in der Verteidigung Bloomsburys gelegentlich zur scharfen Attacke gegen die Fehler der Interpreten über. Auch die 1954 im Times Literary Supplement erschienene, umfangreiche und – wie spätere Kritiker fanden – verständnisvolle Würdigung Bloomsburys ruft seinen Widerspruch hervor. Und indem er diesen besonderen Freundeskreis als eine Gruppierung unter anderen deklariert und ihn aus der Isolierung des ganz Außergewöhnlichen, ja Abstrusen lösen will, bekräftigt er sie gerade.

Er kämpft heftig gegen die schlecht recherchierten Darstellungen in Presse und Rundfunk, wo doch das historische Material noch bei Zeitgenossen abrufbar sei, und sieht weitere Fehlinterpretationen voraus: »Wissend, daß ›Bloomsbury‹ der Fluch für ein oder zwei Jahrzehnte dieses Jahrhunderts war, aber unfähig aus einer Masse wirrer Beweisstücke abzuleiten, wer denn die Übeltäter waren und was genau diese Sache eigentlich war, werden einige mit Sicherheit annehmen, daß es sich um eine religiöse Irrlehre, eine politische Abweichung oder eine Verschwörung handelte, während andere vielleicht eher den Verdacht haben werden, daß es da nur um ein abartiges Laster ging... Es könnte ja noch dazu kommen, daß ›Bloomsbury‹ etwas ganz Präzises bedeutet, obgleich, wie ich feststelle, nur wenige etwas anderes darunter verstehen als ›eine Erscheinung von der Art, die wir alle verabscheuen‹«.

Angefangen hatte jedenfalls alles an den Donnerstagabenden, die Thoby Stephen 1905 am Gordon Square 46 ins Leben rief und zu denen er sehr bald seine Studienfreunde aus Cambridge hinzuzog, »lauter erstaunliche Burschen«, die, nachlässig gekleidet und ohne Manieren »im Hyde-Park-Gate-Sinne«, sich zunächst schweigend um ihn, seine schönen Schwestern Vanessa und Virginia und deren Freunde gruppierten, aber bei einem sie stimulierenden Stichwort überaus aufmerksam und äußerst beredt wurden. Man sprach über die Kunst und das Leben, über

»das Wahre, Gute und Schöne« – in der Tat klassisch-edle Themen. »Candour« statt »cant« war die Parole – Aufrichtigkeit und Offenheit für alles anstelle von puritanischer Heuchelei und scheinheiligem small talk. Wie weit die Offenheit dann später ging, als man sich gut kannte, läßt sich einem Rückblick Virginia Woolfs auf »Old Bloomsbury« für den 1920 gegründeten Memoir-Club entnehmen (ein von dreizehn Ur-Bloomsburyanern gegründeter Veteranen-Verein, der die Überzeugungen der Gruppe hoch- und die Erinnerungen an die Anfänge wachhielt).

Während die erste Bloomsbury-Phase zwischen 1904 und 1907 – nach Virginia Woolfs Ansicht – eher abstrakt gewesen war, kam in der zweiten (nach 1908) der eigentliche Durchbruch zu rückhaltloser Offenheit. »Es war an einem Frühlingsabend«, berichtet sie, »Vanessa und ich saßen im Salon. Der Salon hatte seinen Stil seit 1904 großenteils verändert... Clive hatte alle Streichholzschachteln versteckt, weil ihr Blau und Gelb sich mit der vorherrschenden Farbzusammenstellung schlug... Ich redete egozentrisch, aufgeregt, zweifellos nur über meine eigenen Probleme. Plötzlich öffnete sich die Tür, und die lange und unheimliche Gestalt von Mr. Lytton Strachey stand auf der Schwelle. Er zeigte mit dem Finger auf einen Fleck auf Vanessas weißem Kleid. ›Sperma?‹ rief er. ›Darf man das wirklich sagen‹, dachte ich, und wir brachen in Gelächter aus. Durch dieses Wort fielen alle Barrieren der Zurückhaltung und Reserve. Eine Flut der geheiligten Ergüsse schien uns zu überwältigen. Sex beherrschte die Unterhaltung. Das Wort homosexuell lag uns ständig auf der Zunge. Wir diskutierten über den Beischlaf mit derselben Begeisterung und Offenheit, mit der wir über das Wesen des Guten diskutiert hatten.« Die Faszination, die dieses Thema damals – nicht nur auf Bloomsbury-Angehörige – ausübte, kann von der heutigen Sex-Obsession kaum überboten werden.

Europa- ja, weltweit ist die Zeit um die Jahrhundertwende und bis zum Ersten Weltkrieg, der so viele Anfänge und Aufschwünge abbrach, erfüllt von der Suche nach den unter moralischem Muff und plüschigen Konventionen nahezu erstickten Quellen des wahren Lebens. Liebe und Sexualität wurden als die kraftvollsten dieser Quellen erkannt. Kunst und Literatur wiesen als heftig ausschlagende Wünschelruten den Weg zu ihnen. Über deren Heil- und Heilskräfte für die wunde alte Welt bestand Konsens unter den zahlreichen in Mitteln und Methoden differierenden und sich scharf bekämpfenden Künstler- und Literaturgruppen.

Und noch ein Blick aus der Position der jüngeren Generation auf das legendäre Bloomsbury: Peter Stanski und William Abrahams, (die Biographen von Julian Bell und John Cornford, den beiden im Spanienkrieg getöteten jungen Dichter) kommen zu einer gelassenen Beurteilung. »Im großen und ganzen neigten die Bloomsburyaner zu einer gewissen reservierten Distanz der Welt gegenüber. (Diese Verhaltensweise darf nicht mit Weltverleugnung verwechselt werden. Wenn sie auch nicht nach Luxus strebten, ja nicht einmal nach schlichtestem Komfort, verachteten sie die Welt in ihren liebenswerteren, kultivierten Aspekten keineswegs – Kultur, wie sie sie verstanden, wozu durchaus das Vergnügen an Essen, Wein und Gespräch gehörte...) Abgesehen von Maynard Keynes und Leonard Woolf aber waren sie gleichgültig der Tagespolitik, ja sogar längerfristigen politischen Entwicklungen gegenüber. Die Anforderungen des persönlichen Lebens ließen keine Zeit übrig für diese Art öffentlichen Interesses. Man lebte *au-dessus de la mêlée*. Der Krieg änderte alles – zumindest solange er dauerte. Nach 1914 wurde es immer schwieriger, diese Losgelöstheit aufrecht zu erhalten, ja sie war schließlich unhaltbar.«

* * *

Jede junge Generation sieht frühere Überzeugungen anders als die eigentlichen Zeitgenossen. Was für die Älteren ein Aufbruch, ein Durchbruch, eine Revolution war, zumindest aber eine Reform im Denken, Fühlen, Leben von Grund auf, wird von den Nachgeborenen entweder als selbstverständliche Voraussetzung ihrer eigenen Existenz angenommen oder, häufiger noch, einer gründlichen Kritik und Korrektur unterworfen.

Das ausgeprägte und prägende Milieu, wie es Bloomsbury in vielen Varianten bot, das üppige Angebot an bemerkenswerten »Bezugspersonen«, die bereitwillige Förderung von Talenten ohne autoritären Zwang oder Druck, waren, so scheint es, beneidenswerte Bedingungen für begabte Heranwachsende.

In einer solchen Atmosphäre totaler Liberalität und freundschaftlicher – auch Spannungen einschließender – Toleranz, intensiver künstlerischer Arbeit und einer lockeren, oft improvisierten Geselligkeit wuchsen die Kinder Vanessa Bells, Julian, Quentin und die beträchtlich jüngere Angelica auf, teils in London am Gordon Square, dem »Ur-Bloomsbury«, teils in dem zu der Zeit noch ländlichen Sussex, in Charleston. Ein solcher Lebenshintergrund kann mit seiner in sich geschlossenen Abseitigkeit allerdings auch bedrängend wirken – nicht durch einschränkende Strenge, präzise Anforderungen und ein strikt vorgegebenes Bildungsprogramm, sondern, im Gegenteil, durch schrankenlose Offenheit, verstehende Nachgiebigkeit und fehlenden Widerstand. So hat offenbar Angelica Garnett das Drama des begabten Kindes erlebt: als ein Überangebot von Anregern und Anregungen, als permanente

Erwartungshaltung ihr gegenüber, als Scheitern der eigenen Talente an der Überfülle der Möglichkeiten und am Fehlen fordernder Konsequenz. Zugleich aber auch als Mangel einer Grundvertrautheit mit der Mutter, der zentralen und bestimmenden Figur in diesem Umkreis. Die von ihr geschilderten Erfahrungen sind geradezu klassische Fallbeispiele für alle nur denkbaren Mißverständnisse in einer schwierigen Mutter-Tochter-Beziehung.

In einem Erinnerungsbuch für Virginia Woolf, das 1972 erschien, hat sich auch Angelica Garnett zu ihr geäußert, und ihr Beitrag ist ihr zu einem Doppelporträt der Schwestern geraten. »Da ich gebeten worden bin, etwas über Virginia zu schreiben, scheint es mir am besten, mich ihr über meine Mutter Vanessa zu nähern...«, heißt es da sehr bezeichnend. »Vanessa war die praktischere, die standfestere, die irdischere der beiden Schwestern. Virginia sagte das immer, und dieser Unterschied muß auch schon in ihren jungen Jahren deutlich gewesen sein. Vanessa war die ältere, hatte gesellschaftlichen Erfolg, heiratete als erste und hatte Kinder. Sie konnte Farben mischen, Leinwände spannen, ein Mahl zubereiten und mit widrigen Situationen fertig werden. Sie hatte ein feminines Vermögen, Auseinandersetzungen mit Nachsicht zu begegnen und den Ideen der Männer, die sie beide kannten, aufmerksam zuzuhören. Dies gab ihr einen besonderen Platz im Herzen von Bloomsbury. Die jungen Männer aus dem College, die an die Freiheit männlichen Umgangs gewöhnt waren oder auch an das unlogische Geplauder ihrer Mütter und Schwestern, fanden es höchst angenehm, daß ihnen eine Madonna mit einem Sinn für Humor lauschte, auch wenn sie vielleicht ein wenig wild, höchst originell und sans façon war... Virginia dagegen war scheu und oft schweigsam. Wenn sie aber in der Stimmung war zu reden, sprang sie rasch über ins Phantastische und Verrückte und erschreckte so die Uneingeweihten und Unvorbereiteten. Diese Mischung aus durchsichtiger Schönheit und dämonischer Sprachgewalt wirkte sich fatal für die aus, die zu schüchtern waren, um zu reagieren und die, unbewußt betört, ... in einem Märchenland aufwachten, in dem ein spöttisches Lachen erklang... Wie alle Stephens wirkte sie in der Ruhe traurig – es schien die ihnen natürliche Haltung zu sein, aber beim kleinsten Hauch einer Bewegung um sie herum konnten ihre Augen aufblitzen in Mitgefühl, Verständnis und Intelligenz.«

Virginia konnte – wie Angelica Garnett einmal erwähnt und sie selbst zugab – durchaus ein falsches Bild von der Schwester entwerfen – ein Bild ausschließlich nach ihrem eigenen Bedürfnis. Aber sie war auch imstande, Vanessa und ihre Arbeit aus sachlicher Distanz und persönlichem Verständnis zu sehen. Im Vorwort zu einem Katalog für die Ausstellung von Vanessa Bell im Jahre 1930 beschreibt sie zunächst andeutend die Gegenstände der Bilder: südliche Landschaften, Ölberge,

Weinberge, Stilleben, nackte Knaben und Mädchen. Dann wischt sie den ob solcher Nacktheit immer noch viktorianisch Empörten und Verstockten eins aus, indem sie ironisch fragt: »Ist sie (die Malerin) vielleicht gar keine Frau, sondern eine Mischung aus Göttin und Bäuerin, deren Füße auf Wolken gehen und deren Hände Erbsen auspulen?... Mrs. Bell ist stumm wie ein Grab. Ihre Bilder verraten nichts über sie, ihre Verschwiegenheit läßt sich nicht antasten. Und darum reizen sie uns und ziehen uns weiter. Sie fordern uns und lassen uns anhalten. Sie erregen unser Gefühl. Sie geben uns Rätsel auf... und vielleicht, Schritt für Schritt – wer weiß? –, könnte man ganz vertraut werden mit dieser merkwürdigen Malerwelt, wo es keine Sterblichkeit gibt, die Psychologie unter Kontrolle gehalten wird und das Wort nicht existiert.«

Vanessas Bild schwankt in der Beschreibung der Freunde. Lytton Strachey, der ihr sehr zugetan war, sieht sie ähnlich wie sie hier beschrieben wird: als Mischung zwischen Göttin und sehr irdischer Frau, schwer durchschaubar und überwiegend stumm. Ein anderer Freund aus den frühen Tagen, Sydney Waterloo, fand sie in einer Tagebuchnotiz von 1910 »eisig, zynisch, artistisch«. Virginia sei viel emotionaler, viel mehr am Leben interessiert als an Ästhetik. Vanessa unterwarf sich zwar dem Gesetz Bloomsburys, daß alles aussprechbar und vieles durch die Ratio zu klären sei (ja manchmal schien sie sich daran zu klammern), aber sie war im Gegensatz zu ihrer Schwester keine Intellektuelle. Deren kühnem Geist und – manchmal boshaftem – Witz, ihrer überbordenden Phantasie war sie nicht immer gewachsen. Und sogar Darlegungen ihres Lieblingssohnes Julian wich sie – bei allem Verständnis für ihn – gelegentlich aus: Er sei zu klug, da könne sie nicht folgen.

Ohne Zweifel hat sie sich schon früh das Image der magna mater gefallen lassen. Sie bildete innerhalb aller Veränderungen den ruhenden Pol, der viel Bewegung um sich herum zuließ. Die Malerei und ihre Familie, in die ihre Freunde und jeweiligen Partner einbezogen wurden – waren ihr das wichtigste im Leben. Von früh an war sie die verläßliche Adressatin für Virginias Ängste und vor deren Ehe mit Leonard Woolf auch die erste Hilfe bei ihren psychischen Zusammenbrüchen. Sie besaß handwerkliche Fähigkeiten: Neben der Malerei betrieb sie zusammen mit den kongenialen Freunden Roger Fry und Duncan Grant, was man in England »interior decoration« nennt – Raumgestaltung, Innenarchitektur. Sie entwarf Möbel und Stoffe, die – noch ganz in der Tradition Ruskins – in der eigenen Omega-Werkstatt hergestellt wurden. Von ihr stammen auch die sehr charakteristischen Schutzumschläge für die Bücher der von Virginia und Leonard Woolf seit 1917 betriebenen Handpresse – der später so renommierten Hogarth Press. Der Widerstand gegen alle Konventionen äußerte sich auch in der

Kleidung: Vanessa hüllte sich gern in a-modische, fließende Gewänder und trug von allem Herkömmlichen abweichenden, selbstgemachten Schmuck und das bis in die zwanziger Jahre. Heute würde man sie »alternativ« nennen. Die Kinder liefen sommers nackt herum (Sinnenfreude war Programm) oder trugen Undefinierbares und nicht immer Tadelloses. Bei aller Bohème-Attitüde war der dehnbare und gastfreie Haushalt in Charleston fast bürgerlich organisiert. (Noch in den zwanziger Jahren gab es ja verläßliches Personal.) Man fand sich in stets wechselnder Besetzung zu regelmäßigen Mahlzeiten zusammen: Frühstück, Lunch, Kaffee nach dem Essen, Tee und Dinner wurden eingehalten, man durfte aber auch wegbleiben. Vanessa muß, wie ihre eigenen Briefe und die Schilderungen anderer zeigen, einen sardonischen Humor gehabt und gern gelacht haben. Auf fast allen Abbildern aber – den von ihren Malerfreunden gemalten Porträts, den Selbstbildnissen und den Photographien – erscheint sie in fast statuarischer Haltung (die Göttin!), hat ihr Gesicht etwas Melancholisch-Maskenhaftes, und das lange vor dem schlimmsten Verlust ihres Lebens: dem Tod ihres Sohnes Julian im Spanischen Bürgerkrieg. Es war sehr viel mehr als eine Pose – eine ihr natürliche, »ererbte« Haltung, wie ihre Tochter meint.

Julian verband ein nahezu inzestuöses Verhältnis – so sieht es Angelica Garnett – mit seiner Mutter. Auch seine Biographen Stanski und Abrahams sehen »die begabte und schöne Vanessa« als die »wichtigste Person in Julians Leben« ... »Die Bloomsbury auszeichnende vollkommene Aufrichtigkeit ging hier an die äußerste Grenze. Nie ließ die Verbindung zwischen Mutter und Sohn nach. Man kann dieses außerordentliche Einvernehmen, das den Glauben Bloomsburys an den Wert der persönlichen Beziehung eindrucksvoll bezeugt, nur bewundern. Aber dieses Verhältnis war so vollkommen, daß es andere beschnitten haben mag.«

Julian wird in Angelica Garnetts Darstellung deutlicher als der ihr nähere und vertrautere Quentin. Und obgleich sie selbst ein gewünschtes, dem in Vanessas Augen genialen Maler Duncan Grant abgelistetes und mit großen Hoffnungen erwartetes Kind war, fehlt ihrer Beziehung zur Mutter genau dieses Element totaler Offenheit. Im Gegenteil: das Schweigen und Verschweigen zwischen ihnen beginnt mit der sicherlich liebevoll gemeinten Täuschung über ihre wahre Herkunft, und es nimmt zu. Zwei Väter, von denen der eine nicht zugeben darf, daß er es ist (weil man das gegen bessere Einsicht zur Schonung der Älteren so beschlossen hat), und der andere alles weiß und sich in der ihm zugewiesenen väterlichen Rolle gehemmt fühlt, sind – so meint die Autorin – so gut wie kein Vater. Immerhin waren sie – die übrigens eine ungetrübte Freundschaft verband – zwei verständnisvolle und beeindruckende Bezugspersonen in ihrer nächsten Nähe.

Was sonst dazu beitrug, Bloomsbury für die Tochter so viel schwerer annehmbar zu machen als für die Brüder, die ihm gelegentlich vehement Widerstand entgegensetzten, ist objektiv schwer festzulegen. Ohnehin ist ja die subjektive Erfahrung der »Betroffenen« entscheidend – so viel sie auch verkennen und anders interpretieren mag, als es gemeint war. In ihren Augen scheint vor allem die Sonderrolle des begabten Kindes aus künstlerischem Milieu, die man ihr auf das Zauberwort »Bloomsbury« überall einräumte, unbekömmlich gewesen zu sein; ebenso die Nachsicht, mit der jedes Versagen behandelt, ihr jede echte Anstrengung »erspart«, jeder widerborstigen eigenen Entscheidung wohlwollend ein Platz eingeräumt wurde. Eine Konsequenz aus eigenen Fehlern zu ziehen, wurde so unmöglich gemacht, der Reifeprozeß behindert. Zu allem hinzu kommt sicherlich noch das »Familienübel« der Stephens, an dem Vanessa besonders litt: zärtliche Gefühle nicht spontan mitteilen zu können.

Die Brüder haben sich, scheint es, leichter getan. Julian wird als ein äußerst abenteuerlustiges, unbedenklich spontanes Kind voller Tatendrang geschildert, »willensstark, flink und sprunghaft« – so erlebte ihn Bunny Garnett in Charleston – mit einer Neigung zu Gewaltakten, die möglicherweise durch die beständigen Versuche der Erwachsenen, alles rational zu erklären und auch ihn dazu anzuhalten, noch gereizt wurde. Es ist eine ironische Pointe, daß beide Jungen, vor allem aber Julian, zu Kampf- und Kriegsspielen neigten, die zum Teil in der abstrakten Form von Brettspielen, zum Teil aber auch »tätlich« ausgetragen wurden. Er sei »war-minded« gewesen, wird Julian von seinen Biographen nachgesagt: »kriegerisch gesonnen« in einem Familien- und Freundeskreis erklärter Pazifisten und bewußter Kriegsdienstverweigerer – das ist eine böse Ironie des Schicksals, und sie erreicht tragisches Ausmaß durch Julians Tod als Ambulanzfahrer hinter der spanisch-republikanischen Front. (Er hatte Vanessa das Versprechen geben müssen, nicht aktiv zu kämpfen.)

Die »kriegerische Gesinnung« war wohl nicht so sehr die Lust am Gebrauch von Waffen, sondern die wachsende Überzeugung, daß es in einer politisch so spannungsvollen Zeit nicht mehr genügte, in einer noch so kultivierten und gesinnungskonsequenten Sonderwelt wie Bloomsbury zu leben. Julian und Quentin gehören beide der »Auden-Generation« an, die sich in den dreißiger Jahren – so oder so – politisch engagierte und auch der Literatur eine andere Richtung und Qualität gab. Ihr Problem war es, »die in Konflikt geratenden Anforderungen eines geistigen und tätig eingreifenden Lebens zu versöhnen« (Stanski/Abrahams).

Es wäre falsch zu glauben, daß in der Erziehung der jüngeren Schwester – unbewußt – wieder auf ältere Modelle zurückgegriffen wurde, und es wäre gleichermaßen irrig zu meinen, sie sei ein nicht oder unzureichend geliebtes Kind gewesen. (Auch die Memoirenschreiberin, die sich ihrer Subjektivität und möglicher Irrtümer bewußt ist, legt das nicht nahe.) Sie fand die besondere Zuneigung Virginia Woolfs, die sie in ihre Nähe zog und sich viel mit ihr beschäftigte. Auf diese Weise kam auch die unbeugsame Figur Leonard Woolfs ins Spiel, der ihr als einziger Widerstand entgegensetzte und mit seiner Konsequenz und Strenge offenbar bei ihr »ankam«. In Virginias Briefwechsel mit Vanessa findet sie sich immer erwähnt: liebevoll, anteilnehmend, witzig, schmeichelhaft. Virginia bezog sie in ihre Phantasiespiele ein, in denen sie selbst »Witcherina« (die Hexige) und Angelica »Pixerina« (die Elfenhafte) war und forderte ihre »Rechte«, die in – nicht immer gern abgeleisteten – Zärtlichkeiten bestanden.

Sie besucht Angelica in ihrem Internat und berichtet der Schwester darüber. Gelegentlich hört man einen leisen Vorwurf heraus, sie kümmere sich nicht in der richtigen Weise um die junge Tochter. Als beide sich einander immer mehr entfremden, übermittelt sie häufig Äußerungen von Vanessa, die Angelica sonst nicht erreicht hätten, begeisterte Worte etwa über eine Zeichnung von ihr. Später stellt sich ein enger brieflicher Kontakt mit der inzwischen mit Bunny Garnett liierten Angelica her. Noch ein Jahr vor ihrem Tod und angesichts der Bombardierungen Londons, die auch die Wohnung der Woolfs am Mecklenburg Square trafen, schreibt Virginia ihr erstaunlich launige Briefe.

Das immer wieder von gewohnter Nähe überdeckte diskrepante Verhältnis zwischen Mutter und Tochter findet eine Lösung erst mit dem Tod Vanessas: Entsetzen und Erleichterung halten sich in der Reaktion der Tochter die Waage. Es dauert über dreißig Jahre, bis sie mit ihr und mit dem Erbe von Bloomsbury ins Reine kommt. Von ihren vielleicht nicht alltäglichen Erfahrungen abgesehen, äußert sich hier eine Angehörige der zwischen den Kriegen herangewachsenen Generation, die im eigentlichen Sinne eine »Zwischengeneration« ist: schon weit entfernt von den Aufschwüngen vor dem Ersten Weltkrieg, den zwanziger Jahren – ihren Hoffnungen und ihrer Hektik – nicht mehr zugehörig, aber in der Kindheit noch davon geprägt, kommt sie zu Bewußtsein in den dreißiger Jahren: einer Zeit ideologischer Spannungen, totalitärer Exzesse, politischer Rattenfängerei, die erneut auf einen kurz zuvor noch undenkbaren Krieg hinführt, aus dem sie beschädigt und belehrt, mit vagen Hoffnungen und dem Bewußtsein unersetzlicher Verluste hervorgeht.

Die unerschütterliche Überzeugung, mit Kunst und Literatur die Welt verändern zu können, ist dahin, die Motivation, es dennoch zu versuchen, immer mühsamer zu finden.

Angelica und Clive Bell,
Charleston

Es ist von beträchtlicher Ironie, daß in dem Wort »Macht« zwei einander widersprechende
Begriffe enthalten sind: Macht *zu* etwas, also Fähigkeit,
und Macht *über* etwas, also Herrschaft.
Dieser Widerspruch aber hat noch einen besonderen Aspekt.
Macht = Herrschaft resultiert aus einer Lähmung der Macht = Fähigkeit,
die Herrschaft über etwas ist eine Perversion der Fähigkeit zu etwas...
Herrschaft ist mit dem Tod gekoppelt, Fähigkeit aber mit dem Leben.
Herrschaft entspringt der Impotenz und verstärkt sie noch, denn wenn ein Mensch
einen anderen dazu zwingen kann, ihm zu dienen,
verkümmert zusehends der Anreiz, selbst produktiv zu werden.
Masochismus ist der Versuch, das eigene individuelle Selbst loszuwerden,
der Freiheit zu entkommen und nach Sicherheit durch Anlehnung an eine andere Person
zu suchen ... er läßt sich als Opfer, Pflicht oder Liebe rationalisieren ...
masoschistische Bestrebungen stehen häufig in einem solchen Konflikt
mit denjenigen Teilen der Persönlichkeit, die nach Unabhängigkeit und Freiheit streben,
daß sie als Schmerz und als Qual empfunden werden.

ERICH FROMM,
Man For Himself:
An Enquiry into the Psychology of Ethics

Die Gefühle gegenüber den Erzeugern gehören zu den Dingen,
die man besser nicht zu sehr ans Licht zerrt.

ANDRÉ GIDE,
Die Falschmünzer

PROLOG

Während des Jahres 1975 wohnte ich nach einer Liebesaffäre mit einem sehr viel jüngeren Mann verlassen und kummervoll im Norden Londons, in Islington. Mein Freund war auf den Kontinent gezogen, ohne mir irgendeine Nachricht zu hinterlassen, und ich verbrachte viele Monate voller Angst und Zweifel, ehe ich mich zu der Einsicht durchrang, daß er nie zurückkommen würde. Zu dieser Zeit waren meine Kinder bereits aus dem Haus, und mein Mann, David Garnett (Bunny genannt), von dem ich bereits seit ein paar Jahren getrennt war, lebte in Frankreich. Ich war also mit einem Male allein in einem geräumigen Londoner Haus mit neun leeren Zimmern, nicht einmal so unglücklich als vielmehr ratlos.

Aber war es, trotz meines Verlangens, das Gegenteil zu beweisen, je anders gewesen? Ich hatte Freunde, gewiß, aber ich fühlte mich keinem von ihnen besonders nahe. Entweder waren es Jugendfreunde, zu denen sich die Verbindung mit der Zeit und durch veränderte Neigungen gelockert hatte, oder sie gehörten einer älteren Generation an, und ich war mit ihnen nur deswegen befreundet, weil sie meine Eltern gekannt und geliebt hatten. Bei ihnen fühlte ich mich zwar immer gut aufgehoben, aber dennoch unbehaglich, weil ich spürte, daß ich auf irgendeine Weise ganz unzulänglich war, was sie mich, freundlich wie sie waren, nie fühlen ließen. Unsere Beziehung litt entweder darunter, daß sich keine hinreichende Vertrautheit zwischen uns herstellen wollte, oder daß ich glaubte, ich hätte zu unserer Freundschaft nichts beizutragen.

Ein Auszug aus dem Tagebuch, das ich damals führte, zeigt meinen Mangel an Selbstvertrauen, über dessen Ausmaß und Bedeutung ich mir gerade erst bewußt zu werden begann.

London 1975
Als ich in der Caledonian Road Gemüse kaufte, schaute ich in einen Spiegel und bemerkte etwas Vages, eine Art Loch, wo eigentlich ich selbst hätte sein müssen. Im Vergleich zu der Frau neben mir wirkte ich unsicher, zaghaft und schmächtig. Dennoch war ich hübscher, besser gekleidet, ja sogar gesünder als sie. Ich hing auch keinen Tagträumen nach – ich war nur einfach nicht im gleichen Maße da. Ich bemerke häufig einen undefinierbaren Ausdruck in den Gesichtern, die mir in Läden oder sonstwo in der Öffentlichkeit begegnen, einen Ausdruck, in dem sich mein Nicht-Vorhandensein spiegelt. Wenn ich dann lächle und mich bemühe, gefällig zu wirken, beruhigen sie sich. Immerhin ist damit klar, daß ich nicht einem Irrenhaus entsprungen bin.

So ganz mit mir selbst beschäftigt, wurde ich mir allmählich meiner tiefen und verwirrenden Gefühle für meine Mutter, Vanessa Bell, und meinen Vater, Duncan Grant, bewußt. Ich begann, ihr Verhalten zu mir in Frage zu stellen.

1961, als meine Mutter starb, war sie einundachtzig und ich zweiundvierzig. Ihre äußere Erscheinung und ihre Persönlichkeit hatten mich immer verfolgt: Einerseits fühlte ich den Zwang, sie nachzuahmen, andererseits aber ärgerte mich ihre Überlegenheit. Die Beziehung zu Duncan war ganz anders gewesen: leicht, locker, liebevoll und mühelos. Ich habe ihn immer bewundert und war ganz unkritisch – in meinen Augen konnte er nichts falsch machen. Aber vor kurzer Zeit war ich auf verborgene Strömungen gestoßen, auf unbefriedigte Wünsche und Sehnsüchte, die ich sehr weit verdrängt hatte – teils weil ich nicht wußte, was sie bedeuteten, und teils auch, weil Duncan selbst so gar nichts zu bemerken schien. Ich fand es unmöglich, mit ihm über solche Dinge zu sprechen.

Tagebuch zu führen erwies sich als hilfreich, als ein Mittel, mir über alles besser klar zu werden. Dann warf mir Frank Hallman, ein junger Amerikaner, der mich brieflich um die Erlaubnis gebeten hatte, einen Artikel meiner Tante, Virginia Woolf, und später dann auch eine Erinnerung von Vanessa zu veröffentlichen, eine andere Rettungsleine zu. Wir hatten zunächst einen lebhaften Briefwechsel, später im Sommer kam er dann nach England. Er war jung, intelligent, sensibel und hatte Humor. Wir mochten uns sofort, ein Gefühl, das auf meiner Seite wohl noch wärmer war, weil ich hoffte, daß ich hier die Art Vertrautheit finden würde, nach der ich mich sehnte. Ich verliebte mich nicht in ihn, aber irgend etwas an seinem Verhalten wirkte wie ein Elixier auf mich: Seine offenkundige Zuneigung regte mich an und erwärmte mich. In ihr spiegelte sich, was er für meine Mutter empfand, für die er eine große Bewunderung hegte. Er hatte in New York Bilder von ihr und von Duncan gesehen, aber anders als die meisten war er stärker von Vanessa beeindruckt als von Duncan. Frank gab mir auch den Gedanken ein, daß Duncan für andere nicht unbedingt genauso attraktiv sein müßte wie für mich und daß seine Mängel, wenn man sie erst einmal festgestellt hatte, ihn zugleich interessanter und zugänglicher machten.

Ehe er in die Staaten zurückkehrte, regte Frank an, ich sollte ein Buch über Charleston schreiben – über das Haus bei Lewes in Sussex, in dem ich geboren und aufgewachsen bin, und über das Leben dort – aber ich wies diese Idee entschieden von mir. Offensichtlich stellte er sich so etwas wie Kindheitsskizzen vor, kameenhaft zartumrissene Porträts bemerkenswerter Menschen, die mich dort umgeben hatten. Aber ich erkannte, daß ich, allein um das zustande zu bringen, schon durch die Frage nach meiner Beziehung zu Vanessa und Duncan erneut in eine

Verstrickung geraten würde, von der ich ja nie ganz frei gewesen war. Und sofort fürchtete ich die Anstrengung, die es mich kosten würde, mich an die verwirrenden Perspektiven der Vergangenheit zu wagen.

Nach Vanessas Tod hatte Duncan weiter auf dem Land in Charleston gelebt. Ich habe ihn häufig dort besucht – eine Fahrt von zweieinhalb Stunden mit dem Auto –, wobei ich wie ein kleines Kind annahm, daß ich immer willkommen sein würde. In seiner undemonstrativen Art hatte Duncan mir nie zu verstehen gegeben, daß es anders war, und so hatte ich an diesem Ort und in seiner Gegenwart das, wie sich zeigen sollte irrige, Gefühl, eine heile, in sich ruhende Person zu sein. Wahrscheinlich weil es kein echtes Gefühl war, konnte ich in Charleston nur selten malen – eine Unfähigkeit, die mir durch den vertrauten Anblick so vieler Kunstwerke überall im Haus nur noch schmerzlicher bewußt wurde. So beschäftigte ich mich mehr und mehr mit Gartenarbeit. Ich liebte den von einer Mauer umzogenen Garten mit seinen alten Apfelbäumen und Bauernblumen, aber ich war nie zufrieden mit meinem Jäten und Beschneiden und wurde von der Zwangsvorstellung einer ebenso unerreichbaren wie überflüssigen Perfektion verfolgt. Das kam noch zu meinen übrigen Empfindungen hinzu und machte mich reizbar und zugleich mürrisch und schweigsam.

Tag für Tag sah ich, wie Duncan, hingegeben an seine Malerei vor seiner Staffelei, langsam älter wurde und glücklich auf den Schwarm getreuer Bewunderer reagierte, während ich, starr und elend vor unterdrückter Liebe – in die sich eine nicht unbeträchtliche Portion Eifersucht mischte – darunter litt, daß er offenkundig so wenig Anteil an meinem Leben nahm.

Da er inzwischen sehr alt und außerstande war, allein zu leben, kümmerte sich der Dichter Paul Roche aufopfernd um ihn. Er war ein langjähriger Freund, und seine erwachsenen Kinder belegten mit ihren Freunden das Haus ganz mit Beschlag. Wie ein Schmetterlingsschwarm umflatterten sie Duncan, manchmal waren sie entzückt von ihm, manchmal ließen sie ihn links liegen, während er, an den Rollstuhl gefesselt, ihnen aus einiger Distanz zuschaute. Solange er weiter malen konnte, was ihm zu der Zeit sehr gut gelang, zog er es vor, für sich zu bleiben, allem Anschein nach ganz gleichgültig gegen das, was um ihn herum vorging. Aber gelegentlich blitzte ein lebendiger Funke in ihm auf und ließ erkennen, daß er keineswegs so unbeteiligt war, wie es schien. Mehr als irgend jemand sonst, den ich gekannt habe, lebte er ganz in der Gegenwart, während ich mit einem Fuß in der Vergangenheit steckte; und obgleich ich ja nicht ständig in Charleston wohnte, fand ich es schwierig, die Invasion dieser jungen Leute hinzunehmen. Wie ein Sturzbach ergossen sie sich über alles und besetzten Räume, die, wie ich fand, in besonderem Maße mir gehörten.

Ich machte den Fehler, dort eine gewisse Autorität zu beanspruchen, was Paul verständlicherweise übelnahm. So entstand eine Situation, die zu einem scharfen Briefwechsel zwischen uns führte. In meinem Tagebuch versuchte ich, mir über einige meiner Gefühle klar zu werden.

London 1975
Vielleicht hat Pauls Brief mich deprimiert. Er kümmert sich in der vollkommensten Weise um Duncan, was ich, auch wenn ich über die erforderlichen körperlichen Kräfte verfügte, nicht könnte. Und ich glaube, daß Duncan sich wohl fühlt in diesem männlichen Haushalt, zu dem die ganz Jungen, die mittleren Alters und er, der ganz Alte, gehören. Pauls Sohn T. ist ein wahres Wunder an Freundlichkeit und Humor. Aber ich kriege dennoch eine Gänsehaut, wenn ich höre, wie sie – was oft der Fall ist – reden, als wenn es Duncan gar nicht gäbe, während er mit dem Lächeln eines taoistischen Poeten am Tisch sitzt. Der Gedanke, er könnte diesen Mangel an Feinfühligkeit womöglich sogar genießen, schockiert mich.

Pauls Brief macht es ganz deutlich, daß nicht nur er sich als Duncans Sohn empfindet, sondern auch Duncan ihn als den Sohn sieht, den er sich immer gewünscht hat. Ich bin tödlich eifersüchtig, obgleich ich bei dem Gedanken, daß Duncan sich nach einem Sohn sehnt, Sympathie für ihn empfinde. Es ist schon verblüffend, daß es mich all diese langen Jahre gekostet hat, mir klarzumachen, wie sehr mich sein mangelndes Interesse trifft, wohingegen er aller Verantwortung für mich enthoben zu sein scheint, so als sei ich ein Gegenstand und kein menschliches Wesen. In meiner Kindheit schien es anders zu sein, fühlte ich mich bei ihm glücklicher als bei Vanessa, weil er keine egoistischen Ziele verfolgte und mich niemals emotional erpreßte.

Es hat des Briefes von Paul bedurft, um mich Duncans wahre Gefühle erkennen zu lassen. Und wenn ich mir auch außerordentlich begriffsstutzig vorkomme, daß ich sie nicht früher durchschaut habe, bin ich doch froh, daß ich Duncan jetzt vielleicht besser verstehe. Jedenfalls ist dadurch meine Liebe zu ihm noch größer geworden. Sein hohes Alter macht es schwierig zu erkennen, was er über mich denkt. Ganz offensichtlich verwechselt er mich oft mit Vanessa. Er nennt mich bei ihrem Namen, und obgleich ich ja weiß, daß alte Menschen das tun, gibt es mir jedesmal einen Stich. Ich habe den Eindruck, daß ich und mein Leben ihn kaum interessieren, aber ich muß zugeben, daß ich es ihm auch nicht leicht gemacht habe.

Festzustellen, daß ich auf Paul eifersüchtig war, bedeutete einen Schritt vorwärts – heraus aus dem wirren Gespinst verdrängter Gefühle, in dem ich damals steckte.

Kurz nach dieser Notiz nahm Paul, was er manchmal tat, Duncan zu seinem eigenen Haus in Aldermaston mit, wo es, von anderen Bequemlichkeiten abgesehen, behaglicher und wärmer war als in Charleston. Das gab mir Gelegenheit, allein dorthin zurückzukehren – ein Besuch, der nötig war, nicht allein weil ich, wenn auch zaghaft, begonnen hatte, meine Abneigung gegen meine eigene Vergangenheit zu erforschen, sondern auch aus dem ganz praktischen Grund, daß das Haus instandgesetzt werden mußte. Ich machte mir Sorgen, was die Zukunft von Charleston betraf – mit den Gemälden, der Innenausstattung, den Wandbildern und all den Gegenständen, die unser einstiges Leben dort bezeugten – und ich wollte eine Möglichkeit finden, das alles zu erhalten. Es war mir seit langem klar, daß bald etwas geschehen mußte, aber da ich Duncan nicht stören mochte, wußte ich nicht recht, wie ich es anfangen sollte.

Es gelang mir also, in Duncans und Pauls Abwesenheit das Haus mit dem Verwalter und seinem Assistenten gründlich zu inspizieren, in der Hoffnung, daß sie unseren Vermieter dazu überreden würden, wenigstens das Äußere des Hauses in Ordnung zu bringen. Aber bei aller Freundlichkeit, die sie an den Tag legten, entdeckte ich in ihren Augen eine gewisse Ungläubigkeit und die Entschlossenheit, sich einzig an Solides und Greifbares zu halten, wovon es, wie ich zugeben mußte, nur sehr wenig gab. Sie waren sichtlich ungerührt vom Charme der Innenausstattung; und wirklich schien das Haus, während wir herumgingen, alle seine Qualitäten einzubüßen – so als fielen alle Knospen zugleich von einer Blume ab – und nur den Schwamm in den Wänden, die Löcher im Dach, die abblätternden Tapeten, die vom Holzwurm befallenen Leisten usw. vorzuzeigen. Das kaum merkliche Achselzucken der beiden Männer, ihr bedeutungsschweres Schweigen, die Art, wie der Verwalter sagte »Ich bin ja kein Kenner, aber...«, mein Gefühl, daß ich genau das Falsche tat, indem ich sie herumführte – das alles ballte sich zu etwas höchst Unbehaglichem zusammen, etwa so, wie wenn sich ein Tropfen an der Nasenspitze bildet...

Um diese Zeit ließ der Vermieter eine unproportioniert hohe Scheune für Grünfutter und Heu hinter den alten Gebäuden des Landguts errichten. Schon im Bau überragte sie, ein Skelett aus hochaufgereckten Stahlträgern, die moosbedeckten Schieferplatten und Ziegel der alten Scheune. Eine Melkstation für vierhundert Kühe war anstelle der Getreidescheune geplant. Der Weg aus weißem Kalkstein, voller Schlaglöcher, sollte asphaltiert werden, und ich stellte mir vor, wie das ständige Geratter der Traktoren und das Summen der Melkmaschinen sich wie ein Schirm zwischen uns und die Geräusche der Landschaft schieben würden. Auch wenn Landwirtschaft weniger zerstörerisch ist als viele andere Betätigungen, spürte ich, daß der Dornröschenschlaf, in dem Charleston lag, vorbei sein würde. Ich wurde immer niedergeschlagener, besonders als sich zeigte, daß die Miete, die Duncan zahlte, bei weitem nicht ausreichte, um den Vermieter zur Übernahme irgendwelcher Unkosten für Restaurationsarbeiten zu bewegen. Ich wußte, es war richtig, dem Verwalter alles zu zeigen, dennoch schien es mir völlig vergeblich. Er konnte einfach nicht glauben, daß irgend jemand ein Interesse haben könnte, uns bei der Erhaltung des Hauses zu helfen, und so erschien es mir schließlich als unsere einzige Chance, die Wandbilder einem Museum anzubieten. Ich bin dankbar, daß sich die Ansicht des Verwalters inzwischen als falsch erwiesen hat, damals aber litt ich sehr darunter, daß mein Einsatz für Charleston so wenig überzeugend wirkte.

Währenddessen setzte ich meine Korrespondenz mit Frank Hallman fort, und unsere Freundschaft vertiefte sich im Laufe seiner Besuche in London und – einmal auch – in Sussex. Im Sommer 1976 aber klingelte das Telefon, und eine Stimme am anderen Ende der Leitung teilte mit, daß Frank am Tag zuvor ganz plötzlich an einem Aneurisma gestorben sei. Unsere so vielversprechende Freundschaft hatte ein tragisches Ende gefunden. Es blieb ihm nicht einmal mehr Zeit, Vanessas Erinnerungen zu veröffentlichen. Ein Jahr danach verkaufte ich mein Haus in Islington und siedelte ganz nach Charleston über. Duncan war wieder nach Aldermaston gezogen – wie sich zeigen sollte, zum letzten Mal. Ich dachte, ich könnte Charleston in Gang halten, bis er im Frühling zurückkam, aber wieder dort zu leben, erwies sich als ein psychologisches Experiment, das größere Risiken barg als ich mir vorgestellt hatte.

Ich liebte das Haus und alles, was es enthielt, aber meine Rückkehr hatte etwas Zwanghaftes, so als kehrte ich diesmal zurück in die Höhle der Zauberin, denn in dieser Rolle sah ich Vanessa. Umgeben von ihren Farben, die sich, alles verwandelnd, in zartleuchtenden Flecken und Streifen auf jeder Oberfläche ausbreiteten – auf Mauern, Wänden, Kaminen, Türen und Möbeln – und mir so vertraut waren aus meiner Kindheit, war ich allem viel zu nahe, um es leidenschaftslos zu sehen, und dennoch konnte ich mich davon nicht losreißen. Ich bewegte mich im Haus wie in einem Traum, nahm die Atmosphäre wahr, die dieser Farbenrausch schuf, und sah doch kaum etwas, ganz erfüllt von dem Bemühen, mir Duncan und Nessa in ihren frühen Jahren vorzustellen, so jung, wie ich sie nie gekannt hatte. Mir schien, ich hätte eine Schuld zu begleichen, aber als ich mehr darüber nachdachte, fragte ich mich, ob es eigentlich meine Schuld war oder ihre.

Ich ahnte dunkel, daß ich mich mit ihnen an einem Ort auseinandersetzen mußte, an dem ich einen großen Teil meiner Kindheit verbracht und den ich immer als mein Zuhause betrachtet hatte. Zugleich aber stellten die kraftvollen Persönlichkeiten meiner Eltern, zusammen mit ihrer Lebensphilosophie, und ihrem Verhalten, eine Bedrohung dar, über die ich bis dahin nie richtig nachgedacht hatte. Ich fürchtete, diese Bedrohung, die sich unentwirrbar mit ihrer Liebe zu mir vermischte, könnte mich für immer gefangen halten. Ich war allein, hatte niemand, mit dem ich reden konnte und jedenfalls kaum eine Vorstellung, wie ich meinen inneren Zustand beschreiben sollte. Wenn nicht eine meiner jüngeren Töchter, Fan, einige Male zu Besuch gekommen wäre, hätte dieses Experiment unheilvoll enden können.

Zunächst aber kam die Feier von Duncans dreiundneunzigstem Geburtstag, die Clarissa und Paul Roche in Aldermaston veranstalteten. Ich fuhr hinüber und wurde gleich zu Duncan in sein Zimmer am Ende des Hauses geführt. Er wirkte sehr ruhig und gütig, hatte sein kleines gesticktes Käppchen à l'orientale auf und war ganz er selbst. Er fragte mich nach Charleston und nach meinen Töchtern, und obgleich er überraschend beweglich war, blieb er doch persönlich unbeteiligt. Er war auch zu mir liebevoll, mir aber fielen vor allem seine außerordentlich guten Manieren auf.

Freunde kamen und wurden ins Wohnzimmer gebeten, Duncan schob man in seinem Rollstuhl herein, und die Gäste traten auf ihn zu und unterhielten sich mit ihm: Wie immer zeigte er sich offen für neue Eindrücke. Clarissa, die eine hervorragende Köchin ist, hatte uns ein köstliches Mal zubereitet, und Duncan wurde sein Essen in seiner besonderen Ecke serviert. Es gab Klatsch, Gelächter und Vertrautheit; keinerlei Auseinandersetzung oder intellektuelle Tiefgründigkeit, allenfalls gegen Ende zu (und nach einem ordentlichen Quantum Wein) ein paar persönliche Enthüllungen. Es war eine der Gelegenheiten, wie sie Duncan immer sehr genossen hatte.

Duncans Zimmer war angenehm und voll von Pauls Büchern und seinen eigenen Bildern. Ein Kanarienvogel flog von einem Bilderrahmen zum anderen oder saß auf Duncans Füßen. Eine Tür führte zu einem gerade fertig gewordenen Wintergarten, dessen Dach von einer mit Spiegeln belegten Säule getragen wurde; wie Paul es sich vorstellte, sollte sie später einmal von einem kleinen Teich umgeben sein. In den Ecken dieses Raumes aber standen bereits Kamelien und andere Pflanzen. Als ich eintrat, hatte ich das Gefühl, in einen Traum hineinzugehen, einen Traum vom Süden, von ständigem Sonnenschein und gelassener Trägheit – etwas irritierend in unserem nördlichen Klima. Es war kein Innenraum, wie Duncan ihn je gestaltet hätte, und ich fragte mich, ob er ihm wohl gefiel. Was aber einzig wichtig war – er schuf immer noch kleine Bilder, und das sprach dafür, daß er sich glücklich fühlte.

Im Frühling 1978, etwa zwei Monate nach seinem Geburtstag, starb Duncan. Kurz vorher war er mit einer Erkältung aus Paris zurückgekehrt, wo er sich die große Cézanne-Ausstellung im Grand Palais angeschaut hatte. Bei seinem Aufenthalt in der Britischen Botschaft als Gast seines alten Freundes, Sir Nicholas Henderson, fiel er am letzten Morgen seines Aufenthalts aus dem Bett und erkältete sich. Paul, der ihn begleitet hatte, verschob ihre Rückkehr um vierundzwanzig Stunden, brachte ihn dann wieder nach Aldermaston und steckte ihn ins Bett.

Ich weiß nicht mehr, wie bald danach Paul mich anrief, um mir mitzuteilen, wie es Duncan ging. Erst als er aufgelegt hatte, wurde mir klar, wie schlecht es mit ihm stand und daß ich ihn kaum wiedersehen würde, wenn ich mich nicht nach Aldermaston aufmachte. Ich schlug meinem Bruder Quentin, der nur wenige Kilometer von Charleston entfernt lebte, vor mitzukommen. Ich fuhr und wir kamen nachmittags an. Duncan, zart wie ein vertrocknetes Blatt und sprachlos durch seine Bronchitis, freute sich dennoch, uns zu sehen. Er lag im Bett mit seinem Käppchen auf dem Kopf, und seine vor Kälte blauen Hände ruhten auf seiner Brust. Wir fanden uns in der Verlegenheit, eine Unterhaltung zu führen, an der er, obgleich er uns sah und hörte, nicht teilnehmen konnte. Quentin war voller Einfälle und stellte Duncan keinerlei Fragen, auf die er ja doch nicht hätte antworten können. Ich verhielt mich mehr oder weniger schweigsam. Paul aber beharrte darauf, die Unterhaltung immer wieder darauf zu bringen, wer denn nach Duncans Tod seine Biographie schreiben sollte – ganz wie ein Kind, dem man verboten hat, eine wunde Stelle zu berühren, und das es trotzdem nicht lassen kann.

Wir müssen etwa eine Stunde dageblieben sein, die Duncan, obgleich sie für uns schnell verging, schon ermüdet hatte. Es war das letzte Mal, daß ich ihn sah: Er war vollkommen Herr seiner selbst, ganz wach für alles, was um ihn herum vorging, und zugleich distanziert, wie es das Alter mit sich bringt. Er schien nie zu leiden, weder unter seinen physischen Beschwerden noch unter seiner unvermeidlichen Abhängigkeit. Er sah aus wie eine Kreuzung zwischen einem Mandarin und einem Gnom, und wie ich so auf seine langen, schlanken Hände starrte, fiel mir ein, wie elegant und geradezu tänzerisch seine Gesten immer gewesen waren.

Die Rückfahrt war sehr anstrengend, aber es war schön, mit Quentin allein zu sein, und ich glaube, er war ebenso froh wie ich, daß wir hingefahren waren. Auch war ich erleichtert, daß meine allgemeine Trägheit mich nicht daran gehindert hatte, ihn zu fragen, ob er mitkommen wollte.

Etwa eine Woche später rief Paul an und teilte mir mit, daß Duncan ruhig und friedlich gestorben sei, ganz so, wie man es von ihm erwartet habe – Nichts, was Duncan tat, war je mühevoll gewesen. Es wurde beschlossen, daß er neben Vanessa auf dem Friedhof von Firle begraben werden sollte.

Das Begräbnis fand an einem grauen Frühlingstag statt. Der kleine Friedhof war schon sehr grün und lag in einer Art au-delà-du-temps, das mich aus irgendeinem Grunde an den Garten der Hesperiden erinnerte: Paris und die drei Grazien wären hier ganz am Platz gewesen. Ein kleiner Kreis von Freunden hatte sich eingefunden, unter ihnen auch die frühere Köchin mit ihrem Ehemann und der Schriftsteller und Übersetzer Angus Davidson. Er war sehr ruhig, würdevoll und bleich, der einzige Freund aus Duncans Vergangenheit. Viele weinten. Pauls Tochter hatte den Sarg mit Blumenkränzen bemalt – ein präraffaelitischer Einfall, der Duncan entzückt hätte.

Nach dem Begräbnis fuhr Paul mit seinen Kindern fort, die übrigen, mit Ausnahme von Quentin und seiner Frau, kehrten nach Charleston zurück. Wir saßen um den Teetisch und fühlten uns befreit von unseren kleinlichen Rivalitäten und Eifersüchten – so jedenfalls kam es mir vor. Angus' Wohlwollen und Noblesse schienen auf uns gewirkt zu haben. Und dann verschwanden alle und überließen mich wieder meiner Einsamkeit.

Unmittelbar nach Duncans Tod begann ich an ständigen Kopfschmerzen zu leiden. Zunächst brauchte ich sie nicht weiter zu beachten. Nach einiger Zeit aber war es, wenn ich nur den Kopf neigte, als stießen Billardkugeln hinter meiner Stirn zusammen. Beschäftigungen wie Gartenarbeit wurden unmöglich. Untersuchungen ergaben nichts, und Pillen blieben nutzlos. Schließlich setzte sich ein heftiger Schmerz in meinem Nacken fest und warf mich fast um. Wenn ich in Vanessas Schlafzimmer lag, hatte ich die Empfindung, als würde ich in einen Wirbel hineingesogen, aus dem ich mich, wie in einem Alptraum, unbedingt befreien mußte aber nicht konnte.

Wochen vergingen, ohne daß irgend jemand mir hätte sagen können, was mit mir los war, Wochen, in denen ich kaum noch zu einem normalen Gefühl fähig war. Es gab Augenblicke, da erschien mir der Teich als die einzige Lösung. Schließlich kam Fan, die einige Zeit bei mir gewesen war, mir zu Hilfe. Der Druck, unter dem ich in Charleston stünde, könnte mich umbringen, schrieb sie mir in einem Brief. Das rüttelte mich auf, und ich beschloß, mich in eine Londoner Privatklinik zu begeben, wo man mir sagte, daß ich an einer schweren Depression litte, und ein Psychiater mir jadegrüne Pillen zu schlucken gab. Ich werde den Augenblick nie vergessen, als ich, abends im Bett liegend, plötzlich spürte, wie mir neuer Lebenswille mein Rückgrat entlang rann, so als füllte sich ein Gefäß mit Wasser. Ich lag ganz einfach da und ließ dieses Wunder an mir geschehen.

Es dauerte lange, bis ich mich vollkommen normal fühlte, aber ich konnte doch wenigstens das Leben eines normalen Menschen führen. Es war ein außerordentlich schöner Frühling, als ich nach Charleston zurückkehrte: Die japanische Kirsche, die ich im Jahr zuvor gepflanzt hatte, war voll zartrosa Blüten, die leicht nach Mandeln dufteten. Die Wiederentdeckung des Landlebens, die Schönheit des grünen Hügellandes und des Gartens bezauberten mich. Ich fühlte eine neue Freiheit in mir, und der Gedanke, das Buch zu schreiben, das Frank mir vorgeschlagen hatte, nahm immer mehr von mir Besitz. Es war eine Möglichkeit, mir Frank bewußt zu machen, ihm in der Erinnerung an ihn nahe zu bleiben; und ich erkannte auch, daß dies mein eigener Weg aus dem Labyrinth sein konnte. Während ich über meine Kindheit und Jugend nachdachte, wurde mir klar, daß Vergangenheit auch fruchtbar und nicht nur eine Last sein konnte, daß die nicht voll ausgelebte Gegenwart diese Vergangenheit zur ständigen Bedrohung machen konnte. Und daß Beziehungen, die wir nicht ganz erforscht haben, zu dunklen Gestalten werden können, in deren Schatten wir uns nicht gern aufhalten. Vanessa war für mich zu einer solchen Gestalt geworden.

Als sie noch lebte, hatte ich sie nur als ein Hindernis gesehen, als eine aus einem Stück geschnitzte Figur, die mir im Wege stand und mir die Entwicklung zu menschlicher Reife versperrte. Unfähig, mich ihr, für die ich derartige Gefühle hatte, zu entwinden, lastete ich statt dessen ihr die Verantwortung für mein Leben an. Die Folge war, daß ich, als sie starb, kaum etwas anderes als diesen bedrückenden Schatten ihrer Gegenwart empfand und die schwache Hoffnung, daß ich mich eines Tages davon befreien könnte.

Warum hatte ich nicht gegen sie revoltiert, als noch Zeit dazu war, warum hatte ich nicht auf diese Weise meine Selbstachtung gewonnen und damit die Fähigkeit, Vanessa zu lieben, als sie noch lebte? Mir wurde klar, daß ich niemals in meinem Leben zu ihr gesagt hatte: »Was soll es alles – wenn ich dich doch liebe?« Kam es daher, daß ich zu gehemmt gewesen war oder daß ich sie *wirklich* nicht geliebt hatte? Jedenfalls ließ sich das, da sie nicht mehr da war, nicht entscheiden, aber die Idee, daß es möglich sein könnte, mit der Toten ein Zwiegespräch zu halten, nahm in meinem Kopf Form an.

In Charleston hatte ich eine Reihe Photographien meiner Großmutter Julia Jackson, aufgenommen von meiner Urgroßtante Julia Margaret Cameron, in den Flur gehängt. Während ich sie betrachtete, erkannte ich, daß es sich hier nicht nur um vererbte Gene handelte, sondern auch um Gefühle und Denkgewohnheiten, die wie winzige Staubteilchen von weither herabgewirbelt waren und sich auf die jüngste Generation niedergelassen hatten. Vanessa schrumpfte zu einem bloßen Individuum in der Kette der Frauen, die – freiwillig oder nicht – durch die Jahre bestimmte Züge, bestimmte Verhaltensweisen voneinander übernommen hatten. Das ließ sich deutlich aus einer Momentaufnahme

Julia Duckworth

Leslie Stephen

Julia und Leslie Stephen mit Virginia in St. Ives

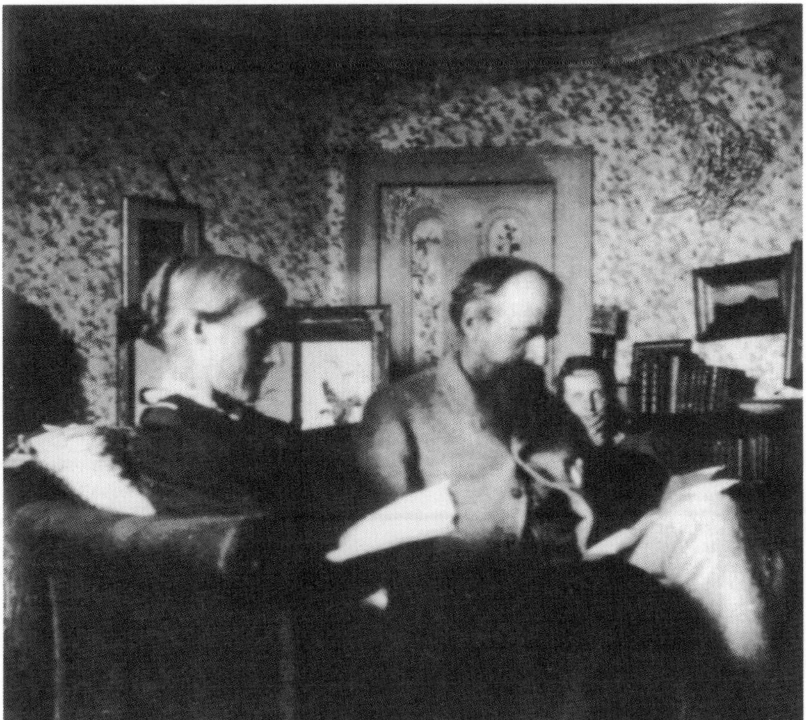

ablesen, die immer auf Vanessas Schreibtisch gestanden hatte und die bei mir am gleichen Platz steht: Sie zeigt Julia im Profil, wie sie aus dem Fenster schaut. Die Intimität der Aufnahme hatte eine ganz besondere Bedeutung für Vanessa, aber für mich liegt diese Bedeutung in der Ähnlichkeit mit ihr. Es ist nicht so sehr die physische Ähnlichkeit als vielmehr die der Haltung und der Intention. Da ist ein gewisses Zaudern, das Zögern der zum Licht erhobenen Hand, ein leiser Zweifel, der sich in der zarten Anmut dieser Pose verrät, die Julia so eng mit Vanessa verbindet. Ich weiß, daß ich selbst gelegentlich eine ähnliche Haltung einnehme, zum Beispiel, wenn ich ein Zimmer voller Menschen betrete, die mich einschüchtern. Wie weit zurück reichen solche Ähnlichkeiten? Litt zum Beispiel Julias Mutter, eine der für ihre Schönheit berühmten Pattle-Töchter*, unter Mangel an Selbstvertrauen? Vanessa konnte sich als kleines Mädchen an sie erinnern – eine in mehreren Lagen von Tüchern eingehüllte Gestalt. Sie scheint sich früh aus einem Leben zurückgezogen zu haben, das außerordentlich ehrbar und von einwandfreier Langeweile war, um ihre reifen Jahre bei ihrer Tochter zu verbringen, die jegliche Störung von ihr fernhielt. War das nur viktorianische Verzärtelung oder echte Zerbrechlichkeit?

Aber als ich Vanessas frühe Briefe an ihre Schwester und an ihren Ehemann Clive las, überraschte mich ihre Vitalität, die ich nicht vermutet hatte. Es war, als entdeckte ich eine sprudelnde Quelle. Aus diesen Seiten und aus den Erinnerungen und Andeutungen anderer leuchtete mir ihr früheres Selbst verführerisch entgegen und rief die Mutter, die ich mir immer gewünscht hatte, die Frau, die so viele geliebt hatten, wieder ins Leben zurück. Diese Frau hatte die vibrierenden Farben und Formen hervorgebracht, die mich umgaben. Ich erinnerte mich, daß Bunny, der sie in dieser Zeit gut gekannt hatte, sie als eine Frau voller Energie beschrieb, die Rad fuhr, lange Spaziergänge machte, mit Hunden und Kindern spielte, zu Späßen aufgelegt war – eine Frau voller Anteilnahme und Freundlichkeit.

Es war eine Frau, die ich durch die weitaus dunklere Persönlichkeit der späteren Vanessa hindurch – die mein Bewußtsein viel stärker belastete – erkennen konnte. Daß es da offenbar um mehr ging als den Gegensatz von Jugend und Alter, verblüffte mich. Es schien, als wenn die beiden Vanessas um die Zeit meiner Geburt aus irgendeinem verborgenen Grunde ganz tief voneinander geschieden worden wären. Und obgleich das deutlich seine Wurzeln in dem hatte, was vorausgegangen war, konnte ich nicht verstehen, was geschehen war, um der zweiten Hälfte ihres Lebens eine so viel weniger lebhafte Farbe zu geben. Ich fühlte mich von der jüngeren Vanessa heftig angezogen und zugleich auch ein wenig unbehaglich: Die Störung schien mit meiner Geburt zusammenzuhängen.

VANESSA

Über Jahre war ich so sehr ein Teil von Vanessa und sie ein Teil von mir, daß jeder Versuch, sie – aus innerer Distanz – zu beschreiben, vergeblich gewesen wäre, und noch jetzt habe ich manchmal das Gefühl, daß sie mir über die Schulter sieht. Obgleich sie schließlich zu einer gesellschaftlichen Gruppe gehörte, die einen bleibenden Einfluß auf mich ausüben sollte, entfaltete Vanessa ihre eigentliche Macht in einem kleinen Kreis, in dem eine überlegene Persönlichkeit besonders hochgeschätzt wurde. Zu den hervorragenden Mitgliedern dieses Kreises gehörten Virginia Woolf und Maynard Keynes, die beide weltbekannt werden sollten; aber irgend etwas in Vanessa weigerte sich, mit ihnen zu konkurrieren, und so beschränkte sie ihre Kräfte auf einen persönlichen Schauplatz, auf dem sie den höchsten Rang einnahm.

Sie erinnerte mich an einen schneebedeckten Berg: Oben auf dem Gipfel schien die Sonne warm und strahlend, und die Luft war voller Duft und Heiterkeit. Etwas weiter unten sammelten sich die Wolken und tauchten die kahlen Berghänge in Dunkelheit. Tief im Innern dieses Berges floß ein Wasser, das nur gelegentlich zu sehen war, dann nämlich, wenn es mit unerwarteter und beängstigender Gewalt aus einem Spalt im Berghang hervorbrach.

Es ist merkwürdig, daß Vanessa bei all ihrer Kraft eine weitaus weniger greifbare Erinnerung zurückgelassen hat, als man hätte erwarten können. Vielleicht beruht diese Wirkung auf einer komplexen und daher schwer zu definierenden und im Gedächtnis zu behaltenden Persönlichkeit, vielleicht ist es auch die Folge ihrer eigenen Zurückhaltung – ihres Widerwillens dagegen, eine öffentliche Erscheinung abzugeben. Um Vanessa zu verstehen, muß man in ihre ganz private Welt eindringen und sie akzeptieren, eine Welt, aus der alle bis auf ihre nächsten, zärtlich geliebten Freunde und Verwandten ausgeschlossen waren. Innerhalb dieser Grenzen aber schuf sie einen sinnverwirrenden Innenraum.

Vanessa war nicht nur die Schwester von Virginia Woolf, sie war auch die Älteste der Kinder aus der zweiten Ehe Leslie Stephens. Beide Elternteile waren schon einmal verheiratet gewesen, und beide waren verwitwet. Leslie Stephens erste Frau, Minnie Thackeray, hatte ihm eine zurückgebliebene Tochter, Laura, hinterlassen, die in die neue Familie einbezogen wurde. Seine zweite Frau Julia Duckworth, eine Frau von großer Schönheit, hatte ihren ersten Ehemann leidenschaftlich geliebt und tief gelitten, als er starb: Bei all ihrer Lebendigkeit haftete ihr immer etwas Tragisches an. In die Ehe mit Leslie Stephen hatte sie drei

Kinder aus der Heirat mit Herbert Duckworth eingebracht – George, Stella und Gerald – von denen die beiden älteren von großer, wenn auch verschiedener Bedeutung für die Stephens waren.

Der Altersabstand zu den Stiefgeschwistern war allerdings beträchtlich, während die beiden leiblichen Brüder und die Schwester ganz rasch auf Vanessa folgten, was zu der Nähe und Vertrautheit zwischen ihnen beitrug. Der nächste nach Vanessa war ihr besonders geliebter Bruder Thoby, der sehr wichtig wurde für ihre emotionale Entwicklung. Dann kam Virginia, die schon dadurch, daß sie ein Mädchen war, immer mit Vanessa zusammengetan wurde und zeitweilig eine erhebliche psychische Belastung für sie war. Der Jüngste war Adrian, ein ungewünschtes Kind und daher verzogen, überbehütet und gehemmt. Virginia zufolge hatte Vanessa ein ausgeprägtes Verantwortungsgefühl den Geschwistern gegenüber: Sowohl ihre Mutter wie die Kindermädchen drängten sie in eine mütterliche Rolle, und so blieb ihr gar nichts anderes übrig, als sie anzunehmen, wobei sie wohl auch durch Liebesbeweise und Dankbarkeit verlockt wurde und zweifellos stolz darauf war, daß man sie ihr zutraute.

Eigentlich aber war es Julia, die mit ihrer nervösen Energie das Familienleben beherrschte und in Vanessas Vorstellung zu einem leuchtenden und unerreichbaren Ideal wurde. Als sie noch klein waren, fragte Virginia ihre Schwester Vanessa eines Abends im Badezimmer plötzlich, wen sie lieber hätte, ihren Vater oder ihre Mutter. »Eine solche Frage erschien mir ungeheuerlich, und ganz gewiß sollte man sie nie stellen. Aber mir war klar, daß meine Antwort feststand. ›Mutter‹, sagte ich.« Das Bild Julias hatte sich also bereits tief in Vanessa eingegraben, und dieses Bild sollte sie auch später in ihrem Leben immer wieder wachrufen. Sobald Vanessa von Julia sprach, bekam ihre Stimme einen leicht exaltierten Tonfall, und aus dem goldenen Dunst der Erinnerung tauchte eine Gestalt von solcher Vollkommenheit auf, daß sie kaum noch wirklich erschien. Ganz gewiß war Vanessa von der Persönlichkeit ihrer Mutter so beeindruckt, wie nur ein Kind es sein kann. Die Aura des Tragischen, ihre Noblesse, ihre natürliche Autorität hinterließen in ihr einen untilgbaren Eindruck.

Damals waren Kinder viel weniger mit ihren Eltern zusammen als heute, und es scheint außerdem, als sei Julia häufig zu Besuchen in der Verwandtschaft fort gewesen. Man hat bei ihr den Eindruck einer Frau, die sehr genau weiß, was das Wichtigste im Leben ist, die Hingabe und Verantwortung hochschätzt und dem nur davonläuft, wenn es sie zu überwältigen droht. Sie war eine unwiderstehliche, ja, beherrschende Persönlichkeit, und sie führte ihren Haushalt vielleicht eine Spur zu entschieden. Trotz der Traurigkeit auf dem Grunde ihres Wesens konnte sie ihre Zuhörer bezaubern und zum Lachen bringen. Manchmal war sie versucht, in das Leben anderer einzugreifen, indem sie etwas Gutes tat oder gelegentlich auch ihrer Neigung, Ehen zu stiften, nachgab. Obgleich sie alles andere als kokett und flatterhaft war, erregte sie die leidenschaftliche Zuneigung von James Russell Lowell – dem amerikanischen Schriftsteller und zu der Zeit Botschafter in London –, die erst mit ihrem Tode erlosch. Und nur sie war imstande, mit J. K. Stephen, dem Neffen ihres Mannes, fertig zu werden, als er einen geistigen Zusammenbruch erlitt.

Für Vanessa blieb sie eine glanzvolle Gestalt, eine romantische Herrin, wie sie seidenraschelnd und immer tätig eilig im Haus unterwegs war oder in ernster Konzentration mit ihrem Ehemann im Wohnzimmer zusammensaß. Obgleich Vanessa ihre Mutter nur knappe fünfzehn Jahre gekannt hat, mag die Aura, mit der sie Julia umgab, einiges von ihrem Zauber auch der Tatsache verdanken, daß die Mutter nicht mehr lebte, als sie erwachsen wurde. So blieb sie für die Tochter geheimnisvoll, innig geliebt, aber kaum verstanden.

Nach dem Tode ihrer Mutter und kurz danach auch ihrer Stiefschwester Stella bildete sich Vanessas bereits frühreif entwickelter Sinn für mütterliche Verantwortung zu einem wunden Punkt ihres Wesens aus. Sie war diejenige, von der alle erwarteten, daß sie die Führung des großen und für heutige Begriffe umständlichen Haushalts übernehmen würde, und so war sie, zum Beispiel, verpflichtet, ihrem pedantischen und von Schuldgefühlen geplagten Vater allwöchentlich eine Abrechnung auf Heller und Pfennig vorzulegen.

Leslie Stephen mochte unnachgiebig, ja starrsinnig erscheinen, aber nicht, weil es ihm an Sensitivität oder Phantasie fehlte, sondern weil er mit seinem unausgewogenen Selbstverständnis sich kaum vorstellen konnte, wie er auf junge und zartbesaitete Naturen wirkte. Er, der immer schon zur Nachsicht gegenüber den eigenen Gefühlen geneigt hatte, wurde – trotz des Sinns für Verhältnismäßigkeit, der uns aus seinen Schriften entgegenkommt – durch den Tod seiner Frau geradezu in einen Exzeß von Selbstmitleid gestürzt. Man muß sich allerdings erinnern, daß dies die zweite derartige Erfahrung in seinem Leben war und daß er inzwischen die Lebensmitte erheblich überschritten hatte. Als Witwer sah er sich mit Pflichten konfrontiert, die bisher Julia erledigt hatte. Auf seine Bitte hatte sie auch alles Finanzielle geregelt, und nun – nach Stellas Tod – meinte er, daß Vanessa die Sache in die Hand nehmen sollte, obgleich es ihr an Erfahrung fehlte. Sein verzweifeltes Stöhnen wie seine seltsame Art der Abrechnung entstammten der Wut darüber, daß das Schicksal sich anschickte, noch in diesem Stadium seines Lebens aus ihm einen verantwortungsvollen Erwachsenen zu machen, und sein Groll richtete sich gegen Vanessa, die Stellvertreterin ihrer Mutter, die ihn so eigensüchtig an der Schwelle zum Alter verlassen

Leslie Stephen

Julia Stephen mit Virginia, 1884

Virgina und Vanessa in St. Ives, 1894

Adrian und Virginia, 1900

hatte. Aber er hatte nicht mit einem Charakter gerechnet, der durch eine verborgene, seine Absichten durchschauende Klugheit und eine gedankenverlorene Verträumtheit geschützt war vor emotionaler Erpressung. Vanessas Aufgabe war, auch wenn sie nach außen hin abgeschirmt wurde, eine kaum geringere Belastung – und diese Szenen ließen in ihrem Bewußtsein Spuren von Abneigung gegen ihren Vater zurück, weil er sich in einer Weise verhielt, die sie nicht respektieren konnte. Vielleicht haben diese Eindrücke ihr eigenes Verhältnis zum Geld mitbestimmt: In ihrem späteren Leben schenkte sie großzügig und stellte dabei nie Bedingungen. Als Reaktion auf Leslies Hysterie war dies jedenfalls bewundernswert.

Im großen und ganzen regten sich solche Gefühle der Ablehnung nur, wenn Leslie seinen Egoismus auf die Spitze trieb. Als die Kinder klein waren, zeigte er zumindest für einige ihrer Interessen – ihre Meinung über die Bücher, die sie lasen, ihre Segelboote in Kensington Gardens, ihre Vorliebe für Schmetterlinge und Hunde – volles Verständnis. Er beobachtete, wie verschieden sich ihre Persönlichkeiten entwickelten, und mit wachsendem Verstand lernten sie seine Redlichkeit, seine Integrität und seine Gutgläubigkeit schätzen. Vanessa bewunderte ihn sehr, weil er den christlichen Glauben ablehnte, was ihr so mutig wie klarsichtig erschien: Sie ließ sich von seinem rationalistischen Standpunkt verführen und maß ihm eine Bedeutung bei, die im umgekehrten Verhältnis zu ihren eigenen starken Gefühlen stand.

Trotzdem hielt sich Vanessa in dieser beredten Familie, in der sich jeder so genau beobachtete, ein wenig abseits, vielleicht weil sie die Älteste war. Ihre Reaktionen waren langsamer, instinktiver als die Virginias – vielleicht sogar mehr noch als Thobys –, und so zog sie es häufig vor, schweigend anderer Meinung zu sein. Die lebhaftere Virginia deutete das als Kraft und Verläßlichkeit, und es beeindruckte sie. Die anderen Geschwister zogen Vanessa mit ihrer Schweigsamkeit auf, aber sie ließ ahnen, was unter ihr verborgen war, etwa so, wie wenn man das Glück hat, bei günstigem Lichteinfall durch ein im Boden eingelassenes halb-durchsichtiges Glas, Dinge zu erspähen, die man sonst nicht erkennen kann. Zu diesen Dingen gehörten ihre Entschlossenheit, Malerin zu werden, und ihre Fähigkeit zu einem tiefen Gefühl, die ihr selbst als etwas Beängstigendes oder sogar Erschreckendes erschienen sein mochte. Ihrer geistigen Struktur – sie war passiv und nicht wißbegierig – widerstrebte alles Analysieren. Ganz anders als Virginia lernte sie es nie, ihr eigenes Verhalten in Frage zu stellen. Statt dessen klammerte sie sich an die Hoffnung, daß alle Probleme sich lösen ließen, wenn man ihnen ganz einfach vernünftig begegnete, und daß es irgendwo eine perfekte Methode gab, bedrohliche oder schmerzliche Situationen aus dem Weg zu räumen.

Obgleich sie ihrer Schwester an Jahren und Erfahrung voraus war, hatte sie häufig das Gefühl, sich vor ihr schützen zu müssen. Noch als Kind nannte Virginia in frühreifer Erkenntnis Vanessa »die Heilige«, wohl wissend, daß ein solcher Spitzname Vanessa in Verlegenheit bringen würde, weil er unaufrichtige Selbstgerechtigkeit unterstellte – eine besonders beliebte Zielscheibe für die jüngeren Familienmitglieder. Virginia, die keineswegs herzlos war, konnte nur selten der Versuchung widerstehen, ihre Gescheitheit zu demonstrieren, und handelte sich so den Ruf ein, brillant aber unberechenbar zu sein, während Vanessa gerade auf ihre Verläßlichkeit stolz war. Nur unter Vorbehalt zeigte Vanessa ihrer Schwester Virginia ihre innersten Gefühle, und sie war sich dabei nie sicher, wie diese erwidert oder in welcher Form sie andern übermittelt würden. Dennoch war sie es, der Vanessa – auch in Anerkennung ihrer Intelligenz und Einsicht – ihre frühen Ambitionen anvertraute. Hier erwies sich Virginia als großzügig – auch wenn sie einen natürlichen Sinn für Rivalität besaß.

Von solcher Rivalität abgesehen jedoch neigten die meisten Stephens unglücklicherweise dazu, sich unzulänglich vorzukommen, und zwar nicht so sehr dem Leben als anderen Menschen gegenüber. Wenn Virginia sich mit Vanessa verglich, fand sie sich ihrer nicht wert; und es war vielleicht gerade für sie, mit ihrem starken Intellekt und ihren schwächer ausgebildeten traditionell-weiblichen Qualitäten, schwierig, die Rolle zu akzeptieren, die ihre Mutter ihnen beiden zugedacht hatte. Obgleich das Stephensche Hauswesen von einer Frau bestimmt wurde oder vielleicht gerade deshalb, war es ganz auf den Mann ausgerichtet: In Julias Vorstellung waren Frauen, wenn auch nicht gerade Sklavinnen, so doch vom Schicksal dazu ausersehen, ihren besseren Hälften zu dienen. Die Tochter Stella, die ihre Mutter bewunderte, führte das Leben einer Nonne, unterdrückt und unterwürfig. Und hätte Julia länger gelebt, hätte sie es zweifellos für selbstverständlich gehalten, daß für ihre anderen beiden Töchter die Liebe und das Dienen an erster Stelle standen. Auch so blieben sie zu Hause und praktisch ohne Ausbildung, da man sie für weniger wichtig hielt als die Brüder, die ins Internat geschickt wurden. Vanessa, die gezähmtere von beiden, paßte sich besser dem an, was von ihr erwartet wurde, und Virginia beneidete sie darum. Sie konnte keine solche Rolle spielen, fühlte sich demzufolge ausgeschlossen und ärgerte sich darüber. Da sie nicht auf das Abstellgleis der Unverstandenen und Vernachlässigten abgeschoben werden wollte, meldete sie Protest an, hin- und hergerissen zwischen Groll und Bewunderung für ihre Schwester. Vanessa wiederum war sich bewußt, daß diese Situation nicht ihre Schuld war, und überstand die Attacken schweigend und mit Würde, auch wenn Virginias spitze Zunge mit unfehlbarer Intelligenz ihre wundesten Stellen traf.

Die Schwestern Vanessa, Stella und Virginia um 1896

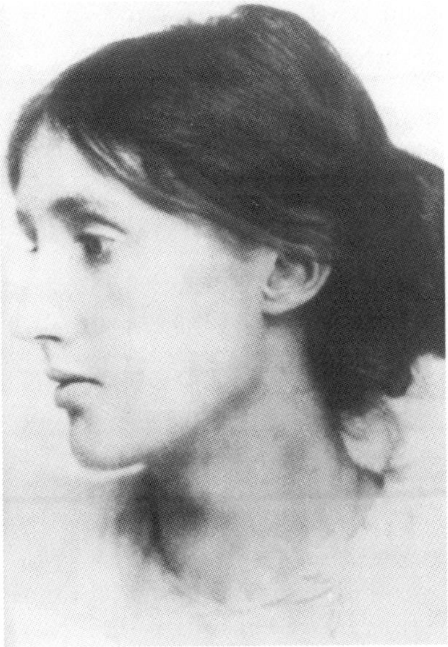

Virginia, um 1903

Vanessa, um 1902

Es gab noch eine andere Quelle der Eifersucht, ganz natürlich zwischen sich im Alter so nahen Schwestern: Der Bruder zwischen ihnen. Als die beiden Ältesten hielten Thoby und Vanessa wie Pech und Schwefel zusammen, bis Virginias Minderwertigkeitsgefühl und ihr Sinn für Ungerechtigkeit sie spüren ließ, wie hinreißend diese Beziehung war, und sie sich aus Eifersucht bei Thoby einschmeichelte. Dieser, schon ganz männlich und ein angehender Intellektueller, hat seinen Schwestern wohl auf ganz verschiedene Weise eine ganze Menge beigebracht, obgleich er auf Photographien eher verhalten und gehemmt wirkt. Vanessa gefiel seine junge Männlichkeit vermutlich, und sie ließ ihm ihren mütterlichen Rat und Schutz angedeihen, während er mit Virginia philosophierte und über Literatur sprach. Wenn auch scheinbar unbekümmert, sah sich Vanessa zum ersten Mal als Opfer schwesterlicher Konkurrenz.

Vanessa war fünfzehn, als ihre Mutter mit neunundvierzig Jahren nach mehrwöchiger Krankheit starb. Sie wirkte viel älter, nicht allein weil sie erschöpft war davon, immer für andere da zu sein, sondern auch durch eine undefinierbare Angst, wie man versucht ist zu sagen, wenn man ihre späteren Photographien betrachtet. Als dann zwei Jahre später Stella wenige Monate nach ihrer Heirat starb, war die Familie doppelt betroffen. Die Art jedoch, wie Leslie Stephen seine Gefühle zur Schau stellte, brachte seine Kinder in gemeinsamer Abscheu vor jeder Form von Heuchelei einander noch näher. Vanessa mußte nun auch noch die Last von Virginias frühen Zusammenbrüchen auf sich nehmen, denn wenn auch andere Freunde sich um sie bemühten, suchte Virginia als erstes Halt und Ermutigung bei ihr. Viele Jahre lang hat Vanessa ihrer Schwester täglich geschrieben. Und auch wenn uns heute gewisse Untertöne ihres betont ironischen Geistes entgehen, so waren diese Briefe doch meist von feinfühliger Besorgnis. Virginia war bald daran gewöhnt, sich auf dieses beständige Mitgefühl zu verlassen, und Vanessa brachte wunderbarerweise durchweg einen liebevollen Humor auf, ohne den Virginia ihr überhaupt nicht zugehört hätte. Mehr noch als schon zuvor wurde Vanessa zu einem Symbol der Sicherheit und Festigkeit. Virginia klammerte sich an sie mit der Verzweiflung eines Menschen, der sich in Gefahr glaubt. Ihr Verhalten traf Vanessas wunden Punkt und verfestigte eine Beziehung, die die ältere Schwester zeitweilig zu ersticken drohte.

Virginias Gefühle für Vanessa waren zwiespältig: Liebe, Verständnis und Bewunderung spielten eine Rolle, vermischten sich aber unentwirrbar mit Neid und Eifersucht, die durch Vanessas kühle Verschlossenheit und ihre deutliche – wiewohl ihr unbewußte – Überlegenheit noch stimuliert wurden. Im Laufe der Jahre erfand Virginia im Bemühen, die sie störenden Eigenschaften zu reduzieren und andere hervorzuheben, eine Persönlichkeit für Vanessa, die diese selbst geradezu absurd unzutreffend fand. In einem sehr viel später geschriebenen Brief notiert Vanessa: »Ich versuchte zu erklären, wie Virginia es sich seit frühester Jugend zur Aufgabe machte, einen Charakter für mich zu erfinden, der ihren eigenen Wünschen entsprach und den sie der Welt inzwischen mit solchem Erfolg eingeredet hat, daß die unsinnigsten Geschichten für wahr gehalten werden, weil sie angeblich so bezeichnend für mich sind...« Obgleich Vanessa von dem »erfundenen« Charakter spricht, geht sie nicht näher darauf ein und beschreibt ihn nicht, aber es war eine Art Gespenst für sie, gegen das sie sonst nichts auszurichten vermochte. In einem Brief von 1917 an Duncan Grant bekennt sich Virginia dazu, dieses Bild Vanessas erfunden zu haben: »...tatsächlich nagte die schwesterliche Eifersucht – ich meine die Eifersucht, die ich meiner Schwester gegenüber empfand – insgeheim an mir; und um ihr Nahrung zu geben, habe ich mir einen solchen Mythos über sie ausgedacht, daß ich eins vom anderen kaum noch unterscheiden kann.«

Nicht nur das Unzutreffende dieses Charakterbildes, das Virginia so glänzend wie unbedenklich ihren eigenen Wünschen entsprechend improvisiert hatte, fand Vanessa unannehmbar. Sie hatte den leisen Verdacht, daß ihre Freunde es amüsanter und anziehender fanden als ihren wirklichen Charakter, und konnte sich nicht ganz von der Vorstellung befreien, sie könnten recht haben. Ja, es gab Augenblicke, in denen sie selbst nicht mehr genau wußte, was eigentlich wirklich war. Sie befand sich in einer Lage, in der Widerstand hoffnungslos war, denn Virginias Bedürfnis zu zerstören, auch wenn dies in einem schöpferischen Akt geschah, war stärker als ihre eigenen Möglichkeiten, sich davor zu schützen, kurzum, sie war trotz aller guten Absichten und Vorsätze wie gelähmt. Und außerdem fühlte sie sich höchst unbehaglich in der Rolle der »ewigen Mutter«, der Hellsichtigen und Beschützerin, in die Virginia sie hineingepreßt hatte wie in eine Zwangsjacke. Und obgleich sie selbst zu dieser Verkleidung beigetragen hatte, paßte sie ihr auf die Dauer nicht, und sie hatte das dringende Bedürfnis, sie loszuwerden. Es war jedoch schwierig, einer Schwester zu vergeben, die, wie sie fand, aufmerksamer, klarsichtiger und überlegter hätte sein müssen. So trugen Virginias Egozentrik und Vanessas Passivität zu einer Situation bei, die wie manche Krankheiten chronisch wurde.

Aus Gründen, die Virginias Gefühl der Verlassenheit durchaus ähnlich waren, aber aus einem tieferen Widerstreben, sich ihnen ganz auszuliefern, gab sich Vanessa so selbständig, daß sie immer den Eindruck felsenfester Standhaftigkeit machte; damit jedoch war es nicht gar so weit her. In ihrem weiteren Leben wandte sie einen erheblichen Teil ihrer Energie darauf, sich ein geschütztes Terrain zu schaffen und zu bewahren, innerhalb dessen sie alles versammeln konnte, was sie liebte und was ihr unentbehrlich war. Der frühe Tod der Mutter mag die Furcht vor der Außenwelt vertieft und das Bedürfnis nach familiärer Geborgenheit noch verstärkt haben. Das trug vermutlich dazu bei, daß sie weiterführenden Beziehungen gegenüber vorsichtig blieb. Ihre erste, sicherlich nicht voll ausgelebte Liebesbeziehung war die zu ihrem Schwager, Jack Hills, der erst kurz zuvor durch Stellas Tod verwitwet war. Damals war die Ehe zwischen Schwager und Schwägerin gesetzlich verboten, und auch wenn sie sich außerhalb Englands legal hätte schließen lassen, war offenbar Jacks Anziehung für Vanessa nicht stark genug, um die Mißbilligung durch Stellas Verwandte, einschließlich ihres Bruders George Duckworth, zu überwinden. So starb diese Beziehung eines natürlichen Todes, und es dauerte weitere sieben Jahre, bis Vanessa sich zu einer Heirat verlocken ließ.

Obgleich Vanessa sehr weiblich war, gehörte sie doch nicht zu den Frauen, um die sich Männer scharen. Ihre Sexualität hatte etwas Elementares, das die Männer entweder anzog oder abschreckte. Sie lehnte es ab, sich den Wertbegriffen der gesellschaftlichen Kreise zu beugen, in die ihr Halbbruder George sie einzuführen versuchte. In diesem Milieu verbargen die Frauen ihre sexuellen Wünsche entweder hinter der Schranke eines unnahbaren Puritanismus oder aber – was Vanessa einfach heuchlerisch erschien – sie setzten sie ganz offen ein, um materielle und gesellschaftliche Vorteile zu erreichen. Weltfremd und ohne Kenntnis der gesellschaftlichen Spielregeln, wie sie war, befand sie sich im Widerstand gegen beide Geschlechter. Voller unausgesprochener Kritik und nicht bereit, sich in seichter Plauderei zu verausgaben, machte sie den Eindruck von Unnahbarkeit, und ihr in sich gekehrter Gesichtsausdruck bekräftigte diesen Eindruck noch. Unter Menschen, mit denen sie wenig gemein hatte, wurde dieses Verhalten zur Barriere, und sie lief Gefahr, zu der etwas irritierenden Erscheinung einer reizenden jungen Frau zu werden, die nicht attraktiv sein will. Als George darauf bestand, sie zu Abendgesellschaften auszuführen, fand sie bestätigt, daß keiner seiner Freunde zum Ehemann für sie taugen würde – nicht einmal Joseph Chamberlain*, mit dem sie sich immerhin zu ihrer Erleichterung nach dem Abendessen über Schmetterlinge unterhalten konnte.

Die Studienjahre an der Akademie allerdings, die ein Gewinn waren und die sie sehr genoß, boten ihr eine Zuflucht vor einem Zuhause, das beherrscht wurde von einem kränklichen, alternden Vater, mit dessen oft peinlichem und lächerlichem Verhalten sie immer schwerer zurechtkam. 1904 starb er nach langer Krankheit, und der jüngere Teil der Familie zog nach Bloomsbury.

Hier fühlte sich Vanessa endlich frei, sich auf ihre Weise auszudrükken, nachdem sich ihr bisheriges Leben zum großen Teil in einer literarischen Atmosphäre abgespielt hatte. Ihre Arbeit an der Staffelei zeigte bereits den Sinn für Ausgewogenheit, der eine ihrer stärksten persönlichen Qualitäten bleiben sollte. Zugleich bot sich Innenausstattung als praktische Tätigkeit an. Endlich konnten die konventionellen Hindernisse beiseite gefegt werden, konnte sie sich mit Leib und Seele auf das Malen konzentrieren. Wer sie später in ihrem Leben mit dem Pinsel in der Hand sah, wußte, daß sie glücklich war. Sie sich ohne ihre Malerei vorzustellen, hätte bedeutet, ihr zumindest den halben Existenzgrund zu nehmen. Keine andere Tätigkeit oder Beziehung vermittelte ihr ein ähnliches Glück: Im Umgang mit Kindern oder Liebhabern blieb immer ein Rest von Besorgnis in ihr. Aber wenn sie malte, gelang es ihr – auch wenn die Schwierigkeiten unüberwindlich schienen –, sich selbst zu vergessen und sich in einem Maße zu vertiefen, daß sie gegen Ängste immun schien.

Als Thoby in Cambridge studierte, lernte Vanessa eine Reihe seiner Freunde kennen, unter ihnen Clive Bell. Der lebendige, amüsante und ein wenig leichtsinnige Clive kam aus einer der »nouveaux-riches«-Familien, vor deren extrem konventioneller Einstellung er sich zuerst an die Universität und dann nach Paris gerettet hatte. Gerade Vanessas geheimnisvolle Aura, der sich die Freunde von George nicht gewachsen fühlten, überwältigte diesen nicht ganz unerfahrenen jungen Mann. Er verliebte sich in sie, als sie noch am Hyde Park Gate wohnte, blieb beharrlich, obgleich seine Gefühle zunächst nicht erwidert wurden, und sah sie häufig, auch nachdem sie nach Bloomsbury umgezogen war.

1906 fuhren Vanessa, Virginia, Thoby, Clive und noch ein paar Freunde nach Griechenland. Auf der Rückfahrt holte sich Thoby einen Infekt, der nicht gleich diagnostiziert wurde. Als der Arzt Typhus feststellte, war es bereits zu spät, und Thoby, den alle seine Freunde für einen glänzenden, vielversprechenden jungen Mann hielten, starb mit sechsundzwanzig – im gleichen Alter wie Stella. Zwei Tage später nahm Vanessa Clives Heiratsantrag an.

Zweifellos hatte Vanessa sich Clive zugewandt, weil er einer der vertrautesten Freunde ihres Bruders war. Ihre Zuneigung zu ihm mochte einem ähnlichen Bedürfnis nach Identifikation entstammen, wie ihre Verliebtheit in Jack Hills nach Stellas Tod. Thobys Tod hatte in ihr und Clive den gleichen Schock ausgelöst, und es war nur natürlich, daß beide die gleiche Anziehung füreinander empfanden – eine Anziehung, die ja schon eine Weile im Verborgenen bestanden hatte.

Anfangs schien ihre Verbindung durchaus gelungen. Sie war achtundzwanzig und hatte lange genug auf die sexuelle Erfahrung gewartet, die sie nun völlig veränderte. Nicht nur die erlebte Sexualität überwältigte sie, sondern die innige Vertrautheit, die ihre Beziehung dadurch gewann. All ihre zärtlichen, behutsamen, liebenswertesten Eigenschaften traten zutage. Sie entdeckte ihren Witz, war zu Späßen aufgelegt, lachte viel und genoß die halb private, halb öffentliche Äußerung ihrer Gefühle füreinander. Zudem stellte Vanessa bald fest, daß sie schwanger war: 1908 wurde ihr ältester Sohn, Julian, geboren.

In dieser außerordentlich glücklichen und erfüllten Zeitspanne setzte Virginia sich in den Kopf, mit Clive zu flirten, ein Einfall, der in seiner inzestuösen Tendenz mit Vanessas Verliebtheit in Jack Hills vergleichbar ist. Aber es war doch wesentlich anders. Vanessas Gefühle entsprangen, wie man sich vorstellen kann, der Verzweiflung darüber, die Schwester zu verlieren, dem Verlangen, sich mit ihr in der sexuellen Attraktion für den von beiden Geliebten zu identifizieren, während Virginias Empfindungen für Clive rein erotischer Natur waren und zugleich durch das ihnen gemeinsame Vergnügen an den Spielarten des Intellekts erheblich stimuliert wurden. Beide ließen sich von jugendlichem Überschwang zu einem intellektuellen Feuerwerk mitreißen, das Vanessa fremd war. Clives Verhalten, so schmeichelhaft und anregend es für Virginia sein mochte, rührte keineswegs an Gefühle, die sie hätten beunruhigen können, sondern war ganz genau darauf berechnet, einen Flirt in Gang zu halten, der, wie beide hätten erkennen müssen, durch die Art, wie sie über Vanessas Existenz hinweggingen, ein Affront war.

Es scheint, daß weder Clive noch Virginia die feste Absicht hatten, sich auf diese Beziehung einzulassen. Ich glaube, daß sie vor allem zustande kam, weil sich beide, da sie Vanessas Hingabe an ihren winzigen Sohn nicht teilen konnten, unglücklich und ausgeschlossen fühlten und so zueinander getrieben wurden. Vielleicht ließ sich Virginia, die ein Jahr nach Thobys Tod immer noch in einer labilen Verfassung war, in diese immanent gefährliche Situation hineinlocken, weil sie vergaß, daß Clive ein Mann aus Fleisch und Blut und in seinen Reaktionen auf Frauen nur allzu menschlich war. Da sie ihm intellektuell durchaus überlegen war, legte sie es nicht auf physische Attraktion an, dennoch stieg ihr Clives unverhohlene Bewunderung zu Kopf.

Vielleicht auch war Vanessa, als sie ihre Verlobung bekanntgab, einfach zu glücklich, um Virginias Verletzbarkeit zu bedenken, so daß in Virginias Vorstellung der Eindruck einer kraftvollen Persönlichkeit zurückblieb, die vor nichts Halt machen würde, um zu bekommen, was sie wollte. Möglicherweise also hatte Virginia von Anfang an unter dem Gefühl des Ausgeschlossenseins gelitten. Später, als Vanessa sich ganz und gar auf das Kind konzentrierte, verstärkte sich dieses Gefühl und wurde von Clive geteilt, der außerstande war, dem Reiz der Schönheit seiner zudem noch leicht erreichbaren Schwägerin zu widerstehen, von ihrer Intelligenz ganz zu schweigen.

Virginia aber wollte nicht Clives Aufmerksamkeit erregen, sondern Vanessas: Ihr Verhalten war ein über Clives physische Erscheinung an Vanessa gerichteter Hilferuf. Dahinter stand nicht nur der Wunsch, in

Vanessa portraitiert Lady Robert Cecil, 1904

Virginia und Clive Bell in Studland, 1911

das eheliche Leben der Schwester einbezogen zu werden, sondern ein Protest gegen die Zumutung, für sich selbst aufzukommen und auf Vanessas wachsamen Schutz zu verzichten. Thoby stand gewissermaßen für die Unschuld und die unbekümmerten Spiele des Heranwachsens, in denen Virginia geglänzt hatte. Jetzt, da es ihn nicht mehr gab, war sie nicht nur mit einem unerträglichen Verlust konfrontiert, sondern sollte überdies das sinnliche Glück einer physischen Reife teilen, für das sie sich durchaus nicht erwärmen konnte, und das sie zweifellos mit Clive nicht erfahren hat. Eine solche Forderung gab ihr das peinliche Gefühl des Versagens und erschien ihr ganz unannehmbar. Sie schlug zurück, indem sie verlangte, Vanessa sollte ihren Ehemann aufgeben. Dieser vollkommene Mangel an weltläufiger Vernunft deutet auf die Tiefe ihrer Ängste hin: Ganz plötzlich kam sie zu dem Schluß, daß sie Vanessas Liebe für immer verloren habe. Virginia wollte Clive niemals um seiner selbst willen für sich, und diese Erkenntnis muß das Motiv für Vanessas Zurückhaltung gewesen sein, nicht zuletzt Clive gegenüber, gegen den sie offenbar keinen Groll hegte.

Man könnte sich vorstellen, daß ein ruhiges Wort dem Ganzen ein Ende hätte setzen können. Warum hat Vanessa, die doch in einer unangreifbaren Position war, es nicht ausgesprochen? Abgesehen von dem ihr angeborenen Widerwillen gegen emotionale Auseinandersetzungen mag sich in ihrem Schweigen ein erster leiser Zweifel an ihren Gefühlen für Clive verborgen haben – Gefühle, die durch sein Verhalten kaum gebessert werden konnten –, und zugleich zögerte sie vielleicht davor, Virginia mitzuteilen, daß sie es leid war, sich um sie zu kümmern, ein Zögern, das angesichts Virginias Labilität durchaus gerechtfertigt war.

So kam dieser Flirt zu keinem klaren Abschluß: er lebte zwischen 1908 und 1914 ab und zu wieder auf. Mein Bruder Quentin scheint mir recht zu haben, wenn er in seiner Biographie über Virginia Woolf schreibt: »Im Ganzen bewirkte der Bruch in der Ehe der Bells, das heißt deren Umformung in einen Freundschaftsbund, die sich während der Jahre zwischen 1911 und 1914 langsam vollzog, eine Entspannung zwischen den Schwestern und eine allmähliche (wenn auch nie vollständige) Lösung Virginias aus der langen und vielfach getrübten Beziehung zu Clive.« Obgleich Virginia niemals eine tiefe physische oder geistige Befriedigung aus ihr zog, war sie dennoch zu anregend und zu schmeichelhaft, um sie ganz aufzugeben. Was auch immer die Wahrheit sein mag – Vanessas Vertrauen war erschüttert: Virginia wollte nicht nur mehr als sie vernünftigerweise verlangen konnte, sondern hatte auch ihre frühere Beziehung zueinander in Frage gestellt. Die Episode hinterließ eine Narbe. Jahre später, als ich die Schwestern zusammen sah, konnte ich, trotz der zwischen ihnen üblichen ironischen Art der Zuneigung und ohne die geringste Ahnung von den Gründen, in Vanessas Verhalten eine gewisse Vorsicht und auf Virginias Seite eine verzweifelte Bitte um Vergebung erkennen. Diese Verhaltensweisen kamen nicht von ungefähr zustande. Sie waren der Beweis für einen Vorfall, der, obgleich er lange zurücklag, nicht vergeben werden konnte, weil er nie ganz zur Kenntnis genommen worden war. Beide Schwestern waren in bestimmten Attitüden erstarrt, die sie beide als schmerzlich empfanden und die sie hinderten, einander ihre Gefühle zu zeigen.

Mit der Geburt ihres Sohnes Julian, 1908, fand Vanessas zweite Leidenschaft, die Mutterschaft, ihre Erfüllung. In Asheham, dem Haus in Sussex, das Virginia gemietet hatte und mit Vanessa teilte, organisierte diese mühelos und unter sehr einfachen, aber annehmbaren Bedingungen ein Leben, an dem Freunde, Kinder und Tiere teilhaben konnten. Sie arbeitete gern in Gegenwart ihrer Malerfreunde, und auch die Anwesenheit der immer wieder hereinschneienden, ständig wechselnden Gäste – zu denen Roger Fry und Duncan Grant gehörten – handhabte sie mit sanfter Lässigkeit. Ihr Humor, ihr Sinn für Improvisation und ihr Mitgefühl mit den Schwierigkeiten anderer, verbunden mit der fraglosen Gabe, immer das zu bekommen, was sie wollte, gaben ihr einen besonderen Platz in der Freundesgruppe, die später »Bloomsbury« genannt wurde. Alle erkannten in ihr eine Vitalität, die blutvoller und kompromißloser war als ihre eigene, eine Gefühlsstärke, mit der man rechnen mußte, auch wenn sie sich nur selten unmittelbar äußerte. Vanessa nahm sie alle mit der ganzen Kraft ihrer Natur an, verlangte aber auch Loyalität, ja, fast schon Gehorsam, was sie ihr bereitwillig einräumten. Die Verbindung von Schönheit und mütterlicher Autorität schien ihnen nahezu unwiderstehlich. Die meisten dieser Freunde waren junge Männer, viele unter ihnen (wenn auch keineswegs alle) homosexuell. Vanessa, eine mitfühlende Freundin und Zuhörerin, nahm ihre Liebesgeschichten nicht ganz ernst: Sexuelle Emanzipation war – wiewohl die Quelle von Aufregungen und viel Vergnüglichem – nicht annähernd so wichtig wie Freundschaft.

Vanessas Vorurteile saßen tief und konnten furchterregend sein, aber sie beruhten auf ganz persönlichen Abneigungen. Wenn diese nicht provoziert wurden, war ihre – moralische wie ideologische – Toleranz nahezu grenzenlos. Diese Tatsache und ihr Sinn für Humor spielten eine wichtige Rolle in ihrer Beziehung zu Männern, die sie durch ihre Fähigkeit, Spannungen aufzulösen und die Dinge von der heiteren Seite zu betrachten, zugleich entwaffnete und ermutigte. Ihr Humor war überhaupt nicht lautstark und schroff, auch nicht glänzend und geistreich wie Virginias. Es gab jedoch inspirierte Augenblicke, die ihre leisen Explosionen einer Tiefe zu verdanken schienen, die ihr selbst kaum bewußt war. Ohne erfinderisch oder besonders einfallsreich zu sein, stellten ihre Scherze immer eine kritische Anmerkung dar, deren besondere Qualität sich zu einem Teil aus einem trockenen common sense herleitete, für sie ganz selbstverständlich, für andere aber eine Quelle der Überraschung und des Vergnügens. Oft zitierte sie ein Sprichwort falsch oder kombinierte zwei auf eine Art, die für andere Ohren bizarr und köstlich zugleich war, wie etwa »Morgenstund hat kurze Beine« – »Lügen haben Gold im Munde«. Ihre übliche Sprechweise, ja, man könnte sogar sagen, der ganze Zuschnitt ihres Geistes war ironisch. Trotz der Kraft, die von ihr ausging, war sie selten direkt, selten beharrlich. Auch wenn sie gelegentlich die Dinge schwarz-weiß zu sehen schien, genügte ein einziges Wort, eine Wendung, die ihr womöglich wider Willen entschlüpfte, um zu zeigen, was sie wirklich fühlte. Im allgemeinen aber war das, was sie meinte, zu subtil, um es richtig zu deuten, wenn man ihr Lächeln nicht beachtete. Es war ein Lächeln, das allem, was sie sagte, seine Bedeutung gab. Manchmal schien sie beide Seiten einer Sache gut zu finden und mußte dann, außerstande, sich für eine zu entscheiden, mißbilligend über sich selbst oder auch schadenfroh über andere lachen. Ihre Ironie konnte manchmal verletzen, aber sie entsprang dennoch ihrer Zuneigung und zielte darauf ab, andere über sich selbst lachen zu lassen. Ironie war für sie auch ein Mittel, ihre Liebe zu zeigen, besonders, wenn entschiedene Ernsthaftigkeit die einzige Alternative gewesen wäre.

Im Umgang mit vertrauten Freunden verhielt sie sich wie ein Schiff vor Anker, das sanft auf den Wellen schaukelt, aber wenn sie von irgendwoher eine Bedrohung spürte, reagierte sie mit einer unschlagbaren Mischung aus Vorurteil und Logik. Und wenn sie unbedenklich beide zugleich einsetzte, war sie völlig unwiderlegbar. Solche Stimmungen waren allerdings selten, wiewohl all ihre Freunde gelegentlich etwas davon mitbekamen. Sie war außerordentlich selbstbeherrscht, aber wenn sie das, was andere beschäftigte, langweilte (was ziemlich häufig der Fall war), zog sie sich in ihre eigene Welt zurück, die auf sie ebenso bezwingend wirkte wie die ihrer Kinder.

Es war diese Seite ihrer Natur, die Roger Fry, der in den Jahren 1910/11 heftig in sie verliebt war, verletzte und zuletzt zurückstieß. Nach Quentins Geburt im August 1910 scheint sich das Verhältnis zwischen Clive und Vanessa verschlechtert zu haben. Er hatte niemals aufgehört, außereheliche Beziehungen zu haben, und als Quentin nicht zunehmen wollte und Vanessa sich deshalb Sorgen machte, war Clive ihr keine große Hilfe. In dieser Situation zeigte sich Roger Fry, den sie schon eine Weile kannte, mitfühlend und verständnisvoll, was ihr neu war bei einem Mann. Ihre Freundschaft, die sich bereits durch ihr lebhaftes Interesse für die neuesten Kunstentwicklungen und die von ihm eröffnete erste Ausstellung der Post-Impressionisten im November des gleichen Jahres belebt hatte, wurde immer enger. 1911 reisten sie zusammen mit Clive in die Türkei, wo Vanessa schwer erkrankte. Während Clive das Krankenzimmer so viel wie möglich mied, erwies sich Roger als perfekte, wenn auch unkonventionelle Krankenschwester. Als Vanessa sich erholt hatte und sie nach London zurückkehrten, war zumindest ihnen beiden ganz klar, daß sie einander sehr liebten.

Vanessa muß den Eindruck gehabt haben, als hätte sie den idealen Partner gefunden. Obgleich Fry heterosexuell war, hatte er doch eine feminine Komponente, was verhinderte, daß er entweder gleichgültig oder tyrannisch war. Er hatte eine Fähigkeit, sich zu begeistern, die die eher zögernde Vanessa mitriß. Sie war ebenso verblüfft wie erheitert über die Unbekümmertheit, mit der er sich auf eine neue Beziehung oder Tätigkeit einließ, und es rührte sie, daß er sich bemühte, ihre Gefühle zu verstehen. Hinzu kam, daß er sie mit seiner wahrhaft grenzenlosen Vorliebe für die Neue Kunst als hochgeschätzter Kenner auch in einen Teil der Kunstwelt einführte, der ihr bis dahin unbekannt war, Bilder alter Meister zum Beispiel, die ihr sonst unzugänglich geblieben wären. Wenn Roger über Bilder sprach, begriff sie, daß seine eigene Malerei ihm besondere Einsichten vermittelte.

Während dieser Zeit litt Vanessa mehrere Jahre hindurch immer wieder unter lähmenden Anfällen von Lethargie, die eine schwere Depression vermuten ließen – anders in der Wirkung als Virginias Labilität, aber ihr wohl doch nicht ganz unähnlich. Was auch immer der Grund gewesen sein mag, diese Perioden erzwungener Untätigkeit und Zurückgezogenheit färbten auch auf ihre Liebesbeziehung ab, an deren Beginn sie das Opfer und Roger der fahrende Ritter war, der sie aus den Gefahren der eingebildeten Unzulänglichkeit und der Verzweiflung rettete. Als sie dann entdeckte, daß gerade seine Vitalität sie erschöpfte und er eine Aufmerksamkeit verlangte, die sie nicht geben konnte, versank er in Selbstmitleid, während sie zunehmend gleichgültiger wurde.

Er liebte sie noch lange, während ihr Interesse bereits anderweitig in Anspruch genommen war und sie zwar versuchte, sein Verlangen zu lindern, ihm aber jede wirkliche Befriedigung verweigerte. Schließlich begriff Roger, daß alle Beharrlichkeit vergebens war, und trat seinen Platz in ihrer Zuneigung einem anderen Künstler und beider Freund ab: Duncan Grant. Die Art wie Roger die Entwicklung dieser neuen Beziehung zur Kenntnis nahm, war – auch wenn es Augenblicke der Eifersucht gab – bemerkenswert großzügig. Vanessa hatte mit Roger zuviel Erregendes, zuviel Mitgefühl und Zärtlichkeit erlebt, als daß sie ihn ganz aus ihrem Leben zu entfernen vermochte: Keiner von ihnen wollte das – das Opfer wäre unverhältnismäßig groß und auch unmöglich gewesen, weil sie zu vieles verstand. Bis an sein Lebensende blieb zwischen ihnen der Hauch einer vergangenen Liebesbeziehung, so als wollte keiner von beiden ganz zugeben, daß sie vorbei war.

Vanessa hing wie eine Klette an Roger, Duncan, mir, Julian und – vielleicht in geringerem Maße – an Quentin, der sich auf seine eigene Weise schützte – ähnlich wie eine Napfschnecke. Sie war ein starker, ja selbstgenügsamer Charakter, aber wenn es um Liebe ging, ließ sie den Kopf hängen, wie eine Blume unter dem Gewicht einer Hummel. Es war *ihre* Art Liebe, ebensosehr bestimmt von dem Bedürfnis geliebt zu werden wie dem zu lieben. Trotz aller guten Vorsätze war sie unfähig, den Augenblick einer Trennung zu erkennen, ob es nun um einen Liebhaber ging oder um Kinder. Ihr Verlangen teilte sich mit wie die Botschaften eines Tieres, eines Insektes. Wenn jemand, den sie liebte, starb, war sie so fassungslos, daß sie sich auf den nächstbesten Menschen stürzte, der ihr Sicherheit und so etwas wie den Widerhall des gerade Verlorenen versprach. Noch wenn sie aufhörte, wirklich zu lieben, brauchte sie den Beweis ihrer Macht über den geliebten Menschen. Bezwungen von diesem Bedürfnis blieben Clive und Roger ihr nah, und so erging es später auch Duncan. Zum Glück gelang es allen, jedem auf seine Weise, mit heiler Haut davonzukommen.

Duncan Grant war ein Vetter der Stracheys*, die Vanessa ihr Leben lang gut kannte. Seine Welt war der ihren also weitaus näher als die von Clive oder Roger, obgleich sie – ähnlich wie die der Stracheys – einen starken anglo-indischen Anklang hatte. Duncans Vater hatte seine Karriere in Indien gemacht, und der Sohn war bis zu seinem siebenten Jahr mit seinen Eltern dort und in Burma gewesen. Da seine Eltern blieben, ging er mit den Stracheys nach England, wo er verschiedene Schulen besuchte und anfallsweise glänzte, was vollkommen davon abhing, ob der Kunstlehrer seine Sprache verstand. Wie Vanessa erkannte Duncan sehr früh, daß er nichts anderes als malen wollte – ein Vorhaben, zu dem ihn seine Großmutter Strachey ermutigte. Er ging auf ein Jahr nach Paris und betrat bei seiner Rückkehr die Londoner Kunstszene. Er war ein Homosexueller mit bisexuellen Neigungen, aber wann er sich dessen bewußt wurde, ist nicht ganz klar – vielleicht hatte er es immer schon gewußt. Oberflächlich betrachtet war er außerordentlich offen und unkompliziert und besaß einen ihm selbst verborgenen Charme, der eine fast hypnotische Wirkung auf alle ausübte, die ihn kannten. Seine besondere Fähigkeit, sich selbst zu vergessen, unter fast allen Umständen der gleiche zu bleiben und einen anderen instinktiv anzunehmen, brachte ihm die Zuneigung der verschiedenartigsten Menschen ein. Sie spürten, daß sie etwas ganz Seltenes vor sich hatten – einen Menschen, der fast nie eine vorgefaßte Meinung hatte, der sich nicht im vorhinein darauf festlegte, was er denken wollte. Er war zutiefst überzeugt davon, daß jedes Lebewesen – auch eine Maus oder ein Insekt – das Recht auf einen eigenen Standpunkt hatte.

Er war ein feinfühliger Gefährte, eher schön als hübsch, und ungemein empfänglich für die jeweils herrschende Atmosphäre. Obgleich mit den Stracheys verwandt, war er weder hochgebildet noch »literarisch« in Vanessas Verständnis des Begriffs, und sie empfand ihn daher auch nicht als bedrohlich. In seiner Gegenwart konnte Vanessa sich wohlfühlen – mehr noch als mit dem Intellektuellen Roger. Sie hatte auch keine Einwände gegen Duncans Art zu malen, wie bei Roger, was immer schon und weiterhin eine Barriere zwischen ihnen bildete. Bei Duncan wußte sie, daß die leiseste Andeutung, was Ästhetik oder den Vorgang des Malens anging, verstanden und angenommen wurde, ohne daß sie dabei allzuviel Ernst aufbringen mußte. Hinzu kam, daß Duncans emotionale Bedürfnisse, wie es schien, leicht zu befriedigen waren. Allein ihn zu beobachten, gemeinsam über Freunde zu lachen und zusammen zu arbeiten, schien Vanessa zu reichen, um glücklich zu sein.

Dennoch – wäre damals ein normales gesellschaftliches Leben möglich gewesen, hätte ihre Beziehung vielleicht nicht lange gedauert.

Duncan Grant, John Maynard Keynes und Clive Bell in Charleston, 1919

Aber es war Krieg, und Duncan war, als Kriegsdienstverweigerer aus Gewissensgründen, gezwungen, auf dem Lande zu leben und zu arbeiten. Niemand hätte ihm besser das Rückgrat stärken können als Vanessa. Zuerst in Wisset in Suffolk und dann in Charleston gelang es ihnen, ein Leben zu führen, das wie eine Idylle wirkte inmitten des Horrors, der sie umgab. Zudem fand Vanessa eine Rolle für sich, die genau zu ihr paßte, nämlich die der Mutter-und-Hausfrau, der alles überschauenden Schutzgöttin und zugleich Künstlerin. Mangel an Lebensmitteln, Bequemlichkeit und gewitztem Dienstpersonal konnte ihren Optimismus nicht zerstören, zu dem zwei lebhafte Jungen das ihre beitrugen. In Vanessa, die inzwischen achtunddreißig war, muß die Verbindung mit einem um sechs Jahre jüngeren Mann ein Gefühl der Erneuerung hervorgerufen haben, auch wenn Duncan mit der Zeit erkannte, daß sie etwas verlangte, was er nicht geben konnte.

Sowohl in dem Haus in Suffolk wie später in Charleston hatte Vanessa sich Duncan mit David Garnett zu teilen. David Garnett, der noch jünger war als Duncan, hatte sich von ihm verführen lassen. Duncan war sehr verliebt in ihn, und Vanessa sah ein, daß, wenn sie Duncan behalten wollte, sie nicht nur David, sondern viele andere hinnehmen mußte. Man könnte sich vorstellen, daß eine solche Situation für alle drei quälend war – und vielleicht war sie das tatsächlich. Aber Vanessa wußte ganz genau, was sie wollte. Sie überredete Duncan, ihr ein Kind zu machen, und war bereit, die ganze Verantwortung allein zu tragen – vorausgesetzt, daß er ihr nahe blieb. Für sie war er ein Genie, und seine Nachkommen waren zu etwas Außerordentlichem bestimmt.

Vanessa mit Angelica

EIN KIND IN CHARLESTON

Ich wurde am 25. Dezember 1918 geboren, einem für Vanessa offenbar verheißungsvollen Datum. Später bestand sie darauf, daß auch ich etwas Außergewöhnliches damit verband – so als sei das zufällige Ereignis, am Weihnachtstag geboren zu sein, mein eigenes Verdienst. Ob sie dies alles so empfand, weil es das erste Weihnachtsfest nach dem Krieg, das erste Friedensweihnachten war oder weil dieses Fest immer noch, sogar auf Nichtgläubige, einen gewissen Zauber ausübte, kann ich nicht sagen. Oder meinte sie vielleicht, daß ich, weil meine Herkunft nicht durch eine Ehe abgesegnet war, besonderer Glücksumstände bedurfte, oder gar, daß ich als Kind einer Verbindung, die sie für bemerkenswert hielt, mit einer besonderen Aura ausgestattet war?

Vermutlich hat Duncan es gebilligt, daß Vanessa und Clive beschlossen, die Tatsache, daß er mein Vater war, nicht zur Kenntnis zu nehmen. Man einigte sich darauf, daß er bei meinem Erscheinen Clives Eltern in dessen Namen ein Telegramm schicken sollte. Harmlos und konventionell, wie sie waren, würden sie vermutlich niemals auf die Idee kommen, daß ich nicht ihre Enkelin war. Clive lag sehr daran, das schwer zu Erklärende zu umgehen, wobei es nicht so sehr darum ging, daß seine Frau ihm untreu geworden war – und er ihr –, sondern vielmehr darum, daß dies an ihren freundschaftlichen Beziehungen wenig änderte.

Clive und Vanessa mußten diesen Entschluß gemeinsam und in einem Sinne gefaßt haben, den sie, einigermaßen leichtherzig, für unkonventionell hielten, denn so wurde es mir später dargestellt. Aber Eltern und Schwiegereltern sind bei solchen Vorkommnissen immer schon irregeführt worden: Nimmt man einmal an, daß Bloomsbury wirklich so viel Freiheit gewonnen hatte, wie man dort glaubte, dann muß eher das höchst Konventionelle dieser Täuschung überraschen. Sie war jedoch charakteristisch für Clives Höflichkeit und Vanessas Takt: Wenn es nicht unbedingt nötig war, etwas zu erklären, warum sollte man es dann tun? Zweifellos hatte Vanessa noch andere Gründe, die vermutlich mehr mit Duncan zu tun hatten als mit Clive und seiner Familie. Für Vanessa war Duncan irgendwie noch nicht ganz erwachsen – und wenn man die Briefe liest, die er ihr während dieser Zeit schrieb, so erscheint diese Einschätzung gerechtfertigt. Als sie mir, viele Jahre später, meine Herkunft erklärte, sollte Duncans Jugend gewissermaßen als Entschuldigung für sein Verhalten gelten – das einzige Mal, soweit ich mich erinnern kann, daß ihr irgendetwas bei der Sache nicht ganz richtig vorkam. Er war zu der Zeit drei- oder vierunddreißig. Für sie aber war er vor allem andern der Künstler. Ihn als Vater zu sehen, schien ihr unrealistisch, vielleicht auch unnötig, besonders, da sie sich imstande fühlte, beides – Vater und Mutter zugleich – für mich zu sein. Duncans eigene Gefühle kenne ich nicht.

Nicht nur auf Clives, sondern auch auf Duncans Eltern mußte Rücksicht genommen werden, so vermute ich jedenfalls. Major Grant würde wahrscheinlich der Ansicht gewesen sein, daß irgend etwas zu geschehen habe, womöglich sogar, daß Duncan Vanessa heiraten sollte, was keiner von den dreien wollte. Alles war so wie es war in Ordnung. Sie wollten nicht, daß die ältere Generation sich in eine Situation einmischte, die für sie, vor allem praktisch, schon zur allgemeinen Zufriedenheit gelöst war. Für die vertrauten Freunde war meine Geburt ein offenes Geheimnis. Der einzige kritische Einwand kam von David Garnett, der Vanessa vorwarf, ihr Entschluß, mir meinen wahren Vater vorzuenthalten, sei überstürzt. Clive, gelassener als Vanessa und lebensklüger als Duncan, mag gewisse Schwierigkeiten vorausgesehen haben. Er jedenfalls mußte mit einer zu der Zeit peinlichen Situation fertig werden, obwohl niemand sie so zu sehen schien. Meine Ähnlichkeit mit Duncan muß selbst in meiner Großmutter Ethel einen gewissen Verdacht erregt haben. Jedenfalls gelang es, mich als einzige in völliger Unkenntnis der Dinge zu halten.

Charleston, wo ich geboren wurde, war ein großes, solides Bauernhaus, wie sie in Sussex üblich sind. Es stand für sich, unterhalb des Firle Beacon, der höchsten Erhebung in der hügeligen Landschaft, die sich zwischen zwei Flüssen, dem Cuck im Osten und der Ouse im Westen, ausbreitete. Am Fuß des Beacon war ein Kornfeld, und zwischen diesem Feld und dem Haus lagen die Wirtschaftsgebäude, beherrscht von einer prächtigen aus Feldsteinen errichteten Scheune und dem Getreidespeicher, vor denen die Heuwagen und Mistkarren standen, die zu der Zeit noch benutzt und von riesigen, braunen Pferden über die kalkweißen Wege gezogen wurden; die braunweißen Kühe grasten wiederkäuend die Wiesen ab, und der Heuschober war dicht gepackt mit stoppeligen Heumieten. Vor dem Haus war ein Teich, dahinter kam der Obstgarten und daneben, an der Nordseite, lag ein großer mauerumzogener Garten.

Das Anwesen hat meiner Familie nie gehört. Meine Mutter hatte es vom Bauern gemietet, der es wiederum vom Eigentümer, einem Lord Gage, gepachtet hatte. Vanessa war an Besitz nicht interessiert, sie zog es vor, sich jederzeit neu entscheiden und anderswohin gehen zu können. Charleston entdeckte sie im Jahr 1916, als sie ein Refugium für sich, ihre beiden Söhne, Duncan und Bunny suchte. Duncan und Bunny arbeiteten ein paar Kilometer entfernt als Kriegsdienstverweigerer auf der Farm von Mr. Hex und waren froh, zur Teezeit in die von Vanessa geschaffene angenehme Atmosphäre zurückzukehren. Freunde kamen zum Wochenende, und eng blieben die Beziehungen zu allen, die aus London kamen, wie Maynard Keynes, Roger Fry und Lytton Strachey, aber auch zu Leonard und Virginia, die sich, ehe sie nach Rodmell umzogen, häufig in dem nur fünf Kilometer entfernten Asheham aufhielten.

Als der Friede kam, brach jedoch die ménage à trois auseinander. Duncan und Bunny waren zwar bei meiner Geburt noch dort, sehnten sich jedoch, nach all den Einschränkungen und der Abgeschiedenheit während des Krieges, nach einem halbwegs normalen Leben in London, und Bunny, dessen Neigungen nur zeitweise homosexuell waren, war in seiner Vorstellung bereits mit ganz anderen Liebesbeziehungen beschäftigt. Nur Vanessa war unfähig sich zu rühren, die häusliche Krise setzte ihr zu und ganz gewiß auch die Angst, Duncan könnte sie schließlich doch verlassen – auch wenn er der Vater ihres Kindes war.

Hinzu kam noch, daß ich unmittelbar nach der Geburt erkrankte, eine Krankheit, die der Dorfarzt nur unwillig zugab und gegen die er kein Mittel zu verschreiben wußte. Vanessa, äußerst beunruhigt, schickte Noël Olivier eine Nachricht, die, da sie selbst nicht kommen konnte, eine Ärztin, Dr. Moralt, überredete, sich nach Charleston aufzumachen. Ich sprach auf ihre Behandlung an und blühte bei Grays Pulvern und Kuhmilch auf. Meine beiden Brüder Julian und Quentin, damals zehn und acht Jahre alt, zeigten ihre Gefühle bei meiner Ankunft auf ihre Weise, indem sie derart im Schulzimmer herumtobten, daß sie zu Virginia geschickt wurden, während Vanessa in einem Haus ohne fließendes Wasser, elektrisches Licht und Telefon zu Bett lag. Gewiß, der Krieg war vorbei, aber Lebensmittel und Kohlen waren immer noch knapp, und außer ihrer Sorge um mich hatte Vanessa Schwierigkeiten, Hausangestellte zu finden. Fünf Jahre später beschrieb sie die Situation in einem Brief an Margery Snowden, eine Freundin, die sie zwanzig Jahre zuvor an der Akademie kennengelernt hatte:

Charleston, Weihnachten 1923
... Und so verbringen wir ein ganz häusliches Weihnachten. Ich sollte, scheint mir, ein Inserat aufgeben: ›Mr. and Mrs. Bell und Familie sind Weihnachten 1923 zu Hause in Charleston. Niemand sonst zugelassen. Von Besuchen bitten wir Abstand zu nehmen...‹ Seit fünf Jahren – seit Angelicas Geburt – bin ich nicht mehr hier gewesen. Es war höchst romantisch damals – das erste Friedens-Weihnachten und eine wunderschöne, eiskalte, mondbeschienene Nacht. Ich erinnere mich, daß ich am Morgen, nachdem sie geboren war, aufwachte und die Leute, die zur Arbeit kamen, Weihnachtslieder singen hörte, und als ich mir bewußt wurde, daß es der erste Weihnachtstag war, erschien es mir als etwas Außerordentliches, gerade jetzt ein Kind zu haben. Klingt das

sehr sentimental? Aber all die Schrecknisse hinterher, als sie durch die Idiotie des Arztes fast gestorben wäre und alles häusliche Unheil auf einmal zu passieren schien, waren so übermächtig, daß ich darüber die glückliche Seite fast vergaß. Ich glaube, so schlimm wie damals war es noch nie zuvor in meinem Leben. Aber gerade solche Schrecken sind in gewissem Sinn nie ganz wirklich – bis auf die Angst –, sie vergehen und hinterlassen nichts. Mir scheint, ich versinke in Erinnerungen – du siehst, die Folge davon, daß ich nach fünf Jahren wieder am gleichen Ort bin.

Meine erste wirkliche Erinnerung führt nicht nach Charleston, sondern nach Frankreich, das immer meine zweite Heimat blieb; irgend jemand, wahrscheinlich Vanessa, trug mich eine dunkle Treppe hinauf, und oben war eine kleine bewegliche Dame in Schwarz, die mir ein Veilchenbonbon gab. Wir waren in Paris, und die Dame war mit größter Wahrscheinlichkeit Angela Lavelli, eine Freundin von Roger Fry, die es gelegentlich übernahm, Vanessas Kinder zu hüten. Ob das Getute der Taxis im Regen – ein für Paris so typischer Laut – zu dem gleichen Aufenthalt gehört, kann ich nicht sagen. Und auch, ob man mich im Gepäcknetz hat schlafen lassen, erinnere ich nicht genau. Ich könnte es auch nur von andern gehört haben. Ich habe aber offenbar gespürt, daß das Gepäcknetz wie eine Hängematte im Rhythmus des fahrenden Zuges hin- und herschwang. Und als ich zum ersten Mal Mineralwasser zu trinken bekam, nannte ich es »Kribbelwasser«, überrascht darüber, daß es ganz von selbst sprudelte. Auf dieser Reise jedenfalls wandte sich Grace, unser Mädchen, als sie den Reflex der Sonne im gegenüberliegenden Fenster sah, mit der Frage an Duncan: »Gibt es zwei Sonnen in Frankreich, Mr. Grant?« Es war ihr erster Besuch auf dem Festland, und so hielt sie es für möglich, daß dort alles anders war. Julian und Quentin verarbeiteten ihren Schnitzer in einen Teil der Familienlegende, an der sie ständig bastelten: Nichts was sie als Halbwüchsige so intensiv und ein wenig boshaft vergnügt hatte, durfte in Vergessenheit geraten.

Wir waren auf dem Weg nach St. Tropez, wo Nessa die »Maison Blanche« gemietet hatte, ein Haus, das M. und Mme. Vildrac gehörte und ein wenig außerhalb der kleinen Stadt lag. Es war Weihnachten und mein dritter Geburtstag – ein langgestreckter, lichterfüllter Raum, eine Tür zur Veranda, das Summen einer Unterhaltung... Ich spielte mit meiner Stoffpuppe Judy, die ich leidenschaftlich an mich drückte. Ich hatte ein Geheimnis, das auf ebenso geheimnisvolle Weise aufgedeckt wurde. Ich hatte Fieber und wurde ins Bett gesteckt. Das war die erste von vielen ähnlichen Gelegenheiten, wo ich hoffte, eine Krankheit verbergen zu können, weil ich weiß der Himmel was fürchtete. Vielleicht diesen unvermeidlichen Akt der Unterwerfung unter die Krankheit, die ja, wenn man ihn erst hinter sich hat, zu einem wollüstigen Vergnügen werden kann. Zugleich allerdings gestattete das Kranksein allen möglichen Menschen außer Vanessa, auf verwirrende und vertrauliche Weise mit meinem Körper umzugehen.

Ich erinnere mich, daß ich einmal sehr aufgeregt war, weil Julian und Quentin sich in der Kirche eingeschlossen hatten. Ich stellte mir vor, daß sie nun immer dort bleiben mußten, und begriff nicht, daß man Türen auch wieder aufschließen kann. Ich war beeindruckt und ärgerte mich zugleich über ihren frechen Mut, denn, sowie ich es verstand, war es auch eine Belästigung des Geistlichen, des Priesters. Jedenfalls machte es mir den Unterschied zwischen dem Leben meiner Brüder und meinem eigenen sehr deutlich – ihr so unabhängiges und mein durch weibliche Autorität eingeschränktes Dasein. Da stand ich nun auf der heißen, staubigen Straße mit Grace und meinem Kindermädchen Nellie vor der weißen Mauer, über die schwarze Zypressen emporragten, und wartete, daß jemand den Schlüssel holte. Die von der Sonne ausgedörrte Landschaft strömte die Mittagshitze aus, es war die Stunde, wenn alles zu vibrieren scheint und südliche Küchengerüche in der Luft liegen.

Dann wieder gibt es eine höchst vergnügliche Erinnerung, in die sich ungläubiges Staunen mischt. Auf dem Arm von irgend jemandem blicke ich aus einiger Höhe in die Durchsichtigkeit eines flachen Teiches, der von grauem Granit eingefaßt ist. (Ich dachte immer, es sei ein öffentlicher Teich auf der *Place* in St. Tropez, aber als ich ein paar Jahre später nachschaute, war nichts davon zu sehen.) In einer Ecke schwammen ein paar »Chinchilla-Kissen« mit braunen Fransen am Rand, in der Mitte mit Klecksen aus sattem Braun, Dunkelblau und Weiß bemalt. Vielleicht hat der Anblick dieser Tiere zu meinem Spitznamen geführt: Jellyfish oder Jellycat.

Die vierte Erinnerung ist die an einen Traum, der mir immer noch ein Gefühl des Vergnügens gibt, vielleicht weil er in den Temperafarben von Fra Angelico gehalten war. Nellie und ich gehen darin an einem Strand entlang, der ganz aus diesen winzigkleinen, zerbrechlichen rosa Muscheln besteht, wie man sie gelegentlich am Meer findet. Ich sammle die Muscheln in einen kleinen Kasten ein, während wir langsam neben den Wellen aus leuchtendem Ultramarin auf einen großen Schrank zugehen, der am Himmel bereitsteht, um meine Schätze aufzunehmen. Der Schrank, der mit einem Muster aus gelben Scheiben bemalt ist, steht immer noch in Vanessas früherem Schlafzimmer in Charleston.

Das nächste Mal, als ich etwas von mir wahrnehme, ist in Charleston. Auf Fotos aus der Zeit sitze ich ernsthaft, rundäugig und gesund auf dem Arm einer lächelnden Nellie oder einer madonnenhaften

Vanessa, deren lange, schmale Finger nur allzu gut ihren Weg in jede Falte meines Körpers finden. Zu dieser Zeit, im Alter von fünf Jahren, wurde ich mir meiner Identität zum ersten Mal bewußt und zugleich einer übertriebenen Güte Vanessas, die mich unruhig machte. Neben dem gewöhnlichen Tagesablauf im Kinderzimmer gab es noch meine Beziehung zu Vanessa, die sich in einer ganz anderen Atmosphäre im Wohnzimmer oder in ihrem Atelier abspielte. Ganz früh schon hatte ich die Empfindung, daß sie mich immer versöhnlich stimmen wollte – so als hielte ich eine Waffe in meinen dicken kleinen Händen. Immer war sie darauf bedacht, mich nicht zu reizen, besänftigte mich, lullte mich ein, um sich meine Zuneigung zu erhalten. Weinen, Geschrei oder der Anblick von Tränen regten sie auf, und sie war froh, wenn sie sich Frieden erkaufen konnte. Ich hätte mir so gewünscht, daß sie mich stark und unabhängig haben wollte, während sie ganz offensichtlich nichts so sehnlich wünschte, wie mich in Zärtlichkeit zu ersticken.

Jeder Morgen kündigte sich durch die rotgelben Vorhänge an, die sanft über die weiten Holzdielen ins Zimmer wehten. In einem blauen Sonnenstrahl drehten sich die Staubkörnchen in einer Spirale und luden tanzend ein zum Tag da draußen. Mit fünf ist man noch ein kleines Tier: Die Welt besteht aus Licht, Farbe, Gerüchen und Geräuschen, und nie wieder werden sie so wichtig, so bezwingend sein. Mit der Reinheit und Gewalt der Wahrheit spricht das Leben selbst in seiner vielstimmigen Sprache zu uns: Es bedarf keiner Übertragung oder Erklärung, es richtet sich ganz unmittelbar und vertraut an uns. Das einzige, was ich brauchte, um all das zu verstehen, was mir da seine vielfältigen Geheimnisse zurief und zuflüsterte, war Zeit – Zeit, die nicht von einer behutsam einschränkenden Hand oder Stimme zugemessen wurde.

Der erste Teil des Tages gehörte dem mauerumzogenen Garten. Das Gartentor quietschte hell auf, sobald es sich öffnete, und aus der Zeit, die es brauchte, um anzukündigen, daß es sich wieder geschlossen hatte, erriet man – auch wenn man es nicht sehen konnte –, ob mehr als eine Person den Garten betreten hatte. Wer als erster da war, konnte sich hinter einem Büschel Blumen oder hinter den entlang der Terrasse aufgestellten Mühlsteinen verstecken. Manchmal gelang es mir, ungesehen bis zu der Hütte zu kommen, die voll war von zerbrochenen, spinnwebenüberzogenen Gegenständen: Blumentöpfe noch mit etwas Erde darin, Glühbirnen, ein Setzholz, eine verrostete Maurerkelle, ein paar ausgediente Rohrstühle und ein Haufen kleiner, bunter Glasstücke, aus denen einmal ein Mosaik hatte werden sollen. Von ihrer Farbe abgesehen, faszinierte mich ihr körniges, halb durchscheinendes Material: Ich wollte sie genau kennen und sie daher essen – was verhindert wurde.

Und dann gab es da Blumen im Überfluß. Viele ließen sich, wenn man sie pflückte und verkehrt herum hielt, in wundervolle Prinzessin-

Angelica mit Clive Bell,
Charleston

nen verwandeln, mit einer schwindelerregenden Garderobe zum Wechseln. Während eines Sommers welkten Hunderte von ihnen verlassen in einer Ecke des Gartens dahin.

Die Mauer bestand aus Bruchstein und Ziegeln, hier und da von schrägen Strebepfeilern aus Ziegeln gestützt. Innerhalb der Mauer war es warm und geschützt, war die Luft erfüllt von den Geräuschen der Vögel und Insekten, die hier anders klangen als draußen. Am frühen Morgen drang die Sonne durch einen milchigen Nebel und löste ihn zu winzigen Teilchen aus Blau und Scharlachrot auf. Sobald er wich, summten die Mauern vor Wärme, und ein rotschwarzer Schmetterling mit weißen Flecken zog meine Aufmerksamkeit auf sich. Er ließ sich auf einem späten Tausendschönchen nieder, aber wenn ich meine Hand ausstreckte, um nach ihm zu greifen, flatterte er ohne Eile davon, bis ihn schließlich ein leichter Wind bis zur Höhe der Ulme außerhalb der Gartenmauer emporhob.

Vor dem Haus war ein kleiner kiesbedeckter Platz, einstmals vielleicht ein vollkommenes Oval, inzwischen aber zu einer anderen, weniger eleganten Form entstellt. Die unebenen kleinen Steine rutschten unter den Füßen weg, aber da ich wußte, daß feste Erde darunter war, hielt ich das Gleichgewicht. Zahllose winzigkleine Geschöpfe wanden sich zwischen den Steinen hindurch: Spinnen, Käfer, Ameisen, emsig, zielstrebig und ohne auf mich, den weiblichen Gulliver in ihrer Mitte, zu achten. Und trotz meiner Riesengröße war ich mir unserer unterschiedlichen Maße vielleicht weniger bewußt als sie. Ich *war* jede Ameise, jeder Käfer. Ich *wußte*, was es bedeutete, sechs Beine zu haben und Augen, die nach allen Seiten sehen konnten, mißtrauisch und furchtsam, mit vibrierenden Fühlern anzuhalten, um Informationen einzuholen. Auch das hohe Gras war voller Lebewesen, die sich drehten, sich dahinschlängelten, hüpften oder über dem Boden schwebten. Und der Teich – woraus bestand der? War er etwas Festes, tief oder flach, ließ er sich essen oder trinken, war er heiß oder kalt? Mit den Augen allein konnte ich all diese Fragen nicht beantworten, wie angelegentlich ich das Wasser auch betrachtete. Es spielte mir immer einen Streich. Wie konnte es fest und braun und schmutzig sein in der Ecke, wo die Eibe stand und auf der anderen Seite jeden kleinsten Feuerstein oder Kiesel herzeigen, vollkommen ruhig und doch ganz leise bebend? Die Weide zu sehen, wie sie von oben nach unten wuchs, zu sehen, wie ein auffliegendes Teichhuhn die Wasseroberfläche kräuseln und ihre graubraune Gestalt zerstören konnte, ließ mich einen Blick tun in eine andere Welt, wo alles verkehrt herum war, die Bäume auf dem Kopf standen und die Wolken auf dem Grund des Teiches von hinten nach vorn jagten.

Damals erschien mir der Teich riesig groß. Auf der Seite zur Farm hin sickerte ein kleiner Bach, der aus den Hügeln kam, unter der Straße hindurch in den Teich. Hier konnte man durch das seichte Wasser bis auf den kiesigen Grund sehen, über den aufblitzend die Stichlinge schossen und in Büscheln von Wasserkresse und Vergißmeinnicht verschwanden. Manchmal, wenn man sich nah genug hinunterbeugte, erkannte man, in ein unordentliches Bündel aus kleinen Zweigen verpackt, die Larve einer Köcherfliege. Hierher wurden am Abend die Kühe und Pferde zur Tränke gebracht. Mit ihren weichen, ein wenig zitternden Lippen saugten sie das Wasser ein, wobei die Kühe sabberten und töricht auf ihr Spiegelbild starrten, während die ruhigen Pferde den Kopf hoben, um alles zu betrachten, was um sie herum vor sich ging.

Auf der Seite des Teiches, wo das Wasser tiefer wurde, war er von einer kleinen, von Linien aus Ziegelsteinen durchzogenen Mauer aus geflecktem und silbrigem Feuerstein eingefaßt, die mit halbrunden Ziegeln abschloß. Über das braune Wasser huschten türkisfarbene Libellen. Die Eiben, die hier am Rande des Obstgartens standen, tauchten ihre dunklen Schatten in die unruhige, umbrafarbene Flüssigkeit, die auch Nesseln, Gräser und den zitternden Himmel widerspiegelte. Irgendwo wuchs in dem Gewirr eine Pflaumenschlehe, sie trug kleine, zartduftende rosa Pflaumen, aus denen Lottie, die Köchin, einen köstlichen Kuchen backte. Damals gab es dort auch noch einen wilden Fliederbusch, dessen betäubender Duft die Juliabende durchzog.

Dem Haus gegenüber stand ein riesiger Weidenbaum, für mich der Großvater aller übrigen Bäume im Garten. Vanessa und Duncan liebten und schätzten seine silbrigen Blätter, eben weil sie nicht grün waren – eine Farbe, die sie nicht ausstehen konnten, weil sie so weitverbreitet war. Unter der Weide quakten die fetten weißen Enten und schnappten behutsam nach Entengrütze, die sich mit ihren zierlichen grünen Blättern als dichte Schicht über die Wasserfläche ausbreitete und in der Sonne blinkte und funkelte. Im Sommer roch es da leicht nach Schlamm, ein Geruch, der mit der Zeit stärker wurde. In einem Jahr war die Trockenheit so groß, daß in der Mitte des brüchigen und rissigen Lehmgrunds nur noch eine größere Pfütze übrigblieb. Wir betrachteten die in allen Regenbogenfarben schillernden Blasen darüber und konnten sehen, wie ein paar übriggebliebene Karpfen in ihrem Todeskampf hochschnellten, während die Kadaver ihrer Gefährten stinkend am Rand des Teiches lagen.

Julian und Quentin verbrachten ganze Vormittage damit, große Brocken des weichen Kalksteins auszuhöhlen und sie in kunstvolle Schlösser und Festungen mit Laufgängen und Türmen, Verliesen und Pechnasen zu verwandeln. Mit diesen Bauten spielten sie unausgesetzt Krieg. Sie bevölkerten sie mit ganzen Heeren von Mehlbeeren und Hagebutten, die aufgestört die Rinnen hinunter und durch die Vertiefungen rannten, wie Ameisen in einem Haufen. Da ich zu klein war, um mitzuspielen, verbrachte ich viel Zeit verborgen im hohen Pampagras, das neben dem Eingangstor wuchs, ganz nah von dem Lorbeerbaum, in dessen duftenden Zweigen ich mir ein Haus gebaut hatte. Wenn ich genug davon hatte, Köchin zu sein und Blätter voll von Tausendschönchen mit gelben Mitten als Spiegeleier zu servieren, konnte ich auch dem schmalen Pfad zwischen dem Teich und der langen, feuchten Gartenmauer zum Obstgarten hin folgen. Iris wuchsen zu seinen beiden Seiten, und er führte unter den Eiben hindurch über den dunkelbraunen, glatten Nadelteppich, auf dem die Füße ausrutschen konnten. Am Ende des Pfades wuchs eine präraffaelitische Rose, die nach kalter Schlagsahne roch. Als ich klein war, hielt mich Vanessa hoch, damit ich die zartgeröteten Knospen anfassen und an ihnen riechen konnte. Die Erwachsenen kamen nur selten in den Obstgarten, wo wildverzweigte, nie beschnittene Apfelbäume, ein Sitz für Wildtauben und Saatkrähen, ein paar Dutzend Äpfel trugen, die zuerst von den Vögeln und dann von den Wespen geplündert wurden. Unter ihnen wuchs eine Wildnis aus Zaunrüben, denen man ansah, wie giftig sie waren, und eine Masse von schilfartigem Gras, so hoch, daß es über meinem Kopf zusammenschlug, wenn ich wie ein Tiger im Dschungel zwischen den Halmen hindurchschlich.

Hinter Charleston nach Süden lagen Firle Beacon und die ihn umgebenden Hügel wie eine Reihe uralter, halbertrunkener Elefanten. Ihre mächtigen grauen Rümpfe schützten uns vor dem Westwind, der nicht nur Regen brachte, sondern auch Meeresnebel, die sich über ihre Flanken ergossen und sie unserem Blick entzogen. Manchmal stieg ich durch diese Nebel hindurch nach oben. Von dort aus verbargen die Wolken das Haus, die Farm und alles übrige außer den allerhöchsten Baumwipfeln, die aussahen, als ragten sie aus einem versunkenen Wald hervor. Und dann änderte sich die ganze Stimmung, wenn das Hügelland zum Spiegel des Himmels wurde, wenn die Wolkenschatten über ihre Flanken rasten oder sich, in anderen Augenblicken, wie eine niedrige dunkle Barriere vor die graue Hügelkette lagerten. Manchmal, wenn wir hinaufstiegen und Myriaden kleiner, seidig blauer Schmetterlinge aufstörten, die von einer winzigkleinen Blume zur anderen flatterten, und dann ganz beglückt oben auf der Stirn eines Elefanten standen, konnten wir die schmale blasse Linie des Meeres erkennen und gelegentlich sogar den Dampfer, der den Kanal von Newhaven nach Dieppe überquerte. Der warme, leichte Sommerwind brachte einen salzigen Hauch mit, er kam aus Südwest und hatte die wenigen noch übrigen Weißdornbäume alle in die gleiche Richtung gebeugt, wie alte Männer mit einer Last auf dem Rücken. Damals gab es noch viele Schafe, und das Gras war drahtig und kurz geschoren. Es gab merkwürdige Hügelkuppen und Aushöhlungen, in denen man liegen und in den blauen Himmel schauen konnte, bis man beinahe einschlief vor Hitze und Stille, die nur vom Brummen einer Hummel unterbrochen wurde, oder vom Rattern des elektrischen Zuges, der sich durch das Weald, das benachbarte Waldgebiet, schlängelte. Aber von besonderem Zauber waren die Teiche, die sich aus Tau bildeten: große Silberkreise, die kühl und unversehrt dalagen und nicht nur zum Himmel emporsahen, sondern zurück auf die Jahrhunderte, die vergangen sind, seit sie entstanden. Mein Kindermädchen Louie betrachtete sie voller Ehrfurcht und sagte, daß ein Schaf oder eine Kuh, die da hineinfielen, niemals wieder herauskämen. Julian beschrieb uns, wie der Lehm mit unendlicher Sorgfalt geglättet, wie er mit einem schweren Stein am Ende eines Stabes bearbeitet wurde, bis er ganz dicht und wasserundurchlässig war wie eine flache Puddingschale und wie sich in diesen Vertiefungen der Tau sammelte, und so diese Teiche immer etwas Trinkwasser für die verdurstenden Tiere bereithielten.

GORDON SQUARE

Mehr als die Hälfte der Zeit verbrachten wir in London, wo Vanessa inzwischen gemeinsam mit Maynard Keynes Gordon Place Nummer 46 bewohnte. Es war ein großes Haus mit hohen Räumen, die auf den Platz hinausgingen. Im ersten Stock öffneten sich die Fenstertüren auf einen Balkon mit einem schwarzen Eisengitter, das am Haus entlanglief und sich in der ganzen Häuserreihe fortsetzte. Vanessa wohnte im oberen Teil des Hauses, wo die Zimmer weitaus niedriger waren und zum Teil schräge Decken hatten wie in einem Bauernhaus. Hier in ihrem Wohnzimmer im Dachgeschoß wurde ich ihr jeden Tag nach dem Tee übergeben und durfte dann vor dem Gasfeuer im Kamin spielen, in dem die kunstvollen weißen und blauen Kegel allmählich in Rot und Gelb übergingen und auf dessen Sims eine kleine Schale mit verstaubtem Wasser wie eine Opferschale vor einem Schrein stand. Ich saß auf der Kokosmatte mit dem Schachmuster, die sich für meinen kleinen Hintern rauh und unangenehm anfühlte, von Nessas Knien vor der Hitze geschützt, während ihre Hände die getrockneten Orangen und Zitronen vom Kaminsims für mich herunterholten, die sie zum Sockenstopfen benutzte. Ich beäugte sie verwundert und warf sie in die Schattenflecken. Nellies plötzliches Erscheinen rief Wutgeschrei hervor, ich wurde hinausgetragen, hochrot und widerstrebend, und ließ eine besorgte Vanessa zurück.

Zur Schlafenszeit durfte ich manchmal als besondere Vergünstigung in Maynards Badezimmer baden, das eleganter war als unseres. Es hatte vor allem luxuriöse Ausmaße, außerdem gab es da auch Glasgefäße voll mit Schwämmen und Badesalz, und ich kann mich gut erinnern, wie Maynard in seinem eleganten Stadtanzug dastand und es auf mich herabrieseln ließ, während ich im Wasser saß. Meine Puppe Judy war auch dabei; ihre Gliedmaßen aus Trikot waren voller roter Tintenkleckse, die, wie ich umständlich erklärte, von zahlreichen Operationen herrührten.

Nellie war umgänglich und, alten Fotos nach zu urteilen, auch attraktiv. Aber ich mochte sie nie – vielleicht weil ich sie immer mit der Trennung von Vanessa in Verbindung brachte. Sie verbindet sich für mich auch mit dem Geruch von Linoleum, einer düsteren Toilette und einem dunklen, kleinen Zimmer im Erdgeschoß, mit Tellern voller Haferbrei, die in der Küche aufbewahrt wurden und zur Teezeit aufgegessen werden mußten, und auch mit einem steifgestärkten und abweisenden Busen. Ein Londoner Albdruck, den ich ganz ungerechtfertigterweise Nellie ankreidete, war ein gräßlicher Traum von weißhäutigen

John Maynard Keynes mit seiner Frau,
Lydia Lopokowa, 1932

Kindern, deren Arme und Beine wie kleine Rüben in einem Meer von Blut abgeschnitten wurden. Er wiederholte sich mehrere Male, und ich lernte ihn fürchten.

In einer anderen Londoner Szene aus der gleichen Zeit steht Duncan splitternackt im hinteren Schlafzimmer. Ich komme zufällig herein und bin verblüfft über seinen Anblick: Was, um Himmels willen, ist dieses merkwürdige Anhängsel zwischen seinen Beinen? In plötzlicher Verlegenheit, aber von Neugier zerfressen, drehe ich ihm den Rücken zu, bücke mich und setze meine hingerissene Untersuchung seiner anatomischen Beschaffenheit fort, indem ich den Kopf zwischen die Beine stecke, wobei ich mir wohl einbildete, daß, wenn ich mich gewissermaßen auf den Kopf stellte, niemand den Gegenstand meiner Aufmerksamkeit herausfinden würde. Als mich eine lächelnde Vanessa hinaustrug, brach ich in Tränen aus.

Auch eine andere, von dieser ganz verschiedene Szene verbindet sich mit Duncan. Der große L-förmige Raum im ersten Stock ist voller Menschen. Unter den Erwachsenen sind viele Kinder, es ist warm, und alle gehen herum und reden. Der Weihnachtsbaum ist geschmückt, die Kerzen brennen und die langen, schweren Vorhänge sind ganz zugezogen. Ich stehe neben dem Sofa, und plötzlich steht da ein ziemlich klein geratener Weihnachtsmann. Ich kann mich nicht erinnern, ob er mir etwas schenkt oder irgend etwas zu mir sagt, wohl aber daran, daß ich über sein Erscheinen entzückt bin. Ich schaue nach hinten, um alle auf ihn aufmerksam zu machen, und als ich mich wieder umdrehe, ist er verschwunden! Bestürzt und enttäuscht suche ich ihn überall, besonders hinter den dicken Vorhängen, wo es mit einem Mal kalt und dunkel ist, mir Angst macht. Vanessa, an die ich mich wende, lächelt nur und schüttelt den Kopf. Aus irgendeinem Grund bin ich überzeugt, daß es Duncan war – und fühle mich auf üble Weise hintergangen.

In dem gleichen Raum fanden noch viele andere Ereignisse statt, immer aber waren es winterliche Szenen, dunkel und glühend von der Hitze des Ofens. Es waren Augenblicke voller Geborgenheit, Behagen und besonderem Vergnügen, wenn ich Vanessa nach dem Tee ganz und gar für mich hatte. Dann gingen wir unseren Lieblingsbeschäftigungen nach, hatten unsere besonderen Rituale, und Vanessa gehörte – auch wenn Virginia dabei war oder ein vertrauter Freund – unbestreitbar mir. Ich konnte selbst im Gemurmel einer Unterhaltung, die von fernher über meinen Kopf hinwegging, mit ihrer vollkommenen Aufmerksamkeit rechnen. Wir schmolzen Zuckerstücke zwischen den Gitterstangen des Kamins und drehten sie um, so daß sich ein Kern von weichem Zucker in einer Karamelschale bildete, der diese fast sprengte. Oder ich durfte Toasts – in jeweils verschiedenen Bräunungsgraden – für die verschiedenen Gäste machen. An anderen Tagen waren wir, völlig versunken, damit beschäftigt, Kniffliges aus Papier auszuschneiden. Vanessa besänftigte dann immer meinen Ärger über meine eigene Ungeschicklichkeit und vollführte mit ihren langen beringten Fingern wahre Wunder. Mit gerunzelter Stirn war sie ganz bei der Sache, und das Licht vom Ofen blinkte auf ihren Brillengläsern, während ich beobachtete, wie, während die Schere schnitt, etwas Gestalt annahm und sich schließlich als eine Reihe von Ballettänzern entpuppte, die tatsächlich auf dem Tisch stehen konnten. Ein Jahr stand ganz im Bann exotischer Blumen, die an langen Stielen nickten und hin- und herbaumelten. Virginia war sehr empfänglich für derartige Erzeugnisse und nahm oft ein paar Handvoll davon mit nach Hause. Ich erinnere mich auch an eine Malstunde – die einzige, die Vanessa mir je gegeben hat –, in der sie einen kleinen Hund zeichnete, ihn mit einem See von Schwarz umgab und ihm außerdem noch ein paar grünliche Schatten malte. Das, so sagte sie, sei das Geheimnis, damit er weiß wie Schnee wirkte.

In dem weitentfernten Souterrain herrschte Mrs. Harland, Maynards Köchin, über die blinkende Küche. Sie war klein und lebhaft, hatte eine Haut wie eine Heckenrose und schien immer damit beschäftigt, Gebäck herzustellen. Ganze Reihen marmeladegefüllter Törtchen standen auf dem sauber geschrubbten Küchentisch, und ihre blinkenden Mitten ließen an Stücke von buntem Glas oder an Nessas Ringe auf ihrem Toilettentisch denken. Ich durfte oftmals ein bißchen Marmelade schlecken oder bekam auch ein Stück von einem Törtchen zur Feier meiner Besuche im Souterrain, wo Pa Harland, ihr Mann, hinter einer stoffbezogenen Tür in einem kleinen Raum, »Pantry« genannt, beim Silberputzen war. Die Erwachsenen behaupteten, er sei faul und unzuverlässig, und er roch auch kräftig nach Whisky, aber Maynard war seinem Cockney-Charme erlegen, und dabei blieb es über einige Jahre. Er begrüßte mich immer sehr freundlich, und wenn es eine Party gab, gestattete ich ihm, mich auf den Schultern – wohin der Whiskyduft, mich fast benebelnd, drang – nach oben ins Wohnzimmer im ersten Stock zu tragen, das voll war von gepuderten und parfümierten Damen in grünlichem Chiffon. Sie hielten Gläser in den Händen, rauchten Zigaretten und schienen alle sehr aufgeregt. Sobald ich hinter der Tür und außer Sicht war, fütterte mich Pa Harland mit übriggebliebenen Erdbeeren und Schlagsahne.

London war voll von hohen dunklen Gebäuden und harten Oberflächen, Steinpflastern und eisernen Gittern, Mülleimern und dampfbeschlagenen Küchenfenstern, und auf dem kleinen Platz wuchsen riesige Platanen mit fleckigen, verrußten Stämmen. Im Winter hing Nebel in der Luft, und wenn er sich wie ein dickes Tuch herabsenkte, drang er durch jeden Spalt ins Haus und hüllte die Welt in eine widrige, aber auch erregende Unwirklichkeit. Die Geräusche, in diesem herabsinkenden Schweigen, waren unheilverkündend: Die Blätter fielen mit lautloser Endgültigkeit herab und lagen träge auf den Wegen und auf dem Pflaster. Die Scheinwerfer eines Autos schossen aus dem Niemandsland der Straße ins Ungewisse, und wenn wir gerade draußen waren, beeilten wir uns, nach Hause zu kommen, weil uns der Smog erstickend in Kehlen und Nasen stieg. Drinnen wirkte das Gasfeuer des Kamins wie eine Insel oder ein weitentfernter Leuchtturm, und da saßen wir dann, starrten in die Flammen und kauten unsere mit Butter bestrichenen Kuchenbrötchen.

Dem Haus gegenüber war ein kleiner Platz, umgeben von dem unvermeidlichen Eisengitter, das eine kleine Sonderwelt von Rasenflächen und Wegen, Ligusterhecken und Platanen und einer alten Traueresche einschloß, die über eine runde Holzbank herabhing. Das war mein Spielgelände, und ich kann mich an keine anderen Kinder dort entsinnen, war aber vollkommen glücklich, wenn ich mir selbst überlassen blieb, in meine Phantasien verloren, aber – wie Hunde und Katzen – sehr empfänglich für die scharfen Gerüche von Ruß, Liguster, feuchter Erde und Gras, die mich umgaben. Es war gut, daß ich draußen sein durfte, auch wenn es nur ein kleiner Platz war, und es gab Augenblicke, da fühlte ich geradezu den Zwang, meine Nase zwischen die Gitterstäbe zu stecken, um eine Vorstellung zu bekommen von dem, was da draußen vorging. Alle schienen ungeheuer beschäftigt, sie eilten vorbei, ohne nach rechts oder links zu schauen, offenbar ganz auf ein persönliches Problem konzentriert. Ich starrte sie unbewegt an, verwirrt durch das Verhalten einer, wie mir schien, nur weitläufig mit mir verwandten Gattung Lebewesen.

Der kleine Platz war auch ein Treffpunkt, wo ich, wenn man mich noch nicht ins Bett gesteckt hatte, eine Gruppe mir vertrauter Gestalten erblicken konnte, die den Tennisspielern zusahen oder über einen Witz lachten. Diesen Augenblick im gelben Abendlicht schienen sie besonders zu schätzen, mehr als das geschäftige London mit seinen aufregenderen Dingen. Plötzlich wurde Clive bewußt wie spät es war, und er eilte, ein Taxi herbeiwinkend, davon. Die anderen lachten dann und meinten, er hätte ein Rendevouz mit der Prinzessin Bibescu oder der Frau des französischen Botschafters, während, wie sie wußten, sie allenfalls ein Hammelkotelett ohne Champagner erwartete. Sie würden den Abend zweifellos mit Lesen verbringen, irgend etwas zwischen Tasso und dem Daily Mirror. Wohl wissend, daß mich einzig mein Bett erwartete, blickten sie mich wohlwollend an und streichelten mich von Zeit zu Zeit. Bei einer solchen Gelegenheit klärte mich Bunny über die Kopulationsgewohnheiten der Würmer auf – das einzige, was mir an naturwissenschaftlicher Unterrichtung je widerfuhr.

Auf unserer Seite des Platzes kannte ich die Keynes, die Stracheys, meinen Onkel Adrian und Judith, die über ihnen in Nummer 50 wohnten; im Sommer waren auch die Bussys oben in Nr. 51. Raymond Mortimer lebte um die Ecke nach der einen Seite und Leonard und Virginia nach der anderen Seite, am Tavistock Square. Dieses familiäre Netzwerk gab mir das Gefühl, daß dieser Teil Londons uns gehörte. An schönen Sommerabenden konnte man die Stracheys manchmal auf ihrem Balkon sehen, und einmal, kurz vor ihrem Tode, wurde ich zu Lady Strachey mitgenommen. Auf ihren Stock gestützt stand sie auf dem Treppenabsatz vor dem Wohnzimmer in der ersten Etage und blickte mit leerem Ausdruck über meinen Kopf hinweg, denn sie war fast oder schon ganz blind. Vielleicht hatte Marjorie Strachey mich mitgenommen, um mich meiner Großtante vorzustellen – obgleich ich damals nichts von dieser Verwandtschaft wußte –, oder auch, um die jüngste Jugend mit dem hohen Alter zusammenzuführen, damit ich viel später würde sagen können, daß ich diese außerordentliche Frau gekannt hatte, die ihrerseits George Sand im Theater begegnet und eine enge Freundin von George Eliot war.

Ein seltenes, aber regelmäßig wiederkehrendes Ereignis war der Tee bei Virginia und Leonard. Virginia behandelte mich – fast wie Vanessa – wie etwas Besonderes. Mit Leonard hingegen war es anders, er war der einzige in der Familie, dem es gelang, mir etwas, das ich wollte, abzuschlagen, und dessen Ton das Endgültige wahrer Autorität hatte, gegen die kein Bitten half. Er war ganz sachlich, und vielleicht war es gerade dieses andere Verhalten, das mich zugleich beeindruckte und mich unsicher machte, was ich denn eigentlich wollte und warum.

Die Hogarth Press im Souterrain und die Rechtsanwälte im Parterre suggerierten mir eine strenge Welt voller Maschinen und Rechnungen, die von der unseren sehr verschieden war. Gelegentlich holte ich Virginia in ihrem Schreibzimmer im Souterrain ab, wo sie neben ei-

Die Hogarth-Press

nem winzigen Gasofen hinter einer Wand aus Büchern in braunem Packpapier saß, so als sollten sie diese vor einem Bombardement schützen. Ich spürte den Ernst ihres Lebens im Vergleich mit unserem, in dem es mehr Wein und Gelächter und dazu die Späße von Julian und Quentin gab. Ihre Arbeit ließ Leonard und Virginia nur Zeit für ein bescheidenes Mahl. Leonard, in Gedanken mit dem New Statesman oder dem House of Commons beschäftigt, ermutigte kaum zu einer gemütlichen Tafelrunde mit Zigarren und Likören. Schon war er wieder fort zu fesselnderen Tätigkeiten. Wenn ich da war, wußte ich, daß mein Anspruch an seine Zeit streng begrenzt war. Am Teetisch, um den wir, wie im Kinderzimmer, auf steiflehnigen Stühlen saßen, tat Leonard so, als unterhielte er sich mit mir wie mit einer Erwachsenen, aber ein Blick seiner saphirblauen Augen nagelte mich fest und ließ mich wieder zu dem schrumpfen, was ich war – ein kleines Kind. Nach dem Tee bot er mir dann meist mit feierlicher Handbewegung ein gestreiftes Pfefferminzbonbon an, von dem er jeweils eins nach jeder Mahlzeit aß. Virginia hatte ihre eigenen verschiedenen Süßigkeiten, und ich durfte mir eine von jeder Sorte nehmen.

Leonard stieg dann wieder ins Souterrain hinunter, während Virginia und ich uns in das Wohnzimmer ganz oben im Haus zurückzogen, das Vanessa und Duncan ausgemalt hatten. Nach den Bombenangriffen

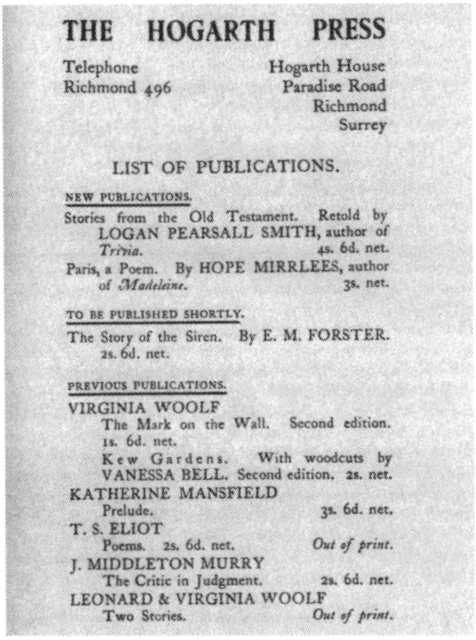

THE HOGARTH PRESS

Telephone
Richmond 496

Hogarth House
Paradise Road
Richmond
Surrey

LIST OF PUBLICATIONS.

NEW PUBLICATIONS.

Stories from the Old Testament. Retold by LOGAN PEARSALL SMITH, author of *Trivia*. 4s. 6d. net.

Paris, a Poem. By HOPE MIRRLEES, author of *Madeleine*. 3s. net.

TO BE PUBLISHED SHORTLY.

The Story of the Siren. By E. M. FORSTER. 2s. 6d. net.

PREVIOUS PUBLICATIONS.

VIRGINIA WOOLF
The Mark on the Wall. Second edition. 1s. 6d. net.
Kew Gardens. With woodcuts by VANESSA BELL. Second edition. 2s. net.

KATHERINE MANSFIELD
Prelude. 3s. 6d. net.

T. S. ELIOT
Poems. 2s. 6d. net. *Out of print.*

J. MIDDLETON MURRY
The Critic in Judgment. 2s. 6d. net.

LEONARD & VIRGINIA WOOLF
Two Stories. *Out of print.*

Eine Ankündigung der Hogarth-Press, 1920

von 1940 stellte eben dieses Zimmer seine farbigen Wände schamlos für eine breite Öffentlichkeit zur Schau, während das übrige Haus zu einem Schutthaufen zusammengestürzt war. In den zwanziger Jahren jedoch war es eine Oase der Intimität, schäbig, aber elegant. Zu beiden Seiten des Kamins bildeten sich zwei gelbe Lichtseen – die Szene für eine Unterhaltung war bereit. Virginia holte Rollen von farbigem Papier hervor, das sie bei Kettle in der New Oxford Street, einem ihrer Lieblingsläden, am gleichen Nachmittag gekauft hatte, und fing an, mit Schere, Klebstoff und Nadel eine Puppe nach dem Bild von Ottoline Morell* herzustellen, was ihr so unerwartet gut gelang, daß sie in helles Gelächter ausbrach. Gelegentlich hingen wir über der Brüstung der Vorderfenster und warfen Zuckerstücke für die Droschkenpferde hinunter, die weit drunten gelangweilt auf ihre Kutscher warteten. Aber die schnaubten gleichgültig, tauchten ihre Schnauzen in die Jutesäcke und fraßen ihr Heu.

Ein Jahr oder auch zwei zuvor war Nellie gegangen und Louie gekommen. Ich nahm diesen Wechsel bereitwillig hin – besonders da Louie mir gegenüber von vornherein eine moralische Überlegenheit besaß, die mich zu Vanessas Verwunderung ungeheuer anzog. Es gab keinerlei Szenen mehr beim Zubettgehen, und Vanessa fragte sich, welche schwarze Kunst Louie wohl anwandte, aber es gab keine. Sie war ganz einfach das, was ich brauchte. Sie war klein und dunkel, hatte ein Gesicht wie ein etwas zerknautschter roter Apfel mit Apfelkernaugen, und ihr kurzes Haar war an einer Seite mit einem laschen schwarzen Band hochgebunden. Sie war die Schüchternheit in Person, und wenn sie auf der Treppe von Clive oder Duncan überrascht wurde, errötete sie bis über den Hals und war vollkommen sprachlos – ganz anders als Grace, die immer bereit war, mitzuteilen, wie spät es war, oder irgend etwas Törichtes zu sagen, was dann unter Gelächter beim Mittagessen wiederholt wurde. In der Küche hingegen konnte Louie ihre Ansichten wütend verteidigen. Ungerührt von meiner schlechten Laune, übte sie eine Autorität aus, die teils auf Zuneigung beruhte, teils auf Werten, die ihr Generationen von Bauern vererbt hatten. Vanessa vertraute ihr durchaus zu Recht und konnte mich erleichtert in ihrer Obhut lassen; ich war vollkommen glücklich. Louies große Tugend war, daß sie geradeaus und fest war, bei ihr lernte ich bis zu einem gewissen Grade, mich mit Dingen außerhalb meiner selbst zu beschäftigen. Aber sie war auch gedrückt und beschränkt, ihr Geist war wie ein Stilton-Käse von lauter luftlosen kleinen Tunneln durchzogen, die in Staub endeten. Sie legte zu viel Wert auf die Meinung anderer, und ich lernte von ihr eine ganze Reihe von Wörtern, Wendungen und eine Gefühlsart, die äußerst langweilig und konventionell waren. Zweifellos reagierte ich, als Abwechslung von der hochgradigen Intellektualität meiner Familie, mit Erleichterung darauf, aber es hinderte mich zugleich, wenn auch aus ganz entgegengesetzten Gründen, meinen Verstand zu gebrauchen. Meine kurze religiöse Phase verdanke ich zum großen Teil Louies Sinn für Romantik: Sie fand es schön, wenn der Landadel in ihrem Dorf in Norfolk auf den bestickten Betschemeln kniete und das Vaterunser sprach. Ihre moralischen Grundsätze hingegen waren kaum übertrieben, und ihre Vorstellung von Gott war ziemlich ungenau. Für mich gewann er keine Wirklichkeit, denn ihm fehlte das, was Jesus anziehend für mich machte, der, wie ich jetzt erkenne, eher Duncan ähnelte. Ich hatte einen köstlichen Traum, den ich lange nicht loswerden konnte – aber das, möchte ich meinen, hat mehr mit aufkeimender Sexualität zu tun als mit Religion. Nachdem ich einmal zu Weihnachten mit Mrs. Bell in die Kirche gegangen war, wohl im Bemühen, meine Unabhängigkeit von Vanessa zu demonstrieren, improvisierte ich einen rituellen Tanz für Maynard und Lydia, als sie uns zum Tee besuchten. Ich hörte, wie sie Vanessa in ungläubigem Ton fragten, ob ich fromm sei, worauf sie eine ausweichende, mißbilligende Bemerkung machte, die eine sofortige Wirkung hatte, so als wenn man mit einer Nadel in eine Seifenblase sticht, und das Ende meines Flirts mit Gott bezeichnete.

MIT DEN BELLS IN SEEND

Über Weihnachten verbrachten wir zwei oder drei Tage mit Clives Familie in Seend in Wiltshire. Für mich, die ich in Hochstimmung war durch das Weihnachtsfest und meine Geburtstagsfeier, war dieser Besuch etwas Aufregendes und Vergnügliches, während er für Vanessa eine alljährliche sich wiederholende Zeitspanne der Langeweile und Trübsal war. Ihre Abneigung dagegen muß mit den Jahren zugenommen haben, weil sie sich immer weniger berechtigt fühlte, da zu sein, und sich durch meine Gegenwart ständig daran erinnert fühlte, daß hier weder ihr noch mein Platz war. Da ich von beidem keine Ahnung hatte, machte es mir nichts aus, aber Vanessa konnte sich an die frühen Jahre erinnern, wenn sie als älteste Schwiegertochter dort war und ihr die Besuche unerträglich lang vorkamen. Sie hatte keine Sympathie für Clives Vater und wußte kaum, worüber sie mit ihren beiden Schwägerinnen Lorna und Dorothy reden sollte, die sich hauptsächlich für Pferde, Jagdhunde und Jägerbälle interessierten. Was Vanessa besonders verabscheute, war die Heuchelei und die Ansprüchlichkeit, die diesen Haushalt kennzeichneten, gegen die ich aber Jahre hindurch unempfindlich blieb. Ich nahm nur die Oberfläche von allem wahr und atmete voller Vergnügen die viktorianischen Gerüche ein: den Geruch der Ledereinbände der Illustrated London News, der Chrysanthemen im Blumenständer, den Geruch des fleckenlosen Trockenklos und der Politur der Eichendielen. Alles dies zusammen mit der Förmlichkeit unserer dortigen Existenz, den tadellosen Dienstboten (von denen einige meine Freunde waren), der Hierarchie, die in diesem Hauswesen herrschte, bedeutete mir viel. Alljährlich tauchte ich in eine Romantik ein, die mich an die Bücher erinnerte, die mir damals gefielen, wie *Little Lord Fountleroy* und *The Secret Garden* und die Romane von Charlotte M. Yonge.

Von Paddington aus nahmen wir den Zug nach Devizes, wo uns Ovens, der frühere Kutscher, abholte, der nun ebenso stolz auf sein sanftschnurrendes Automobil mit seinen blanken Ornamenten und seiner Innenausstattung aus Mahagony war, wie es ihm einst gefallen hatte, Pferdeschweife zu Zöpfen zu flechten und Mähnen zu striegeln. Da stand er, in marineblauen Samt verpackt, legte die Hand an die Mütze und hielt uns die Wagentür auf. Wenn er dann eine Decke über unsere Knie breitete, sank Vanessa, von Vorahnungen wie betäubt, in den Rücksitz, während ich vor Aufregung fieberte. Clive saß vorn bei Ovens und plauderte mit ihm über Land und Leute, an deren Namen er sich mühelos erinnerte. Das riesige, blanke Automobil glitt mit arroganter Eleganz über die Straßen: Ich beobachtete die silberne Figur auf der Haube, die einen Kreis in der Landschaft beschrieb, wenn es in die Kurve ging, um durch das Eingangstor unter den Tannen hindurchzugleiten, die so taten, als wären sie schneebeladen, auch wenn die Luft schwül war und der Himmel wie ein mißlungenes Aquarell aussah. Die Düsternis des Abends wurde noch durch die schroffe Zackenform der Bäume verstärkt, die einen langen Winterabend anzukündigen schienen. Und dann leuchtete in der Schwärze ein gelbes Bogenfenster auf, und wir fuhren vor dem pseudo-mittelalterlichen Portal vor.

Kaum hatte Ovens uns aus dem Wagen geholfen, ging auch schon die Eingangstür auf und gab den Blick frei auf Grandpapa, der bereitstand, um uns im Schein selbsterzeugter Elektrizität willkommen zu heißen, während Ellen in Häubchen und Schürze respektvoll herbeieilte, um uns mit unseren Koffern zu helfen, und uns nicht erlaubte, irgend etwas selbst zu tragen, was schwerer war als ein Taschentuch. Die Halle erschien mir riesengroß. Der blank gebohnerte Fußboden glänzte verwirrend und erinnerte uns daran, wie tückisch glatt er in Wahrheit war. Mitten in die Geschäftigkeit unserer Ankunft bellte Grandpapa, nach Harris Tweed duftend, mit energischem Kinn unter dem knappen weißen Bart, seine Willkommensgrüße heraus, während er Clive mit übertrieben herzhaftem Wohlwollen auf die Schulter schlug. Ich stand da und fühlte mich befangen, voller Angst vor dem, was er nun tun würde. »Streck deine Zunge heraus, junge Dame.« Ich tat es – mit den Gefühlen einer vergewaltigten Seeanemone. »Du mußt viel Grünzeug essen – drei Portionen Spinat am Tag.« Ich schwieg und war dankbar, daß man mir erlaubte, mich aus dem Staub zu machen.

Zum Glück stand nicht Spinat, sondern ein Kuchen auf dem Tisch, den ein weißes Tischtuch mit bis auf den Boden gehenden Enden à la van Dyck bedeckte. Es gab zwei Platten mit papierdünnen Gurkensandwiches, Teegebäck und Silberschüsseln voller Butterröllchen. Dorothy, die jüngere und angenehmere meiner beiden Tanten, saß ruhig hinter der Teekanne, während Lorna uns ihr Willkommen mit der heiseren Stimme aller Bells entgegenschrie. Die traute Unterhaltung beim Tee dröhnte durch die Halle, als riefen sich Tukane etwas durch den Dschungel zu. Beide Schwestern hatten Männer geheiratet, die einst Oberst werden sollten: Der eine hatte als letzter die Küste von Gallipoli verlassen, der andere war der schönste Mann in der britischen Armee. Der Tapfere war schüchtern und witzig, der andere, obgleich tadellos gekleidet und Besitzer eines gepflegten Schnurrbarts, der größte Langweiler der Grafschaft. Grandmama, klein und sanft, küßte uns und murmelte ihre konventionellen Begrüßungsworte, während Vanessa und ich uns auf unseren Tee freuten und uns hinsetzten, um all die üblichen Fragen über unser Leben im vergangenen Jahr zu beantworten.

Die Männer standen mit ihren Tassen etwas abseits, schlürften den Tee durch ihre Schnurrbärte und sprachen über lokale Ereignisse und das Wetter, so als wären das keine so recht passenden Gegenstände für Frauen.

Die Halle war der Mittelpunkt des Hauses. An zwei Seiten lief eine Galerie entlang, und von dort gingen die Schlafzimmer ab, deren Intimität durch dicke Eichentüren gesichert war. Ihnen gegenüber befanden sich Fenster mit Mittelpfosten und tiefen Sitzen, die so taten, als stammten sie aus dem 17. Jahrhundert. An einem Ende hing ganz oben der Kopf eines Elchs, den Grandpapa geschossen hatte, das Datum und der Ort seines Todes waren auf einer Messingplakette gleich darunter verzeichnet. An der anderen Seite der Halle befand sich ein Glasgehäuse, belebt durch einen gemalten Hintergrund aus Highland-Felsen und einem grünlichen Himmel, die einem ausgestopften Reiher, einigen in echtem Sand herumpickenden Enten und ein oder zwei mitfühlenden Grasbüscheln neben ihnen als Rahmen dienten. Das ganze Haus hing voll mit fächerförmig angeordneten Gewehren und Pistolen, Schwertern und Dolchen, die auf ein abenteuerliches Leben hindeuteten und Grandpapa im Rückblick interessanter erscheinen lassen. Träumte er davon, belagert zu werden wie einst im Bürgerkrieg, oder war es pure Prahlerei wie das meiste, was er sonst tat? Ganz offenkundig hatte er gewisse Phantasien, auch wenn er sie kaum eingestehen mochte, aber sie verhießen nichts Gutes oder Angenehmes. Überall sah man die Symbole des Zerstörers oder der armen, toten und ausgestopften Kreatur. Jede Ecke war ausgefüllt mit Geweihen in allen Größen; Pfoten, Schwänze, räudige Köpfe schauten in erstarrtem Gleichmut von den Wänden herab, und die verglasten Mahagonischränke waren voll von ausgestopften Eichhörnchen und einst bezaubernden, scheuen Wassertieren. Vor Vanessas Schlafzimmer lag ein fauchender Tiger, der in seiner ganzen Länge mit rotem Filz eingefaßt war.

Das ganze Haus war eine Art versteinerter Zoo. In der Bibliothek stand eine Lampe auf einem Dreifuß aus Hufen, die einst einem Hirsch gehört hatten, und auf dem Schreibtisch, der mit dem allerdicksten Schreibpapier ausgestattet war, befand sich ein Tintenfaß, das aus einem anderen größeren Huf hergestellt war, vielleicht dem des Elchs in der Halle, dem König aller dieser Reliquien. Bei Tisch schüttete man Pfeffer und Salz aus einem Paar silberner Eulen, die natürlich nicht ausgestopft und schon allein aus diesem Grund angenehmer waren. Jede einzelne Feder auf ihrem Rücken war sorgfältig graviert, und sie standen stolz und unbeweglich auf ihren metallenen Füßen. Auf den meisten Bildern waren Tiere dargestellt: Pferde, Jagdhunde, überhaupt Hunde aller Art, darunter ein großer fetter Chow, einer aus der Dynastie, die über Grandmama herrschte. Lorna und Dorothy waren nicht im Abendkleid gemalt, sondern auf dem Rücken eines besonders geliebten Jagdpferdes, und ebenso Grandpapa in einem pinkfarbenen Jackett als Herr der Meute. Vanessa, die man gebeten hatte, diese Bildwerke etwas aufzufrischen, bedeckte sie mit einem Firnis, der sich in Blasen ablöste – zweifellos eine Freudsche Fehlleistung. So sehr die Bells Tiere mochten, bezweifle ich doch, daß sie mehr von ihnen verstanden als die meisten anderen Menschen. Aber sie brauchten ihre Unterstützung, ihre liebevolle, wenn auch stumme Zustimmung.

Am Weihnachtsabend schmückten wir die Halle. Julian und Quentin kletterten mit ihrem Vetter Thomas zum Elch hinauf, während seine Schwester Barbara und ich die Bücherschränke mit Efeu umwinden durften. Schließlich wurde alles für großartig befunden, und manchmal hatten wir dann noch Zeit für ein Kinderbillard im Wohnzimmer, wo Grandmama am Kaminfeuer sitzen geblieben war. Obgleich wir in ihrer Gegenwart unsere Hysterie beim Spielen zu mäßigen versuchten, fühlten sich doch meist ein oder zwei Erwachsene vom Spiel angezogen, und standen dann fast ebenso angespannt da wie wir – bis die Glocke zum Umziehen ertönte und wir nach oben gingen, um uns für das Abendessen fertig zu machen. Zu dem, was mich an Seend entzückte, gehörten die Badezimmer, die in irgendwelchen entfernten Ecken des Hauses untergebracht und mit dunkelgrünen Kacheln ausgelegt waren. Die große Badewanne war mit Mahagoni eingefaßt, und den kräftig über ihren Rand greifenden Wasserhähnen aus Messing entströmte leicht bräunliches Wasser. Die Trockentoilette daneben roch nach glühender Kohle und nach Duftessenzen. Der hölzerne Sitz reichte von Wand zu Wand und hatte einen Deckel, den man ganz abnahm, ehe man sich über die Öffnung hockte. Eine kleine Nische an der Seite enthielt Toilettenpapier und eine kleine Schaufel, damit man seine Exkremente mit Asche zudecken konnte, wie es die Katzen machen – eine sehr vernünftige Methode. Nach dem Bad schoß ich, in mein Abendkleid gehüllt und immer noch hummerrot, hinüber in Vanessas Zimmer, um mich zu präsentieren und Lob einzuheimsen, ehe ich, als es zum zweiten Mal läutete, in das Speisezimmer hinunter ging.

Die Herren trugen Smokingjacken und die Damen tiefe Ausschnitte, etwas Schmuck und lange Röcke. Vanessa, die einzige schöne Frau in der Runde, legte ihre Granatohrringe an, die wie Bündel von Weintrauben mit goldnen Blättern in ihren Ohren leicht hin- und herschwangen. Ihre Kleider waren häufig selbstgeschneidert und mit ungewohnten Stickereien in großen Stichen verziert, die sich prächtig, aber ungewöhnlich neben den Chiffon- und Spitzengebilden der anderen Damen ausnahmen. Ihr Benehmen war – im Gegensatz zu ihrer Erscheinung – zögernd und versöhnlich, zugleich ein wenig frostig; wer sie gut kannte, erriet daraus ihr Unbehagen und ihre Langeweile.

Nach Grandpapas Tod, 1927, wurde Cory, sein ältester Sohn, unser Gastgeber. Sein eigenes Haus lag ganz in der Nähe, aber seine Frau hatte sehr bald entschieden, daß sie zu schüchtern sei, um auszugehen, und erschien zu Vanessas Neid niemals in Seend. Cory selbst, obgleich in seinem Herzen so etwas wie ein Faschist, war freundlich und liebevoll. Er hatte einen kugelrunden Kopf und einen Stiernacken, aber seine Haut war zart und durchscheinend wie bei allen Bells. Seine Glatze wurde durch einen weißen Haarkranz an seinem Hinterkopf gemildert, und über seiner Oberlippe sproß ein Schnurrbart wie eine dicke Zahnbürste. In seinen moosgrünen Knickerbockers, die sich um einen leicht gewölbten Bauch spannten, war er jeder Zoll ein Oberst. Seine kleinen blauen Augen verschwanden fast ganz, wenn er wie eine Figur aus einem Limerick von Edward Lear den Mund weit öffnete, um ein durchdringendes »Ha, ha, a, a« ertönen zu lassen, das überall seine Anwesenheit verkündete. Zu mir war er stets freundlich und aufmunternd, und ich sonnte mich in seiner Gegenwart etwa so wie eine Sardine, die zwischen den Kiefern eines Wals hin und her schießt.

Nach dem Essen, das einfach aber gut war und fast immer aus Fasan bestand, der von Mädchen in schwarzen Alpakakleidern mit weißen Schürzen und Häubchen serviert wurde, ließen wir die Herren allein und zogen uns in die Bibliothek zurück. Die nun von Lorna bestimmte Atmosphäre büßte sofort allen Glanz, alle Munterkeit ein, die sie vorher noch gehabt haben mochte. Sie hatte stets für alles das rechte Wort parat, aber wie sie es sagte, gab es einem das Gefühl, als schluckte man Staub oder Asche. Ich habe nie wieder jemanden kennengelernt, der so korrekt war und zugleich so abgrundtief unrecht hatte wie sie. Wenn dann die Männer, angefüllt mit altem Portwein und noch an ihren Zigarren ziehend, zurückkamen, waren wir traditionsgemäß dazu verdammt, den Times-Quiz zu beantworten, wobei das außerordentlich gute Gedächtnis der Bells zu seinem Recht kam und sie miteinander darin wetteiferten, wer zuerst den Vornamen von Mr. Knightley* aussprechen oder die erste Zeile von »Sense and Sensibility« hersagen konnte. Jane Austen war so etwas wie ihr persönliches Eigentum.

Am Boxing Day – dem 26. Dezember – trotteten die Männer voll frischer Energie davon, in dicken Socken und derben Schuhen, mit Schultertaschen und Gewehren, die Hunde an ihrer Seite, um einen Tag genießerisch mit Schießen zu verbringen – dankbar dafür, daß Weihnachten vorbei war. Gelegentlich durfte ich sie begleiten, und da erlebte ich dann diesen seltsamen Augenblick der Stille im nebeligen Wald, wenn jeder Mann, das Gewehr im Anschlag, ganz für sich irgendwo stand, während sein Spaniel angespannt auf die Schläge des Treibers gegen die Bäume weitab auf der gegenüberliegenden Seite lauschte. Der Boden war dicht mit Blättern bedeckt, und hier und da flatterte noch eines herab – gelb gegen ein Stückchen blauen Himmels. Dann plötzlich schien die Welt zu explodieren, die erregten Hunde jaulten, ein Gewehr nach dem andern feuerte, die Vögel schlugen dumpf auf den Boden, wobei sich ihr langer Schweif auf der Erde ausbreitete. Ich erhielt dafür, daß ich einen Fasan unter dem Gebüsch fand, ein paar lobende Worte von Clive.

Nach einem Picknick mit Schweinspastete und Speckkuchen kehrten wir zu unserem letzten Abend in Seend zurück. Grandmama hatte ihren bestickten chinesischen Seidenschal umgelegt, dessen weiße Fransen ihr schwarzes Seidenkleid fast verbargen. Sie trug das Haar, dem die Kämme, die es in Form hielten, einen schwachgelben Schimmer gaben, nach der Mode von 1890 hoch aufgetürmt. An den Füßen hatte sie zierliche schwarze Pumps. Ihre Haut war zart wie Daunen, die Fältchen in den Mundwinkeln schienen wie von einem Faden nach oben gezogen. Ihre blassen, ein wenig vorstehenden Augen ähnelten den Augen von Clive, ihre kleinen zerbrechlichen Hände erinnerten mich an die Pfoten eines Krallenäffchens. Der Umgang mit ihr beschränkte sich auf kaum mehr als »Guten Morgen, Grandmama« oder »Gute Nacht, Grandmama«, und wenn sie einmal wohlmeinend eine Frage stellte, fand ich es schwierig, sie zu beantworten. Sie überlebte ihren Ehemann um viele Jahre und lebte dann nur noch für ihre Kinder und Enkel, das vollkommene Beispiel viktorianischer Unterdrückung. Wenn sie je eine Spur Egoismus gehabt hatte, so war er in der selbstlosen Aufopferung für die Familie aufgegangen. Immerhin, das Leben hatte es freundlich mit ihr gemeint, es hatte weder viel gegeben noch viel von ihr gefordert, und sie starb in dem Glauben, daß es ihr immer gutergehen würde, was in diesem Falle völlig berechtigt war.

Eines Tages wurden Louie und ich bei unserem üblichen Spaziergang auf der Tottenham Court Road von einem Auto angefahren, dessen Fahrer irgendeinem Hindernis ausgewichen war. Ich kam in den Armen eines Mannes zu mir, dessen Lächeln, als er mich behutsam zum Krankenwagen trug, ich nie vergessen habe. Louies Knöchel war gebrochen, ich war mit einem Schock davongekommen und wurde nach zwei oder drei Tagen aus dem Krankenhaus entlassen, um zu Hause ausführlich gestreichelt und verwöhnt zu werden. Für Duncan und Vanessa hatte der Unfall traumatische Folgen. Der Arzt hatte ihnen gesagt, daß ich schwere innere Verletzungen davongetragen hätte, und obgleich sich das als falsch herausstellte, erzeugte es doch eine Ängstlichkeit, die sich später oft in Vanessas Verhalten mir gegenüber zeigen sollte. Vielleicht kam auch noch hinzu, daß ich kurz danach während eines Besuchs in Seend ernstlich an einer Angina erkrankte.

Heutzutage hat man derartige Infektionen rasch durch Medikamente im Griff, und das normale, gesunde Kind erfährt sie gar nicht als

Krankheit. Damals aber konnte ein Arzt kaum etwas tun, außer den Patienten zu beobachten und darauf zu warten, daß dessen natürliche Kräfte wieder die Oberhand gewannen. Jede Krankheit begann mit einem gewissen Unwohlsein, zu dem sich das Gefühl gesellte, im nächsten Augenblick zusammenzubrechen, wie auch ein tiefer Widerwille, es zuzugeben. Wenn man dann ins Bett gehen durfte, kam die Erleichterung, der wiederum Kopf- und andere Schmerzen, Übelkeit und Empfindungen der seltsamsten Art folgten. Bei dieser Gelegenheit also war Vanessa in Seend gefangen, während ich in einem zeitlosen Schwebezustand im alten Kinderzimmer im hinteren Teil des Hauses lag. Undeutliche weibliche Wesen umschwebten mich; Ellen, das Hausmädchen, saß mit einer anderen Frau flüsternd am Kamin, weil sie glaubten, ich schliefe. Ihre Schatten verschlangen die Decke des Zimmers, der Boden und die Wände büßten alle Festigkeit ein, kamen wie Wellen näher und zogen sich wieder zurück. Kleine Gegenstände, unter anderem mein eigener Kopf, wurden groß und wuchsen ins Riesenhafte. Ich hatte nie Appetit, wurde aber von Tellern mit doppeltem Boden gefüttert, die, um die Speisen warm zu halten, mit heißem Wasser gefüllt und mit einem Korken an einem Kettchen verschlossen waren. Mir wurden die auf den Tellerrand gemalten Girlanden so vertraut, daß es mir heute noch ein Leichtes wäre, ihr mattes Grün, Rosa und Blau nachzumalen. Auch der Arzt hinterließ in mir eine unauslöschliche Erinnerung. Er sprang wie Kay aus der Kiste von meinem Bett auf, war auf altmodische Weise lustig, zugleich aber höchst bedrohlich, weil er offensichtlich zu viel von mir wußte. Ich konnte es gar nicht leiden, wie er mit Vanessa über mich sprach und alles mögliche über meinen Körper sagte, so als sei ich gar nicht vorhanden. Wäre er jung gewesen und hätte er gelacht, es wäre mir egal gewesen, aber er war klein von Wuchs und dick, hatte ein Doppelkinn, war schwarzgekleidet und trug einen steifen Hemdkragen; er war einfach unmöglich, aber er mußte günstig gestimmt werden. Eines Tages machte ich ein paar Eier aus Watte, zog sie mit der Behauptung, ich hätte sie selbst gelegt, unter meinem Hintern hervor und bot sie ihm als die ersten Früchte meiner Rekonvaleszenz an, obgleich ich ganz gut wußte, daß es mir ohne ihn besser gegangen wäre. Ich erinnere mich an sein Erstaunen, als hätte diese Geste etwas Unanständiges, und an die wohlwollende Verlegenheit, mit der er meine Gabe beiseite legte.

Als es mir allmählich besser ging, reiste Vanessa hin und her. Wenn sie kam, waren wir zusammen im Morgen-Zimmer, dem hellsten und gemütlichsten im ganzen Haus. Da sie nicht malen konnte, schrieb Vanessa Briefe, las vor oder spielte »Solitaire«, ein Spiel, das Grandmama mir beigebracht hatte. Es muß etwa um diese Zeit gewesen sein, daß ich die riesigen Knospen der Magnolie auf der Terrasse vor der Bibliothek liegen sah. Es war kalt, als ich fest in meinem Mantel verpackt da herumspielte und mich in meinem Innern mit Grandmama unterhielt. Ohne Begleitung wanderte ich durch die Alleen und Gartenwege, die, wohl nur für mich, einen dunklen Zauber besaßen. Es gab da auch einen von einer Mauer umschlossenen geheimen Garten mit ein paar alten Apfelbäumen in der Mitte, wohin sich kaum jemand verirrte und den ich als Königin eines unbekannten Landes in Besitz nahm. Dann war da noch der Steingarten, groß wie ein kleiner Berg. Rundherum führte ein Weg, der gerade breit genug für mich war, wenn ich einen Fuß vor den andern setzte, vorsichtig bemüht, nicht auf die winzigen Pflanzenbüschel zu treten.

Manchmal wurde ich zu den Jagdhunden in die Nähe der Ställe mitgenommen, ein Meer hechelnder Zungen und wedelnder Schwänze, manchmal auch in den weitläufigen, von rosaroten Ziegeln umzogenen Gemüsegarten, dessen mit Asche bestreute Pfade die Beete mit Lauch von denen mit Karotten und Kohl trennten. Es gab ein paar Kästen mit Veilchen, in die ich meine Nase vergraben konnte, und die lockigen geringelten Chrysanthemen, die um die Weihnachtszeit im Haus auftauchten. Ein Treibhaus mit weißangestrichenen Glaswänden lehnte sich an die Mauer. Innen wanden sich Wasserleitungen hindurch wie Schlangen aus König Artus' Zeiten, die man lange schon hier gefangen hielt. Ranken eines knorrigen Weinstocks krochen über die Glasscheiben und waren mit Bast an dem Draht festgebunden, der sich von einem Ende des Treibhauses bis zum andern hinzog. Als seine Trauben reiften, waren wir nicht mehr da.

Julian, Quentin und Mrs. Bell, ihre Großmutter
Cleeve House, Seend, 1911

FRÜHLING IN CASSIS

Während Duncan 1927 mit seiner Mutter und deren Schwester Daisy McNeil in Südfrankreich war, holte er sich eine Infektion, die zuerst als Lungenentzündung, dann als Typhus diagnostiziert wurde, eine damals viel häufigere und weit beängstigendere Krankheit als heute. Vanessas Sorge wurde noch dadurch verschlimmert, daß sie nicht bei ihm war und wenig Vertrauen in die praktische Vernunft von Mrs. Grant hatte. Sobald sie konnte, reiste sie, begleitet von Grace und mir, nach Cassis, einem kleinen Fischerort zwischen Marseille und Toulon. Sie mietete die Villa Corsica, fast genau gegenüber der Villa Mimosa, dem weitaus älteren Haus, in dem die Grants wohnten. Agostino, der Arzt, der sich um Duncan kümmerte, hatte die »Corsica« etwas außerhalb der Stadt erbaut, und sie war gerade erst fertig geworden, als wir einzogen. Es war eine scheußliche kleine Betonkiste über einer Garage mit einer Außentreppe, die zu winzigen, hartkantigen Wohnräumen mit leberroten Fußböden und cremefarbenen Wänden führte. Entweder machte einen das intensive Sonnenlicht schwindelig, oder aber man ließ die Jalousien herunter und war von der Welt abgeschnitten wie in einem Schneckenhaus.

Das Eßzimmer war der Schauplatz meiner ersten Erkundigungen über Sex, die ich während eines Mittagessens anstellte – vielleicht ein nicht ganz passender Zeitpunkt. Clive jedenfalls, der gerade an einer unglücklichen Liebesaffäre litt, empfand das offensichtlich so. Seine mich in die Schranken weisenden Kommentare ließen mich in Tränen ausbrechen, und so wurde ich in ein anderes dunkles, mutterschoßähnliches Zimmer geführt, wo Vanessa mich durch eine zweifellos genaue Beschreibung der Lebenstatsachen beruhigte, obgleich ich mich kaum daran erinnere. Meine Neugier war entfacht, aber die Erklärung scheint so abstrakt gewesen zu sein, daß ich sie bald vergaß und nur noch bedrückt war, weil ich Gefühle ausgelöst hatte, die ich nicht verstehen konnte. Das einzige, was ich behalten habe, ist, daß ich die Fäuste in die Augenhöhlen bohrte und – wohl auch aus Scham – heiße Tränen vergoß.

In der Villa Mimosa huschten Duncans Mutter und seine Tante um ihn herum und machten es Vanessa nicht leicht, an ihn heranzukommen. Da sie ja niemals ganz sicher war, bis zu welchem Grad sie ihre Beziehung zu ihm akzeptierten, fühlte sie sich verpflichtet, sich allen denkbaren Zwang aufzuerlegen. Als man mich zu ihm mitnahm, stolperte er uns, bärtig und in eine Wolldecke gehüllt, entgegen. Ethel, seine Mutter, war groß und hübsch, von natürlicher Wärme und

Würde, so wie Duncan in seinen späten Tagen. In ihrem Falle verdeckte dies eine gewisse Anspannung, die man nur bemerkte, wenn man sie genau kannte. Irgendwie war sie fehl am Platz zwischen den Weinblättern, der heißen dionysischen Erde, dem purpurnen Meer und dem betäubenden Duft der Pinien und Mimosen. Ihre wahre Umgebung war ein englisches Haus aus dem achtzehnten Jahrhundert, wo sie, vor sich eine Kanne Tee, den sie in dünne Porzellantassen goß, bei einem flakkernden Feuer saß, eine Handarbeit in den Händen, und ihren Freunden und Verwandten zuhörte. Später nannte Clive sie verärgert »die reinste Memsahib«, aber obgleich sie selbstverständlich viel von einer in Indien lebenden Lady hatte, sprach eine gewisse Verhaltenheit für eine größere Sensibilität, als es eine solche gesellschaftliche Position erfordert hätte. In ihrer Jugend war sie eine Schönheit gewesen, mit großen Augen, ovalem Gesicht und glattem, in der Mitte gescheiteltem Haar – das Urbild vieler späterer Bilder von Duncan. Sie war eine geborene McNeil und heiratete Bartle Grant, einen Enkel des Laird of Rothiemurchus, dessen Landsitz The Doune in den Ausläufern der Cairngorms lag. Dort lernte sie die Nichten und Neffen ihres Mannes kennen, die Kinder von Sir Richard und Lady Strachey, die ihre Sommerferien gewöhnlich bei ihren Großeltern verbrachten. Ethel, die im Unterschied zu ihnen nichts Intellektuelles oder Blaustrümpfiges an sich hatte, beeindruckte sie durch ihre Heiterkeit und ihre praktische Vernunft, ihre Fähigkeit, die Rivalitäten in der Familie zu dämpfen und zu entschärfen.

Obgleich Duncan in The Doune geboren war, will es die Überlieferung, daß Ethel ihn auf einem Berghang zur Welt brachte – eine Vorstellung, die ihm mindestens so gut gefiel wie die Wahrheit. Bald nach Duncans Geburt nahm Bartle seine Familie nach Burma mit und dann nach Indien, wo Ethel lernen sollte, wie man eine Memsahib wird, was ihr später Clives abschätzige Bemerkung einbrachte. Sie muß es darin weit gebracht haben. Zahlreiche Kontobücher und Sammlungen bedrückend konventioneller Rezepte wie zum Beispiel Queen's Pudding oder Chocolate Blanc-Mange bezeugen ein angeborenes Pflichtgefühl. Obgleich eine eher zaghafte Wirtschafterin, entledigte sie sich ihrer Pflichten dennoch mit Erfolg und war eine tadellose Gastgeberin. Sie und Bartle waren intelligenter und einfühlsamer als die meisten und dazu musikalisch. Besonders er, der nicht nur ein glänzender Gesellschafter, sondern auch ein Botaniker und Amateurkoch war und es in der Armee bis zum Major brachte. Dennoch war Ethel konventionell, und es gab vieles, was man in ihrer Gegenwart besser nicht erwähnte. Ihre Neigung zur Diskretion bedeutete jedoch nicht, daß sie unwissend war oder alles schrecklich fand, sie spürte einfach, daß sie den Gefahren einer offenen Aussprache nicht gewachsen sein würde. Es heißt, daß

Bartle ihr untreu war und daß sie sich heftig in einen anderen Major verliebt und eine Affäre mit ihm hatte, als sie, wieder in England, nahe beieinander in Twickenham lebten. Duncan war sehr verschwiegen, was dies anging, ich habe davon später durch Bunny erfahren, der, was sexuelle Seitensprünge anging, unverbesserlich romantische Vorstellungen hatte.

Aunt Daisy war auf ganz andere Art ebenfalls eine bemerkenswerte Figur. Obgleich sie Ethel sehr ähnelte, war sie doch keine Schönheit. Gänzlich ohne die Spuren von Gedanken und Gefühlen, sprachen aus ihren Gesichtszügen einzig Energie und ein verzweifelter guter Wille, so als wollte sie einen aus purer Freundlichkeit auffressen. Sie hatte eine wohltuende Wirkung auf Menschen, die als »verrückt« galten, und in ihrer Gesellschaft fand sich häufig jemand, der gerade die »Aunt-Daisy-Kur« durchmachte, die übrigens oft von Erfolg gekrönt war.

Durch sie lernte Vanessa Peter Teed kennen, der im Château de Fontcreuse lebte, einem Schlößchen ein paar Kilometer weiter oben im Tal von Cassis. Ihm gehörte das verfallene Gebäude von La Bergère, ein kleines Landhaus, in dem früher Landarbeiter gewohnt hatten und mit dem sich eine Geschichte von einem Geizkragen und einer Schäferin verband, die Vanessa in einem Bild über dem Kaminsims im Eßzimmer darstellte. Sie bezahlte die Restaurierung des Hauses, das aus fünf oder sechs Zimmern bestand, und erhielt als Gegenleistung ein Wohnrecht für zehn Jahre, das mit Beginn des zweiten Weltkrieges erlosch. Die ganze Familie machte Gebrauch davon und wohnte dort zu verschiedenen Jahreszeiten. Clive und Quentin genossen die heißen Sommermonate, wenn die Stadt voller Besucher und das gesellschaftliche Leben amüsant und, wie ich annehme, auch ziemlich anstrengend war. Vanessa, Duncan und ich gingen im vergleichsweise kühlen Frühling hin, wenn der Übergang aus unserem dunklen englischen Winter in die kristallene Klarheit des Mittelmeeres ein wahres Wunder war. Obwohl ich so ein Quartal in der Schule versäumte, fuhren wir während der ersten drei Jahre alljährlich dorthin. Ich kann die reiche, lebendige und vielfältige Atmosphäre dort nicht vergessen: Der Anblick, die Geräusche und Gerüche des Südens, die ich, noch so jung und leicht zu beeindrukken, in mich aufnahm, gewannen eine Macht über mich, die bis heute andauert. Ich werde nie vergessen, wie ich, nach einer unbequemen Nacht im Zug, geweckt von der intensiven Morgensonne, die durch den Vorhang schien, hinausschaute und wie mir der erste Olivenbaum, die Schnörkel der nackten Rebpflanzen in der roten Erde vor dem gleißend klaren Himmel mit einem Mal den Geruch von Wasser, das durch enge Straßen sickert, und die lautstarken Stimmen, die Kraft und Lebendigkeit der Leute wieder ins Gedächtnis riefen.

Kaum angekommen, waren wir den wütenden Kämpfen der Gepäckträger ausliefert, die sich unserer Säcke und Koffer, Staffeleien und Leinwände bemächtigten, ohne Duncans und Vanessas Einwände zu beachten. War dann endlich ein Taxi herbeigerufen und wir mit allem Gepäck darin verstaut, mußte der Träger ein Trinkgeld bekommen – eine Gewohnheit, die zu jener Zeit alle Transaktionen im Ausland zur Qual machte und bei der – zu meinem tiefen Kummer – Vanessa ihre Selbstbeherrschung verlor. Einmal in Marseille beschimpfte sie ein Träger, der etwas in ihrem Gesicht entdeckt zu haben schien, das ihn hoffen ließ, auf dem ganzen Weg vom Zug bis zum Taxi, und als sie ihm schließlich mehr gab, tat sie das mit einer so niedergeschlagenen Gebärde, daß ich es kaum ertragen konnte. Ich weiß nicht, was schlimmer war, sie so schwach oder so schlecht behandelt zu sehen. Ich wollte den Mann davonjagen, sie beschützen, aber es wäre mir lieber gewesen, sie wäre für sich selbst eingestanden. Davon aber konnte keine Rede sein.

Wenn wir uns schließlich in La Bergère eingerichtet hatten, waren Vanessa und Duncan vollkommen glücklich und konnten die Vorzüge des französischen Lebens mit der Bequemlichkeit verbinden, im eigenen Haus zu wohnen. Unser Leben dort war ruhig und häuslich. Vanessa hatte kaum weniger zu tun als sonst, aber die Tatsache, daß alles französisch war, machte es automatisch erfreulich. Vanessa war eine glühende Frankophile und der Überzeugung, daß die Franzosen den Engländern in allen Dingen des praktischen Lebens weit überlegen seien. Sie waren bessere Mechaniker, Elektriker, Schneider, Köche, sie waren bessere Erfinder von Haushaltsgegenständen, sie machten bessere Staffeleien, bessere Keilrahmen, Leinwände und Farben. Ihre Bücher hatten vernünftigerweise Papiereinbände, ihre Kinder trugen schwarze Schürzen und durften lange aufbleiben, sie hatten die Siesta erfunden, gingen täglich zum Markt und holten sich das köstliche Brot, sie hatten Champagner, den Petit Larousse und die Mayonnaise ersonnen. Allerdings konnte sie nicht behaupten, daß sie bessere Installateure waren als die Engländer. Als Klo diente zu der Zeit oft nur ein Loch im Boden, und man hatte gewöhnlich den Geruch menschlicher Exkremente unmittelbar neben seinem Picknickplatz. Aber in jeder anderen Hinsicht waren sie eine weitaus verfeinertere Rasse, nicht zuletzt in ihrer Sympathie für die Künstler. Vergessen die Tatsache, daß die Impressionisten mehr als drei Jahrzehnte von ihren Landsleuten nicht beachtet worden waren. Einmal in Frankreich, spürte Vanessa, daß sie als Malerin ernst genommen wurde, nicht nur von den Malerkollegen, sondern auch von der Vermieterin und dem Mann auf der Straße. Das Gefühl hatte sie in England nie.

Unsere Köchin Elise Anghilanti kam aus dem dicht bevölkerten Italienerviertel jenseits des Hafens. Sie hatte eine große Familie, und das jüngste Kind war nicht vorgesehen gewesen, wurde aber umso mehr geliebt. Sie war braunhäutig, hübsch und hatte die schöne Haltung derer, die gewöhnt sind, schwere Lasten auf dem Kopf zu tragen. Sie war Vanessa sehr ergeben,und auch Vanessa mochte sie nach einiger Zeit gut leiden und lauschte ihren Jammergeschichten mit mehr Mitgefühl als sie Lotties entgegengebracht hätte. Durch Elise wurde ich auf den Fatalismus südländischer Frauen aufmerksam, die, wissend daß sie ausgebeutet werden, diesem Tatbestand nur Tränen und die Resignation ihres katholischen Glaubens entgegenzusetzen haben, der so vollkommen anders und doch kaum wirksamer ist als die düstere Unterdrückung des Protestantismus. Sie war eine vorzügliche Köchin, und das traditionelle *boeuf-en-daube* war ihre Spezialität. Ein ebensolches Festessen war meine Lieblingsspeise – *beignets.* Sie nahm ein Gaufriereisen, tauchte es erst in Eierkuchenteig, dann in siedendes Öl, der befreite Krapfen glitt heraus und schwamm davon, um allein weiterzubruzzeln. Zur Mittagszeit brachte sie einen ganzen Berg davon auf die Terrasse, wo wir sie so rasch wie möglich verschlangen, denn sie mußten sehr heiß sein.

Unser Hausherr, Peter Teed, baute seinen eigenen Wein an. Aus bescheidenen Anfängen hatte er sich zu einem Experten entwickelt und mehrere Preise gewonnen. Er war ein sehr warmherziger, schlichter Mann, der den größten Teil seines Lebens in Indien verbracht und als Oberst der Bengal Lancers Aunt Daisy kennengelernt hatte. Er hatte kleine dunkle Augen, die in einem gelblichen Weiß hin- und herrollten, und seine große Knollennase war voller Narben, wie ich annahm durch Schießpulver. Er hatte ein bezauberndes Lächeln und sprach Französisch mit dem gleichen Akzent wie Churchill. Selbst vollkommen ehrlich, verläßlich und vertrauenswürdig in allen geschäftlichen Angelegenheiten, genoß er die Listen und spitzfindigen Praktiken seiner Nachbarn und Konkurrenten und zeigte sich ihnen, zu deren Überraschung, durchaus gewachsen. Er lebte in dem Château zusammen mit Jean Campbell, einer Neuseeländerin. Sie waren nicht verheiratet – etwas, das ausgesprochen werden mußte, um zu zeigen, mit wem man sympathisierte. Als Soldat in einem Krankenhaus, in dem sie als Schwester arbeitete, hatte sich Peter in sie verliebt, und da seine erste Frau nichts von einer Scheidung wissen wollte, zogen sie nach Frankreich, wo sie hochgeschätzte Mitglieder der Gesellschaft wurden.

Jean, sanft aber gewitzt, besaß die offenherzige Großzügigkeit, die man mit Siedlern und Pionieren verbindet. Sie hätte gern Kinder gehabt, hatte aber – aus welchen Gründen auch immer – keine. Immer war sie beschäftigt, und meist fand man sie in der Küche, deren Tür sich zur Terrasse öffnete, wo sie in einem dampfenden See von Kirschen oder Zwetschgen rührte, die für Marmelade gedacht waren. Sie machte auch Kirschen in Brandy ein, die sie ihren Gästen nach dem Essen in dem kühlen, dunklen Wohnzimmer anbot und die eine nur durch eine Siesta auszugleichende Hochstimmung hervorriefen. Sie war klein, hinkte ein wenig und trug ihr dunkles Haar zu einem Pony geschnitten. Darunter betrachteten mich ihre ruhigen, freundlichen Augen nicht ohne eine Spur von Kritik. Sie erlaubte mir, an den beiden künstlich angelegten Teichen gleich unterhalb der Terrasse zu spielen. Eingefaßt von Steinplatten trug ihr seichtes Wasser unzählige Wasserrosenblätter, auf die gelegentlich ein winziger, zitternder Baumfrosch aus der Reihe großartiger Zypressen, die den Garten umgaben, mit einem Plumps herabfiel. Vor meinen Augen wechselte er von einem dunklen zu einem lichten Grün, und mit einem einzigen Sprung verschwand er wieder. In den schmalen Beeten wuchsen vielfarbige Tulpen, deren Knospen ganze Bootsflottillen bildeten, die ich von einem Wasserrosenhafen zum nächsten manövrierte.

Um die Mittagszeit wurde ich zum Château geschickt, um einen Krug Wasser aus der römischen Quelle zu holen. Jean hatte mich einmal in den Tunnel mitgenommen, der in den Berghang hineingeschlagen war und von dem das Haus seinen Namen hatte. Der Eingang war von fransigem Farn umgeben; aus der intensiven Hitze des Reblands kommend, betraten wir den kühlen, niedrigen, vor Feuchtigkeit triefenden Tunnel. Er führte etwa zehn Meter in den Felsen hinein, wo er, ohne auf die Quelle zu stoßen, aufhörte. Statt dessen stand da ein eisernes Kreuz, und von diesem christlichen Symbol wurde das Wasser, das sich hier sammelte, in einem Rohr weitergeleitet und endete in einem Silberstrahl, der sich aus den kräftigen Lippen eines heidnischen Gottes in ein steinernes Becken ergoß.

Jeden Tag brachte mich Grace zusammen mit meiner Freundin Judith Bagenal zum Französisch-Unterricht in die etwa drei Kilometer entfernte Stadt. Entweder gingen wir zu Fuß oder wurden in Teeds altem Wagen mitgenommen, oder wir schirrten Coquet, den Esel, an und lenkten seine zierlichen, wenn auch widerstrebenden Hufe in die richtige Richtung. Nach einem Gewitter fanden wir auf der Straße Unmengen zerquetschter Frösche, die, von den vorbeifahrenden Autos plattgewalzt und von der Sonne zu einem Stück Leder gegerbt, überlebensgroß geworden waren, und wir stellten sie an der Mauer auf, wo sie nach Graces Meinung aussahen wie predigende Priester. Sobald wir in der Stadt waren, die kräftig nach Abwässern und Fisch roch, hielten wir in einer engen Straße, wo uns am Ende einer steilen Treppe die höchst reputierliche Mlle. Chevalier begrüßte – in grauer Strickjacke und durchbrochenen Schuhen, wie die der Damen der Folies Bergères. Ihre weißhaarige, ganz in Schwarz gehüllte Mutter wurde aus dem Zimmer gewiesen, wo wir unsere Unterrichtsstunde hatten, und verschwand nach unserem »Bonjour, Madame« in der Küche.

Der Tisch nahm fast den ganzen Salon ein. Er war mit einer Tischdecke aus Seidensamt bedeckt, deren Fransen bis auf den Boden hingen und unsere nackten Beine kitzelten. Künstliche Blumen auf dem Buffet, eine geblümte Tapete und dicke, zweischichtige Vorhänge sorgten für eine klaustrophobe Atmosphäre, in der wir wie aufgespießte Schmetterlinge auf unsere Lektionen festgenagelt waren. Es fing mit so schwierigen Sachen wie Verben an und endete mit einem Spiel mit Schlangen und Leitern und kleinen Bestechungen in Form von Süßigkeiten. Geplagt von Hitze, Hunger und Reputierlichkeit fiel es uns immer schwerer, still zu sitzen und die Wohlerzogenheit an den Tag zu legen, die Mademoiselle von uns verlangte. Wenn wir schließlich ganz erschlafft durch äußerste Konzentration zu gähnen anfingen, wurden wir befreit und eilten schnurstracks in die Confiserie, wo wir unter *brioches, chaussons aux pommes* und *mille feuilles* auswählen konnten. Mme. Coulain war wie eine Arlésienne auf einer Postkarte gekleidet; ihre Schwester, mit einem schlohweißen Knoten und in durchsichtiger weißer Schürze über einem schwarzen Kleid, hatte Wangen wie eine chinesische Rose und rosige Finger, die sich wie Fragezeichen über den süßen Brötchen und Kuchen bewegten. Sie schien ihr ganzes Leben lang mit Sahne und Zucker zu tun gehabt zu haben und hatte nie geheiratet, sondern war unter dem wachsamen Blick ihrer älteren Schwester als Hilfe im Laden geblieben. Mme. Coulains Sohn machte Grace einen Heiratsantrag und wurde eins ihrer zahlreichen Opfer; hätte sie ihn angenommen, wäre ihr Leben sehr anders verlaufen.

Eines Tages herrschte in der Stadt fieberhafte Aufregung. Die Luft war dick, und es war dunkel wie am Jüngsten Tag. Ladenbesitzer schlossen eilig ihr Geschäft, und andere rannten los, um irgendwo unterzuschlüpfen. Als wir fragten, was denn im Gange sei, zeigten sie nur auf das Meer und sagten: »Seht ihr denn die Windhose nicht?« Wir schauten hin und sahen gleich drei wirbelnde, graue Säulen, die Himmel und See verbanden und sich rasend schnell über das Mittelmeer bewegten. Die Boote auf offener See versuchten, den Hafen zu erreichen. Jemand erklärte mir, daß, wenn eins getroffen würde, es mitten entzwei bräche. Während wir noch zwei der Windhosen beobachteten, die sich nun wie in einem Ballett der Elemente in majestätischer Ruhe aufeinander zubewegten, schreckte uns der erste Regen auf – riesige Tropfen, die einzeln auf das Pflaster aufschlugen und fast unmittelbar darauf zu einer Sintflut wurden. Wir hasteten in die Confiserie und schauten von dort auf die leere Straße. Sie war zu einem reißenden gelben Sturzbach angeschwollen, der allen Dreck, Stöcke und Steine aus dem höher gelegenen Tal mit sich gerissen hatte. Die Gewalt des Vorgangs hatte etwas Erheiterndes; Judith und ich waren entzückt, daß wir von einer Straßenseite zur andern über eine Planke balancieren mußten – und genau in diesem Augenblick erschien Mr. Wyndham Tryon und schwenkte einen kanariengelben Besenstiel mit purpurroten Borsten. Er war einer der vielen Fremden, die sich nach Cassis zurückgezogen hatten, wo diese harmlosen Exzentriker für viel Amüsement sorgten.

Auch das Leben der Insekten war interessant. Der riesige Nachtfalter zum Beispiel, der immer wieder gegen die Fensterscheibe schlug und Nessa, die mit aufgelöstem Haar hinter ihm her war, in ungewöhnliche Aufregung versetzte, bis sie ihn schließlich in einem Krug fing. Da konnte ich ihn dann am nächsten Morgen betrachten. Seine riesigen Flügel deckten seinen pelzigen Körper ganz zu, und er versuchte mit seinen samtigen Fühlern immer wieder einen Weg aus seinem gläsernen Gefängnis zu finden. Fast immer gab es ganze Kolonnen von Ameisen, deren Betriebsamkeit uns in Bann schlug, und einmal fingen wir auch ein Paar von *scolopendres* oder Riesentausendfüßlern. Julian steckte auch sie unter ein umgekipptes Glas, und wir beobachteten, wie sie miteinander kämpften bis sie tot waren. Mein Verhalten spiegelte das meiner Brüder – es war eine Mischung aus quasi wissenschaftlicher Objektivität und dem eines *aficionado* beim Stierkampf.

Wenn es auch in der Umgebung von Cassis weder Gras noch Bäche noch Brücken gab, so gab es da doch den durchdringenden Geruch eines Holzkohlefeuers, den plötzlichen Hauch von Rosmarin und Thymian und einen köstlichen Harzduft. Wenn ein kräftiger Wind wehte, schwankten und stöhnten die Pinien wohlig unter den Peitschenhieben der eigenen Äste – ein Ton, der dem Rauschen des Meeres ähnelte, so als überkäme sie, die fest am Platz Verwurzelten, plötzlich die Sehnsucht nach den entlegensten Gegenden der Welt. Die kleine Straße, die an der Villa Corsica vorbeiführte, stieg zu der die Stadt beherrschenden *Couronne de Charlemagne* hinauf. Unter ihr lag wie herausgebissen aus dem pinienüberwehten Felsen die *Baie de la Reine*, eine einsame halbkreisförmige Bucht, in der sich Streifen schwarzen Seetanges ablagerten, der an unserer feuchten Haut klebte und in unseren Picknick-Korb geriet. Getrocknet war er wie Pferdefutter, und wir versanken bis zu den Knöcheln in dem verkohlten Stroh. Graue Kopfsteine häuften sich an beiden Enden der Bucht. Wenn man zwischen ihnen herumkletterte, konnte man Muscheln finden, getrocknete Seepferdchen, vielfarbige Kiesel und ausgedörrte Seesterne. Einmal versuchte ich – was mich heute noch beschämt – einen Tintenfisch zu töten, den ich am Strand entdeckt hatte. Seine Saugnäpfe öffneten und schlossen sich in vielfacher Todesangst, und seine Arme wollten nicht stilliegen, als ich mit

Virginia Woolf, Angelica, Leonard Woolf
und Judith Bargenal,
Cassis 1928/29

Julians Hilfe Steine auf ihn häufte, um in jugendlicher Unmenschlichkeit seinen Lebenswillen auszulöschen.

Man mußte vorsichtig sein, um nicht auf einen der Seeigel zu treten, die unter dem blauen und purpurnen Wasser lauerten. Vom Boot aus konnte man noch die kleinste Sandfalte auf dem Meeresboden erkennen, verlockend nah und doch unerreichbar, so als starrte man in eine fremde Welt. Wenn man über eine Seite aus dem Boot hing, war die Versuchung groß, hineinzutauchen, aber stärker noch die Angst, die einen zurückhielt. Donald Curry, einer aus der englischen Kolonie, schwamm mit offenen Augen unter Wasser, und sein weißer Körper leuchtete aus dem grünen Schatten der Felsen auf. Er schien mehr Fisch als Mensch, während wir, die wir in der Sonne auf unser Picknick warteten, menschliche Warmblüter waren, unfähig, solche spektakulären Windungen zu vollführen.

Als wir wieder in Charleston waren, kam meine Kusine Judith Stephen zu Besuch. Sie war fast genauso alt wie ich, kräftig, hübsch und intelligent, mit offenen, ehrlichen blauen Augen, von denen eins zur Hälfte braun war, was mich an einen Collie erinnerte. Sie war fröhlicher, zäher und unabhängiger als ich, was nicht besonders schwierig war, denn in meinem Falle hatten solche Wörter so gut wie keine Bedeutung. Nessa meinte, Judith sei vernachlässigt worden und empfand eine gewisse Besorgnis, weil sie einmal aus ihrem Haus ausgeschlossen worden war und allein in den Straßen Londons herumirren mußte. Später wurde sie Schülerin von Bertrand Russell, was die Erwachsenen beeindruckte, mir aber nichts sagte, da ich keine Ahnung hatte, wer das war.

Zur Zeit ihres Besuchs bei uns waren wir elf oder zwölf, in einem schwierigen Alter also. Der Sommer war schwül und trocken. Der Garten war nicht länger ein magischer Ort, und ohnehin gingen meine Vergnügungen dort nur mich an; in Gegenwart einer etwas älteren Gefährtin verflüchtigten sie sich. Was sollte man tun – abgesehen von der Versuchung, in Lewes Geld auszugeben? In Judiths Gegenwart, die höflich und ihrer Tante Nessa gegenüber ein wenig schüchtern war, schämte ich mich, ihr im Atelier auf die Nerven zu gehen. Judith war als Wildfang bekannt. Zuhause verbrachte sie ihre Zeit mit ›richtigen‹ Beschäftigungen, zum Beispiel segelte sie mit ihrem Vater auf dem River Backwater, gehorchte seinen Befehlen und machte sich Gedanken über Leben und Tod, während ich nichts Lebenswichtigeres zu tun hatte, als Puppenkleider zu nähen oder einen meiner Romane von Charlotte M. Yonge zu lesen.

Mir kam eine Idee. Wenn Judith segeln konnte und damit das Interesse fand, das ich in den Augen der Erwachsenen erkannte, war es sicherlich auch für mich Zeit, erwachsen zu werden. In einem der

Schränke gab es eine ganze Schar einstmals sehr geliebter Puppen, und es kam mir in den Sinn, daß es großartig wäre, wenn ich in Judiths Beisein eine Geste machte – ob sie sie nun verstand oder nicht. Ich holte sie also aus ihrem Verlies hervor, aber meine Angst vor Entdeckung und den daraus sich ergebenden Fragen wuchs. Ich beschloß, daß dieses Opfer ein Geheimnis bleiben müßte.

An einem Septembertag, wenn Ausflugsbusse voller Urlauber sich ihren Weg durch die staubigen Hecken bahnen, um die Reisenden um vier Uhr nachmittags draußen vor Drusilla's Tearoom auszuladen, machten wir uns auf nach Cuckmere Haven, einer Schlucht im Hügelland, wo der Fluß aus den Rieselwiesen heraustritt und den Treidelpfad entlang zur Küste fließt. Wir kamen, von der Hitze erschöpft, gegen Mittag an, mit wunden Hintern von der kratzigen Wolle der Bussitze, und da standen wir nun auf der Straße mit unseren beiden Körben, dem einen mit Lotties Picknick und dem anderen mit meinen Puppen.

Während der Bus hügelaufwärts entschwand, wurde mir klar, daß ich überhaupt nicht wußte, was nun geschehen sollte. Die Puppen waren eine Last, störten nur, stellten nicht länger ein Symbol meiner Emanzipation dar, und es war sinnlos, sie an den Strand mitzunehmen. In diesem Augenblick erschienen ein paar Zigeunerkinder; wie kleine Haie tauchten sie aus dem Schatten hervor. Verlegen, aber im Bewußtsein, eine Wohltat zu erweisen, näherte ich mich einem der Mädchen, drückte ihr den Korb voller starrer Glieder und starrender Augen in die Hand und murmelte kaum hörbar: »Ich dachte, du möchtest sie vielleicht haben!« Aber die Zigeunerin, die womöglich Angst hatte, für eine Diebin gehalten zu werden, wies ihn zurück und rannte davon. Das war unglaublich und überschritt meine Fähigkeit zur Improvisation. Verwirrt ließ ich den Korb stehen und floh zu Judith, die sich herausgehalten und bloß zugeschaut hatte. Ernüchtert trotteten wir weiter zum Strand; zumindest wußten wir, daß die Zigeuner uns wohl kaum folgen würden.

Es war ein langer Tag. Nach dem Baden verbrachten wir Stunden damit, auf den schlüpfrigen Steinen zu sitzen und Lotties Kuchen zu essen. Als wir schließlich die Abendkühle auf unserer Haut spürten, machten wir uns auf den Weg zu der etwa einen halben Kilometer entfernten Straße, wobei wir feststellten, daß wir unser Geld verloren hatten. Während wir danach suchten, verpaßten wir den letzten Bus. Aus irgendeinem Grund dachten wir nicht daran zu telefonieren – vielleicht, weil das Telefon in Charleston noch etwas so Neues war –, und es kostete uns einige Zeit, bis wir im Dunkeln ein Taxi fanden. Etwas benommen von Seeluft und Müdigkeit fuhren wir dann ganz behaglich nach Hause und bildeten uns ein, das Auto käme aus einem dunklen Wald, der sich unendlich weit hinter uns erstreckte, während die raubgierigen Bäume zu beiden Seiten gezwungen waren, zurückzutreten und uns durchzulassen.

Endlich kamen wir an. Teuflische Gestalten kamen aus dem Haus gerannt, von unseren Scheinwerfern grell beleuchtet. Ganz plötzlich begriffen wir, daß man sich unseretwegen geängstigt hatte, und ich wußte, daß Vanessa glaubte, wir seien ertrunken. Im warmen und hellerleuchteten Eßzimmer setzte uns eine ungewöhnlich ernste Grace gekochte Eier vor. Dann hörten wir plötzlich das Geräusch eines Autos und Duncan stand im Zimmer und verlangte nach einem Brandy. Er schien uns kaum wahrzunehmen und hastete wieder nach draußen. Mein Ei widerte mich mit einem Mal an, und das Herz wurde mir schwer. Ich kam mir ungeheuer klein vor.

Wir wurden ins Bett geschickt, ohne Vanessa gesehen zu haben, und lagen im Atelier auf unseren Matratzen, die man aus dem Garten geholt hatte, weil das Wetter umzuschlagen drohte. Blitze erhellten die quadratischen Scheiben des Oberlichts, unter dem wir lagen, und wir konnten die gezackten Blätter der Weinrebe erkennen. Auch die Spitzen der Ulmen konnte ich sehen, die in einer Reihe hinter der Gartenmauer standen. Ich wartete, unfähig einzuschlafen. Nach einer Weile kam Vanessa herein und beugte sich über uns, lächelnd, eine Göttin aus der Unterwelt. Weder erwartete man von mir, daß ich mich entschuldigte, noch verriet Vanessa etwas von der ausgestandenen Angst. Alles blieb in der Schwebe. Ich küßte sie erleichtert und schlief ein.

Judith Stephen und Saxon Sydney-Turner

LANGFORD GROVE

Als ich zehn war, schickte mich Vanessa ins Internat, das heißt, eigentlich ging ich auf meinen eigenen Wunsch, nachdem Louie, die uns verlassen und heiraten wollte, mir diese Idee in den Kopf gesetzt hatte.

Wenn ich mir schon nur undeutlich vorstellen konnte, auf was ich mich da einließ, so hegte Vanessa, die ja nie zur Schule gegangen war, ganz übertriebene Vorstellungen, die sie eher den Romanen von Charlotte Brontë entnahm als ihrer eigenen Kindheit. Instinktiv lehnte sie Schulen wie Cheltenham, Neill's School, Bedales oder Roedean ab. Sie alle, obgleich voneinander sehr verschieden, hatten für Vanessas Geschmack eine zu strenge Prägung. Und so befragte sie ihre Freunde nach einer Schule, die diesen so wenig wie möglich glich. Schließlich fiel ihre Wahl auf Langford Grove in Essex, deren Leiterin Mrs. Curtis, kurz Curty genannt, eine Irin mit Charakter und Charme war.

Vanessa war seit langem schon davon überzeugt, daß Schulen – und überhaupt Bildung – Zeitverschwendung wären. Die beste Bildung war zweifellos die selbsterworbene, und die erwarb man sich erst, wenn man die Schule hinter sich hatte. ich weiß nicht, was ihrer Erwartung nach eigentlich in der Schule vor sich gehen sollte, während man sich dort aufhielt, jedenfalls hatte sie nur wenig im Sinn mit Disziplin und kaum mehr mit der Ausbildung des Intellekts. Sie selbst war an Wissen ebensowenig interessiert wie an der historischen Betrachtungsweise einer Sache, und sie konnte es kaum glauben, daß jemand, der ihr nahe stand, das anders sehen könnte. Wenn klar wurde, daß es so war, wie bei Julian und Quentin, lehnte sie es mit einem Lächeln ab, sich auf eine Diskussion einzulassen, und führte ihre grundlegende Unfähigkeit in diesen Dingen ins Feld. »Du bist so klug, Liebling – ich fürchte, ich kann dir da nicht folgen«, so etwa hieß es dann; und auch wenn sie nie einen Finger rührte, um jemanden davon abzuhalten, zu tun, was er wollte, war dieses Verhalten doch nicht sehr hilfreich.

Sie setzte voraus, daß ich so dachte wie sie, und dank ihrer sanften Überredung und ihrem Widerstreben, mir auch nur den geringsten Sinn für Objektivität einzuimpfen, war es mir ganz unmöglich, anders zu handeln. Da sie überzeugt war, daß ich Künstlerin werden würde, entschied sie, daß ich nicht mehr Bildung brauchte als sie selbst. Und da sie sah, daß ich hübsch zu werden versprach, meinte sie, ich würde mir – auch ohne geistige Schulung – »weiter zu helfen wissen«: Ihre Attitüde des Laissez-faire war so deutlich, daß man manchmal den Eindruck haben konnte, sie verachte den Intellekt – vielleicht sprach sie auch nur mir das Recht ab, den meinen auszubilden, denn ganz gewiß bewunderte sie die Gelehrsamkeit mancher ihrer Freunde, ihre Schwester eingeschlossen. Für ihr Teil hatte sie entschieden, daß Künstler nicht zu denken brauchten – d. h. visuelle Künstler im Unterschied zu anderen –, und das war zu einer unausrottbaren Überzeugung geworden.

Daß sie ihre Kinder zur Schule schickte, war eher eine praktische Maßnahme – es wäre ihr mit ihrer beruflichen Arbeit sehr schwer gefallen, eine andere Lösung zu finden. Das Beste, was Schulen anzubieten hatten, war Kameradschaft, aber sie dachte auch, daß Mädchen sich darin von Jungen unterschieden: Jungen brauchten etwas, das sie stärker forderte, als das zu Hause möglich war. Trotz alledem waren Schulen für sie ein notwendiges Übel, und ihre Mühsal mußte so gut wie möglich gelindert werden – Quentin zum Beispiel verbrachte ein ganzes Schuljahr in Frankreich. Daß ich früher mit meiner schulischen Ausbildung anfing als mein Bruder, beruhte ganz einfach darauf, daß ich selbst es gern wollte. Ich »hatte es mir in den Kopf gesetzt«, und Vanessas oberstes Prinzip war Nachgiebigkeit.

Auch wenn mein Wunsch nur eine instinktive Regung war, so war diese doch ganz gesund. Ich wurde mir der bedrängenden Atmosphäre bewußt, die mich zuhause umgab und die zu dem beunruhigenden »Unterschied« zwischen mir und meinen Freunden beitrug. Ich machte mir nicht klar, daß zur Schule zu gehen nichts daran ändern würde, wenn Vanessas Einfluß mich auch dahin verfolgen und damit den Zweck des ganzen Experiments zunichte machen würde. Ich suchte nach festem Boden unter den Füßen, fand ihn aber nicht: Bei dem kleinsten Versuch dazu wurde ich von Vanessa oder Curty, die mir immer eine Sonderbehandlung zudachten, daran gehindert. Es war, als wenn irgendeine geheime Kraft mich umfangen hielt; soviel ich auch darum kämpfte, meine Füße würden den Erdboden nie berühren. Gleichzeitig war ich hin- und hergerissen zwischen diesem Kampf, dessen Ausgang nicht sicher war, und der Versuchung, mir die Bevorzugung zunutze zu machen. Ich schwelgte entweder in meinen Privilegien oder benutzte sie, um Situationen aus dem Wege zu gehen, die eine gewisse Objektivität oder Selbstdisziplin erforderten.

Von der Bekanntheit meiner Familie verfolgt, wurde ich insgeheim eitel und lernte nur sehr wenig. So half mir die Schule – gerade da, wo ich wirklich Hilfe gebraucht hätte – nicht weiter, und Vanessas Vorurteil schien also gerechtfertigt zu sein. Aber sie paktierte mit dem Teufel, denn sie überredete Mrs. Curtis, jeden Gegenstand, der mir schwerfiel, fallenzulassen. Latein, Mathematik und ähnliche Fächer, Sport und noch andere Disziplinen wurden ersatzlos aus meinem Stundenplan getilgt – bis ich schließlich außer Musik und Kunst nur noch Geschichte, Französisch und Englisch lernte. Gewiß, ich hätte in keinem der aussortierten Fächer geglänzt, außer vielleicht in Latein – aber die demoralisierende Wirkung, die es hatte, daß ich nicht wie jede andere auf die Probe gestellt wurde, erwies sich als heimtückischer Schaden. Damals wußte ich nicht, was es war, aber diese Nachgiebigkeit am falschen Platz fraß sich in mein moralisches Empfinden wie ein Käfer in eine Honigwabe. Wäre die Schule weniger nachgiebig gewesen, hätte Vanessa sie abgelehnt, wie es nun einmal war, tat sie das ihre dazu, um deren eigentlichen Zweck zu sabotieren. Vanessa mochte einfach nicht glauben, daß ich irgendetwas lernen wollte oder daß es, wenn es schon einmal so war, sich lohnen würde, diesen Wunsch zu unterstützen. Im Grunde fand sie, durchaus konsequent, daß dies alles viel Lärm um nichts sei.

Als ich zwei oder drei Jahre in Langford war, hatte sich Mrs. Curtis bereits in Vanessa und Bloomsbury verliebt – sie gehörte zu den frühen Enthusiasten – und kümmerte sich nicht mehr darum, ob ich eine gute oder eine schlechte Schülerin war. Ich konnte einfach nichts falsch machen, wurde der verwöhnte Liebling der ganzen Schule und durfte mich – auf Kosten von Schulstunden – an fast allen Unternehmungen wie Konzerten, Theaterspielen usw. beteiligen. Das war höchst genußreich, und ich kann auch nicht sagen, daß man nichts dabei lernen konnte. Es war in der Tat eine außergewöhnliche Schule, wo man spät in der Nacht aus dem Bett gezerrt wurde, um ein Stück von W. B. Yeats anzuschauen; wo ich oft, statt zur Kirche zu gehen, aus der braunen Schlange wartender Mädchen, auserkoren wurde, von Curty zu einem Picknick mitgenommen zu werden oder den Tag mit ihrem Sohn Dunstan auf einer Yacht zu verbringen. Bei solchen Gelegenheiten wurde ich wie eine Erwachsene behandelt, um mich tags darauf in der Atmosphäre kindischer Rivalitäten zwischen einer Menge beliebig zusammengewürfelter kleiner Mädchen wiederzufinden, ohne jede Verbindung zur wirklichen Welt. Unsere läßlichen Sünden wurden von Curty von Zeit zu Zeit bestraft, indem sie uns große Brocken aus »Lycidas« oder ein Musikstück auswendig lernen ließ. Dennoch fürchteten wir sie, fürchteten ihre Zurechtweisungen, so leichthändig sie auch erteilt wurden. Die Autorität der anderen Lehrer verblaßte neben ihrer, und obgleich nie jemand sagte, daß sie gar nichts taugten, so zählte doch keiner außer Curty. Aber sie, die wir vermutlich häufig langweilten, war unseren Blicken entzogen: Wir sahen sie nie kommen oder gehen, aber wir spürten es an der allgemeinen Atmosphäre, wenn die treibende Kraft in unser aller Leben fehlte.

Miss Baggs, gelb und dürr wie eine Baba Jegá, mit zu zwei Zöpfen geflochtenem fettigem Haar, war ihre Stellvertreterin, und obgleich wir annahmen, daß sie Mrs. Curtis bewunderte wie wir, hatte sie doch ganz andere Vorstellungen von Disziplin. Sie fand, daß Geographie und Mathematik – die Stunden, die sie gab – wichtig für das Leben seien, und mißbilligte es entschieden, daß mir erlaubt wurde, sie aufzugeben. In der Klasse blickte sie uns kalt durch ihre Stahlbrille an: »Strengt euch an, Kinder. Wer kann mir die Wurzel aus 21 nennen?« Wir zitterten wie Aspik, aber gaben zu, daß es Miss Baggs darauf ankam zu erreichen, daß auch wir irgend etwas jenseits unserer Trägheit wichtig nahmen, irgend etwas außer uns selbst. Sie focht jedoch einen einsamen Kampf, und ihre mathematische Annäherung an die Unendlichkeit konnte mit Curtys Begeisterung für Kultur nicht konkurrieren.

Bei Mädchen, deren normale Freizeitbeschäftigung Pferde und Hunde, Geländelauf und Balgereien waren, wurden ganz neue Talente entdeckt, und sie wurden überredet, sich mit Musik, Malerei und Theaterspielen zu beschäftigen. Da Naturwissenschaften nie unterrichtet worden waren, kamen sie nicht in Frage, aber nun traten auch hervorragende Leistungen in Mathematik und Geographie hinter eine Neigung für Zeichnen oder Klavierspielen zurück. Die Wände überzogen plötzlich Aquarelle von Frances Hogdkin und Miss Fischer Prout, die gelegentlich auch selbst zu sehen war, wenn sie, verschleiert wie eine Muselmanin, über die Gartenpfade wandelte oder sich abends vor ihrer Staffelei aufbaute und, den Pinsel tief eingetaucht in Cadmium, bei elektrischem Licht malte, was ihre Spezialität war.

Abgesehen von meiner jugendlichen Schwärmerei für Curty, die meine ganze Zeit in Langford bestimmte, schloß ich mit einigen Mädchen Freundschaft, die aber das Erwachsenwerden nicht überdauerte. Die vertrauteste unter diesen Freundinnen war Beetle, die bereits sehr befreundet war mit Cinda. Beide waren etwa ein Jahr älter als ich und gingen wie zwei Indianer miteinander um: Sie schrieben ihren Namen mit Blut, hoben eine Haarlocke der anderen auf und trugen deren Kleider. Sie redeten auf eine Weise miteinander, die jeden anderen ausschloß, was es besonders verführerisch machte, sich in ihre Gesellschaft zu schmuggeln. Beetle war lang, dünn und schlaksig, hatte ein verschwommenes kleines Gesicht und blickte starr durch runde Brillengläser. Sie war blaß und etwas grimmig, aber ein plötzlicher Geistesblitz vermochte sie in einen grinsenden Kobold zu verwandeln, und eine unerwartete Willenskraft befähigte sie, anderen gegenüber eine launische Autorität auszuüben. Cinda war sportlich und hübsch und ist mir als eine nicht besonders auffallende, aber ganz vergnügliche Extrovertierte im Gedächtnis geblieben. In einem Sommer brach sie sich beim Schwimmen im Backwater den Arm und wurde zur Erholung nach Hause geschickt. Während dieser kurzen Zeit wurde ich vertrauter mit Beetle, und als Cinda, ein wenig größer geworden und weniger rangenhaft, zurückkam, akzeptierte sie mich mit vollkommenem Gleichmut im Dreierbund. Mir gefiel es, zu einer Elite zu gehören, zu einer kleinen Gruppe innerhalb der großen, in der ich mich unsicher fühlte.

Einmal nahm uns Curty nach Blakenay Point, einem Vogelschutzgebiet in Norfolk mit, und wir hatten ein großartiges Wochenende. Die Nacht verbrachten wir in einer kleinen Holzhütte auf den Dünen, und Curtys Anwesenheit trug noch zu unserer Aufregung und dem Gefühl des Auserwähltseins bei. Den ganzen Tag waren wir dem rauhen, salzigen Wind ausgesetzt, hatten Sand in den Haaren, in den Kleidern und im Essen und das Tosen des Meeres im Ohr. Vögel flogen umher, oder richtiger, jagten vorbei, stiegen auf und schossen aus der Luft ins Wasser und wieder zurück, um sich zu paaren oder nach Fischen zu suchen. Sie waren sichtlich gestört durch uns, denn sie hatten Eier im Nest und schrien unaufhörlich. Wir lernten Seeschwalben von Möwen mit schwarzem Rücken zu unterscheiden und diese wieder von anderen Vögeln. Wir sahen gesprenkelte Eier unversorgt in kleinen Sandkuhlen liegen. Für zwei wundervolle Tage vergaßen wir Langford. Die Welt gehörte den Vögeln, und wir waren überrascht von ihrer Angriffslust und ihrer Lebenskraft, wenn sie wütend auf uns niederstießen. Beetle und Cinda reagierten mit wildem Entzücken, und wir alle drei rannten mit ausgebreiteten Armen die Dünen hinunter, warfen uns in den Sand, um gleich wieder aufzuspringen und schreiend vor Vergnügen weiterzuschießen, bis uns eine köstliche Erschöpfung überkam. Wir fühlten uns völlig eins miteinander, ganz erfüllt von einer Erfahrung, die uns zu Sandkörnern im Wind werden ließ. Curty, die es ebenso genoß wie wir, verstand unsere Ekstase vollkommen.

Cinda verließ bald darauf die Schule, und Beetle wurde Prima Donna Assoluta. Wenn sie ärgerlich oder traurig war, ließ ein Schatten auf ihrem Gesicht mir das Herz sinken. Ihre Urteile waren spontan und unwiderruflich, und sie stolzierte herum wie ein Pfau. Sie hatte etwas Aristokratisches an sich, was ihr ein eigenwilliges Verhalten erlaubte, sogar den Lehrern gegenüber, bei denen sie die Alles-oder-Nichts-Allüre der romantischen Heldin annahm. Launisch und verwöhnt wie sie war, hatte sie doch die instinktive Gabe, die Gefühle anderer zu erraten, sehr anders als ich mit meiner bewußtseinsgespaltenen Einstellung. Sicherlich war es gerade dies, was mich so faszinierte und sie mir überlegen machte. Meine einzige Überlegenheit beruhte darauf, daß ich besser in Musik und Malerei war, für die ich sie erwärmen konnte, so daß wir häufig malend nebeneinander saßen, manchmal sogar am selben Bild. Wir waren inzwischen unzertrennlich und wagten das Experiment, uns gegenseitig zu den Ferien nach Hause einzuladen. Sie lebte mit ihrer Mutter und ihrem Bruder in der Nähe von Edenbridge in Kent. Ihr Vater, ein Vetter von Mrs. Curtis, hatte sich an einem Krabbenessen in der Karibik vergiftet, was Beetle den Status einer Waise gab, den sie voll ausnutzte. Mrs. Carr war groß, hatte ein rötliches Gesicht, ein freundliches Wesen und war offenbar gar nicht traurig, obgleich ihr

Ehemann vor ihren Augen gestorben war. Mit wenig Geld versuchte sie, ihren Kindern ein erfreuliches Leben zu ermöglichen. Ihr Haus war, typisch für Kent, mit Fliesen getäfelt, hatte ein Giebeldach und lag zwischen Rhododendron- und Ligustersträuchern an einer Straßenkreuzung im Dorf. In ihrem Zimmer zeigte mir Beetle ein Buch von Michael Arlen, das angenehm verrucht war: darin konnte ich lesen, daß die Heldin ihre Wangen kühn mit Lippenstift bemalte, statt Rouge aufzulegen, was mir zu denken gab: Worum ging es, wozu der ganze Wirbel? fragte ich mich. Zum Frühstück gab es dunkles Brot und Tee statt unregelmäßig dicke Scheiben Toast und Kaffee wie bei uns – und auch das trug zu meinem Unbehagen in einer fremden Umgebung bei.

Unser Hauptvergnügen bestand in einer Art Fahrrad-Polo, das Beetle und ihr Bruder John erfunden hatten und das auf der Straßenkreuzung gespielt wurde. Es war ein aggressives Geschicklichkeitsspiel, und sie hatten mehr Übung darin als ich, aber da ich schnell reagierte, gelang es mir, mich zu behaupten, obwohl Bruder und Schwester zusammen gegen mich zu spielen drohten. Mrs. Carr hielt sich im Hintergrund und hatte ihre eigenen Vergnügungen für uns bereit. Eines Nachmittags fuhren wir in ein großes und wohlhabendes Haus, wo die Jungen Tennis und die Alten Bridge spielten. Da bei uns weder das eine noch das andere gespielt wurde, empfand ich es als ungewöhnliche Art, einen Sommernachmittag zu verbringen. Ich tat jedoch mein Bestes, um einen Ball über das Netz zu bekommen. Plötzlich merkte ich, daß meine Strümpfe rutschten. Ich murmelte irgend etwas Entschuldigendes und fand die Toilette, wo ich sie einfach auszog und in einer Ecke liegen ließ. Als ich wieder zu den anderen stieß, machte niemand eine Bemerkung wegen meiner nackten Beine, erst als Mrs. Carr auf dem Heimweg im Bus meine langen, blassen Beine bemerkte, fing sie an, mich aufzuziehen, ich sei eine Landpomeranze, und machte mir damit unklar und eigentlich zum ersten Mal bewußt, wodurch ich ohne jede Absicht andere Menschen in Rage bringen konnte.

Was machte es zuhause schon aus, ob meine Beine nackt waren und meine Kleider Löcher hatten, solange ich munter und vergnügt war? Niemand hatte je darauf geachtet, ob ich mir das Haar bürstete oder mir die Fingernägel putzte. Wenn Mrs. Carr das Wort »Schlampe« benutzt hätte, wäre sie der Wahrheit näher gekommen. Vanessa rümpfte die Nase über alle Konventionen, und wir ahmten sie nach, indem wir sozusagen im Geiste alle rausboxten, denen an Sauberkeit und Ordnung lag, so als sei nicht Platz genug auf der Welt für beide Ansichten. In unserer eigenen Welt gab es den tatsächlich kaum – Mrs. Carr hätte keine fünf Minuten überdauert –, aber niemand schien auf den Gedanken zu kommen, daß dies zu unserem, nicht zu ihrem Nachteil so war. Die Mauern um uns herum waren hoch und die Zustände innerhalb unserer Burg seltsam. Obgleich wir ungebürstet, ungewaschen und zerlumpt herumliefen, obwohl unsere Teppiche und Vorhänge ausgeblichen und unsere Möbel voller Flecken und Schrammen waren, wurde rein ästhetischen Dingen allerhöchste Bedeutung beigemessen. Wir verbrachten Stunden damit, ein altes Bild an einem neuen Platz aufzuhängen oder eine neue Farbe für die Wände auszuwählen. Auch während ein neues Kleid für mich ersonnen wurde, stand ich mitten im Atelier, als sei ich ein Stilleben, für das die Äpfel und Birnen gerade mit äußerster Sorgfalt angeordnet wurden.

Anderen muß unser Narzismus quälend aufgefallen sein, während wir selber meinten, der reine Geist objektiver Unvoreingenommenheit sei bei uns zu Hause. Jedenfalls war es keine Atmosphäre, in der Außenseiter gern gesehen waren, und schon allein die Tatsache, daß wir sie als solche sahen, verrät uns. Wir fühlten uns sogar dazu berechtigt, Menschen ohne weiteres zu verdammen, so als verfügten wir über das göttliche Recht, ein Urteil zu sprechen und diejenigen, die das Klassenziel nicht erreichten, abzuweisen. Dieses bösartige Vergnügen erlaubten wir uns nicht nur mit vielen, die wir als unsere Freunde bezeichneten, sondern auch mit toten Künstlern wie Mendelssohn oder den Präraffaeliten, zum Beispiel, die zu verachten wir uns entschieden hatten. Ich war vermutlich am schlimmsten, indem ich die Älteren – ohne deren Witz – nachzuahmen versuchte, dennoch gelang es mir immer, die Leute zum Lachen zu bringen, bis Bunny, mein späterer Mann, eines Tages sagte: »Du mußt dir abgewöhnen, so verächtlich über Leute zu reden, die anders sind als du.« Es war eine der seltenen Gelegenheiten, wo mich Kritik wirklich bis ins Innerste traf, und ich *habe* es mir abgewöhnt, und zwar sofort, als hätte ich eine Bremse gezogen.

Vanessa schwankte unsicher zwischen beiden Extremen. Mehr aus dem Wunsch, freundlich zu sein und nicht aufzufallen, gab sie sich zum Beispiel Mühe, sich für Lewes High Street passend anzuziehen; daß der Erfolg ausblieb, war ihr ziemlich egal, oder sie nahm es mit philosophischer Resignation. Aber das war kaum von Bedeutung, denn ihre vollendeten Umgangsformen kleideten sie vollkommener als ihr von Motten zerfressener Pelz und ihr Filzhut – die Verbindung von beidem machte sie nahezu unvergeßlich. Das Hoheitsvolle, das die Leute so beeindruckte, hielt sie zugleich auf Distanz, ganz wie die geradezu himmelschreiende Vernachlässigung unseres Äußeren uns Kinder den anderen entfremdete. Während wir glaubten, der Welt eine Lehre über die wahren Werte zu erteilen, erwies sich unser mangelndes Einfühlungsvermögen als Barriere – selbst bei Freunden. Einige meiner eigenen Freunde gaben später zu, daß sie sich bei einem Besuch in Charleston, wo sie allem Anschein nach freundlich aufgenommen wurden, der massiven Vorurteile, die gegen sie ins Gefecht geführt wurden, durchaus bewußt waren. Hätten sie nur geahnt, daß sich dahinter weniger kampfbereite Angriffslust als vielmehr Angst vor Eindringlingen verbarg!

Die Woche mit Beetle und ihrer Familie war zu Ende und Vanessa kam herüber, um uns beide nach Charleston zu holen. Sobald wir uns in der alten Karre mit ihren verbogenen Stoßstangen befanden, die wie ein Gürteltier über offenes Land hoppelte, wurde Beetle verdrießlich. Sie war äußerst schüchtern und fühlte sich, noch ehe sie mit der Gesamt-Familie in Berührung gekommen war, unbehaglich, das arme Kind, und obgleich Vanessa sich alle Mühe gab, nett zu sein, hatte sie kein Geschick, schlichte Wärme zu vermitteln. Jedenfalls war der Besuch eine Katastrophe. Es regnete unausgesetzt, und Beetle, die von zuhause gesellige Unterhaltung gewöhnt war, widerstand all meinen Bemühungen, sie mit Malen, Nähen oder Musik zu amüsieren. Verzweifelt wandte ich mich an Vanessa, die uns ihre Zeit opferte und laut aus Sherlock Holmes vorlas, obgleich ihre Stimme fast in dem Lärm des Regens, der auf das Dach trommelte, unterging. Was für eine Erleichterung, wenn es zu den Mahlzeiten läutete und wir etwas von unserer Langeweile in das Eßzimmer ergießen konnten, auf verwirrende Weise dabei von Clive ermuntert, der sich immer Hoffnungen machte auf die »charmanten jungen Damen«, die ich nach Hause mitbrachte. Beetle und ich haben einander nie wieder zuhause besucht, aber in Langford blieb unsere Freundschaft so eng wie eh und je.

Sehr bald danach allerdings wurde Beetle sprunghaft erwachsen; sie war mit einem Mal hübsch, elegant und selbstsicher und verlor alles Interesse an kindischen Dingen. Curty vertraute ihr delikate gesellschaftliche Aufgaben an. Es war offenkundig, daß für sie das Leben nun Ziele anderer Art hatte, die für mich bislang ein Geheimnis waren.

Davon abgesehen, wurde die Schule mir langweilig und lästig: Da mir auf Vanessas Wunsch das Examen erlassen wurde, für das alle anderen zur Krönung ihrer Schul-Karriere arbeiteten, wurde ich auch um dieses Ziel gebracht und zugleich war es ein Unterschied mehr, der mich meinen Altersgenossen entfremdete. Gleichzeitig aber ließ man mir eine gewisse Freiheit. So fuhr ich einmal in der Woche von Langford nach London, um mich am Kopier-Tag, wenn das Publikum durch einen Eintritt von Sixpence ferngehalten wurde, mit Vanessa und Duncan in der National Gallery zu treffen. Ich war verlegen, wenn ich vor Pieros Taufe stand und gewissenhaft die beiden Engel hinter dem Baum kopierte. Die wenigen Leute, die in die Galerie kamen, fragten mich, wie alt ich sei – ich war fünfzehn –, und eines Tages fand ich mich in einem Magazin abgebildet: groß, dünn und toternst, in einem Kleid, das eher für eine Dreißigjährige getaugt hätte – ein Ebenbild Vanessas. (Merkwürdiger –, vielleicht auch logischerweise war es gerade dieses

Foto, das Bunny sich später an die Wand seines Ateliers pinnte.) Aber es war dennoch ein ungeheures Vergnügen, sich von Bildern umgeben, mit denen ich sehr bald vertraut wurde, in den kühlen, ruhigen Räumen der Gallery aufzuhalten, herumzuschlendern und anderen Künstlern zuzusehen, von denen einige auf hohen Stühlen hockten und ein berühmtes Meisterwerk mit unendlicher Sorgfalt reproduzierten.

In Langford wurden Musik und Theater zu verlockenden Passionen. Louie hatte meine Begeisterung für Musik als erste befeuert und mir die Anfangsgründe des Klavierspielens beigebracht. Später bekam ich Stunden bei Mrs. Smith, einer dicklichen kleinen Dame in schwarzem Satin, die als Klavierlehrerin für Kinder einen Ruf hatte. Ich lernte ganz geläufig spielen, obgleich ich bis nach der Schulzeit niemals einen wirklichen Pianisten gehört hatte. Die einzige Musik, die wir in Charleston hatten, war eine kleine Auswahl von Schallplatten, darunter bezeichnenderweise eine Altpartie »Lascia ch'io pianga« von Händel und Mozarts Klarinettenquintett, das an Sommerabenden gespielt wurde, wenn der Duft der blühenden Tabakpflanzen durch die offene Tür hereinströmte.

Trotz dieser mageren Anfänge gewann Musik für mich die größte Bedeutung. Vanessas Talent war durch schlechten Unterricht verdorben worden, während Duncan, der nie Stunden gehabt hatte, seine Lieblingsmelodien auf dem Klavier spielen konnte – sogar mit einer angedeuteten Begleitung. Später spielte ich vierhändig mit seiner Mutter Ethel und hatte über die Musik eine lebhafte Verbindung zu Oliver und Marjorie Strachey. In der Schule gab es ein für jene Zeit vorzügliches Orchester, und wir verbrachten viele Wochenenden bei Curty und ihren Gästen mit Singen oder Kammermusik. Durch ihre Vermittlung konnten wir auch wunderbare Musiker hören: Das Léner-Quartett spielte mehr als einmal bei uns zusammen mit Albert Sammons, Emmanuel Feuerbach und einem reizenden finnischen Sänger, der Lilliquist hieß und aussah wie ein schwarzsamtener Seehund; einmal spielte glaube ich sogar das Busch-Quartett. Alle kamen auf Curtys unternehmungslustige Einladungen, um für uns zu spielen. Meine Geigenlehrerin, ein deutsches »Fräulein« und eine ausgezeichnete Geigerin, brachte mir die Finessen eines veralteten Stils bei, die mehr dazu angetan waren, mich in meinen Bemühungen zu behindern als sie zu ermutigen: Es war so schwierig, ein halbwegs angenehm anzuhörendes Geräusch zu erzeugen und dabei »eine gute Haltung« einzunehmen, wie sie das nannte. Immerhin spielte sie uns manchmal abends vor und füllte die Halle mit Beethoven, während ihre Finger mit den präzisen Bewegungen einer Spinne über das Griffbrett eilten. Ich saß dann völlig hingerissen da, versuchte mir die schöne Bewegung des Arms, der den Bogen führte, einzuprägen und lauschte auf die Berührung des Bogens mit den Saiten.

So seltsam war die Wirkung dieser Schwingungen, in die sie mich eingeführt hatte, daß mich ihre Kunst, die so mühelos und so innig mit ihr verbunden zu sein schien und die sich mir im Unterricht – wenn sie auf deutsch über mich fluchte – nie erschlossen hatte, dann nie ermüdete.

Bei Ausflügen nach London war ich fast immer mit von der Partie, und manchmal gelang es Curty sogar, Vanessa einzuspannen und mit Gruppen schüchterner und kichernder Mädchen in ihr Atelier einzudringen. Curty, immer der Zeit voraus, nahm uns mit zu einer Avant-Garde-Gruppe vom Kontinent. So kam ich dazu, mindestens drei Inszenierungen der »Compagnie des Quinzes« zu sehen, einer Tanzgruppe, die Michel Saint-Denis zusammengebracht hatte. Michel war ein Neffe von Jean Copeau, für den Duncan Jahre zuvor das Bühnenbild für *Zwölfte Nacht* und *Pelléas und Melisande* entworfen hatte. Unter allen aufgeführten Stücken machte mir *Noé* (Noah) von André Obey den größten Eindruck, vor allem wegen der Doppelrolle Noahs – einmal als Sohn Gottes, mit dem er wie mit einem vertrauten, wenn auch unsichtbaren Freund sprach, und zugleich als Vater seiner Sippe. Ich sah auch *Lanceurs de Grains* und *La Loire*, wo der großartige Fluß in einer alten Frau personifiziert war und Füchse und Eulen sich miteinander unterhielten. Ich identifizierte mich sehr mit Noah, und zurück in der Schule nahm ich an einer improvisierten Aufführung teil und spielte die Rolle – wenn auch mit einem unvermeidlich geringeren Ausdruck väterlicher Autorität – zu meiner eigenen großen Zufriedenheit. Ich entdeckte, daß ich auf der Bühne gut wirkte, und es machte mir Spaß.

Es muß etwa um diese Zeit gewesen sein, daß Curty versuchte, Beetle und mich zu trennen. Unsere Beziehung erregte Verdacht, und sie tat alles, was in ihrer Macht stand, um uns auseinanderzubringen. Ihre Annahme erwies sich als falsch, denn weit davon entfernt, ineinander verliebt zu sein, waren wir im Gegenteil im Begriff, uns aus einer Freundschaft zu lösen, die für uns selbst keine Zukunft mehr hatte. Was Curty unternahm, trug nur dazu bei, eine verlöschende Flamme neu anzufachen und uns zu ermuntern, aus reinem Eigensinn noch etwas länger zusammenzubleiben. Und obgleich Beetle ihre Schularbeiten in der Bibliothek erledigen sollte, zu der ich keinen Zutritt hatte, betrat ich sie unter dem Vorwand, ich bräuchte ein Buch, und sobald sie mich sah, folgte sie mir durch eine andere Tür ins Gebüsch, wo wir lange vertrauliche Gespräche führten. Bei einer solchen Gelegenheit wies sie mich – im Ton moralischer Überlegenheit – darauf hin, daß ich »illegitim«, nämlich die Tochter von Duncan, sei. Ich war empört, weil ich ihrem Tonfall entnahm, daß illegitim soviel bedeutete wie verdammt zu sein. Während ich noch behauptete, daß ich Clives Tochter sei, wurde mir jedoch blitzartig klar, daß sie recht hatte. Aber dazu ließ sich nicht viel sagen, und so vergaß ich es wieder.

ZUHAUSE IN SUSSEX

Inzwischen ging das Leben in Charleston weiter, in das Leuchten eines ewigen Sommers getaucht, so schien es. Der Haushalt zerfiel in zwei Teile: Hier die Schriftsteller, dort die Maler. Wenn es uns gelang, glücklich zusammenzuleben, so beruhte das zum großen Teil darauf, daß jeder von uns – wie Vögel oder andere Tiere – sein »Revier« hatte, das von den anderen entsprechend respektiert wurde. Innerhalb eines häuslichen Rahmens, der seinen Rhythmus hatte und Geborgenheit schuf, konnten wir in Ruhe und mit aller Freiheit unseren eigenen Interessen nachgehen, und wir trafen uns in regelmäßigen Abständen im Eßzimmer.

Dort, am magnetischen Anziehungspunkt all unseres Denkens und Handelns, führte Vanessa den Vorsitz. Zum Frühstück war sie als erste unten, blieb auch eine Weile allein und genoß das. Sie hatte sich in aller Stille, fast heimlich, gewaschen und angezogen, saß an ihrem gewohnten Platz am äußersten Ende des runden Tisches und blickte in träumerischer Nachdenklichkeit auf das Stilleben in seiner Mitte oder zum Fenster hinaus auf den Teich und das Wetter. Ihre meist langsamen, ja schwerfälligen Bewegungen ließen unwillkürlich das junge Mädchen in ihr erkennen – unberührt und unerfahren. Aber ihr wahres Alter zeigte sich in der gefurchten Stirn, in der schildplattgefaßten Brille, die auf dem Nasenrücken balancierte, und in den tiefen, senkrechten Linien zwischen den Augen, die daran erinnerten, daß das Leben mühselig, manchmal quälend war. Dennoch genoß sie es. Auf einer verlassenen Insel würde sie sich als besonderen Luxus ein Bild von Giotto und unbegrenzte Mengen schwarzen Kaffees gewünscht haben. Während sie ihren Toast mit Butter und grobem Salz aß und die dampfende Tasse in ihren langen, beringten Fingern hielt, dachte sie über ihre Post nach, nahm das Besondere dieses Tages in sich auf, um ihm dann besser begegnen zu können.

Wie immer waren ihre Empfindungen zwiespältig, war sie bezaubert von dem, was sie vor sich sah, zugleich aber bedrückt von ihren Pflichten. Vor ihr lag eine halbe Stunde in der Küche, in der sie zu entscheiden hatte, ob es zum Mittagessen Schokoladenpudding oder Eierkuchen mit Sirup geben sollte, und Lotties Vorschlägen, Scherzen und Klagen lauschen mußte, die sie lachend als unerheblich abtat; und eine leichte Handbewegung nach oben verriet, daß sie sich eben erst der Niederungen bewußt geworden war, in die Lottie hinabsteigen konnte. Sie würde den Gedanken, daß Dienstboten sich als menschliche Wesen von ihr unterschieden, zurückgewiesen haben, und sie tat ihr Bestes, um ihnen so viel Freiheit einzuräumen und es ihnen so angenehm zu machen wie möglich. Dennoch blieb zwischen ihnen und ihr – selbst wenn sie sie gern hatte – ein Graben, den sie selten überwand. Daß sie freundlich, geduldig und selbstbeherrscht war, unterstrich nur noch die Distanz, als winkte sie von einem Zug aus Frauen zu, die auf dem Feld arbeiteten. Sie gab sich alle Mühe, aber sie war außerstande, in ihre Welt einzudringen, und sie blieb folglich für sie wiederum immer eine »Dame«.

Aber eine gewisse Grenze gab es, wenn auch vage und uneingestanden, auch zwischen Vanessa und uns allen. In diesem Falle hatte sie nichts mit Klassenunterschieden zu tun, und, da Vanessa uns alle so offenkundig liebte, auch nichts mit Zuneigung und Zärtlichkeit – und dennoch wirkte es oft so, als fehlte es ihr an Einfühlung, überhaupt an Gefühl, als wäre da ein schwarzes Loch von unauslotbarer Tiefe. Sie selbst war sich dessen bewußt und hätte alles dafür gegeben, es zu überwinden, aber es hatte seine Wirkung auf uns alle: auf mich, zum Beispiel, die sie nicht loslassen konnte, und auch auf die anderen, wie Clive, dessen Einfluß im vergeblichen Bemühen, den Kontakt aufrechtzuerhalten, verblaßt war und für den sie nicht mehr als eine etwas schal gewordene Zuneigung aufbringen konnte.

Clive, der schlecht schlief, aber regelrechte, vorhersagbare Gewohnheiten hatte, ließ sich morgens, nachdem Grace ihm einen Krug mit heißem Wasser gebracht und die Vorhänge aufgezogen hatte, Zeit mit dem Waschen und Anziehen. Im Gegensatz zu Vanessa war seine Morgentoilette eine halb-öffentliche Angelegenheit: Man hörte ihn vom Schlaf- ins Badezimmer über seinen Teppichboden schlurfen – bei uns bedeckten nur ein paar wenige Teppiche die vom Holzwurm durchlöcherten Dielen –, vernahm, wie er sich die Nase schneuzte, gurgelte, die Zähne putzte und mit sich selbst redete, während ein zarter Duft von Toilettenwasser durch die Tür drang und man sich vorstellen konnte, wie er beim Rasieren das Kinn vorstreckte. Schließlich betrat er, rosig wie ein Pfirsich, parfümiert und manikürt, aber in alten, abgetragenen Sachen von einst hervorragender Qualität, das Eßzimmer und klopfte an das Barometer, ein Vorgang, dessen eigentliche Funktion es war, an seine wohlgeordnete viktorianische Kindheit zu erinnern. Nachdem er Vanessa begrüßt hatte, ließ er sich behaglich nieder und aß eine Apfelsine und trockenen Toast mit Orangenmarmelade. Seine Augen, ein wenig vorgewölbt unter gelegentlich nervös zuckenden Augenbrauen, waren von einem blassen Grau und spiegelten seine innersten Gefühle nur wenig – außer dem Verlangen, von den Gedanken abgelenkt zu werden, die ihn während der Nacht geplagt hatten. Wenn er fertig gefrühstückt hatte, schob er den Teller von sich und verkündete, indem er seine makellosen Hände zusammenlegte, seine Pläne für die nächsten Stunden oder Tage. Sie betrafen Freunde, die er zum Wochenende eingeladen hatte, die Abfahrtzeit des Zuges nach London, oder die Frage, ob er Äpfel im Obstgarten pflücken sollte. Er sehnte sich nach einem Gespräch, aber es gelang ihm nicht, Vanessa, die deutlich erkennen ließ, daß er sie langweilte, für irgend etwas zu interessieren. Resigniert ergriff Clive dann schließlich seine Post und verschwand in seinem Arbeitszimmer, wo er, wie selbstverständlich angenommen wurde, an bedeutenden Dingen arbeitete und nicht gestört werden durfte.

Duncan verschlief manchmal, und dann wurde ich gebeten, eine besonders verwirrende kleine Beethoven-*Ecossaise* auf dem Klavier zu spielen, das genau unter seinem Zimmer stand. Schließlich erschien er im Eßzimmer, brummelte angeekelt irgend etwas über die »gräßliche Melodie«, fuhr sich durch das Haar und schneuzte sich in ein großes buntes Taschentuch. Unbekümmert und natürlich wie er war, schälte er sich jeden Tag mit immer neuem Vergnügen eine Orange, aß Porridge und trank seinen Kaffee, so als habe er das alles noch nie zuvor getan – wohl auch in dem Bewußtsein, daß jeder neue Tag ein Wunder war, das sich nicht wiederholen würde. Für ihn waren Gegenstände lebendig, keine bloßen Sachen, ebenso wie ihn wiederholte Vorgänge nie langweilten, sondern die Quelle eines immer aufs Neue genossenen Vergnügens waren. Nachdem er allen Guten Morgen gewünscht und seine Hose hochgezogen hatte, die mit einer alten, roten Krawatte in der Taille festgehalten wurde, ließ er sich breit am Tisch nieder, nahm sich vom Porridge, der auf einem niedrigen Dreifuß vor dem Feuer warmgehalten wurde, und erzählte uns seine Träume, die oft sehr amüsant waren, oder etwas über das Buch, das er gerade verschlang, indem er es, so ging das Gerücht, unter das Kopfkissen legte.

Wenn Vanessa wieder aus der Küche auftauchte, entschwanden beide über den langen Gang ins Atelier, das halb Arbeitsraum, halb Wohnzimmer war und nach Ölfarben und Terpentin roch. Staffeleien und Malkästen standen herum, Pinsel ragten, manchmal mit Girlanden von Spinnweben verziert, aus Krügen und Marmeladengläsern, Paletten und Farbtuben lagen auf Stühlen und Tischen herum, und oft war ein Strauß von rotglühenden Dahlien vor einem drapierten Stück Stoff arrangiert. Überall an den bleigrau gestrichenen Wänden hingen bemalte Leinwände in allen Formen und Größen; und einige von Duncan besonders geliebte Gegenstände – darunter ein aus Teilen zusammengefügtes oder besser gesagt ziemlich schadhaftes sizilianisches Holzpferd, eine silberne Standuhr (die Maynard Keynes' Frau, die Tänzerin Lydia Lopokova, einst von ihren Verehrern zum Geschenk erhielt), ein Fächer und eine Kinderzeichnung – hielten mühsam ihr Gleichgewicht auf dem Kaminsims oder waren an einem noch unbesetzten Stück Wand angepinnt.

Dann setzten sie sich in die zwei Sessel zu beiden Seiten des großen Ofens, Vanessa, um die erste der Zigaretten zu rauchen, die sie sich zugestand, während Duncan, der Kette rauchte, immer eine aus dem Mund hing. Zu dieser Tageszeit wurden Pläne für die Gegenwart und die Zukunft erörtert, so als könne das Leben nicht gelebt werden, ehe man sich nicht entschieden hatte, wie das zu geschehen habe. Dazu gehörten Abrechnungen, die sie während der letzten vierzehn Tage vielleicht verdrängt hatten und die inzwischen zu einer Masse winziger Zahlenreihen geworden waren, die beide in Skizzenbücher gekritzelt hatten und nun nicht mehr lesen konnten. Wenn das alles geordnet war, fast immer zum Nachteil von einem der beiden, wandte sich ihr Interesse höheren Dingen zu. Mit kühler, selbstbeherrschter Stimme erbaten sie sich gegenseitig Kritik an einem entstehenden Bild. Danach runzelte Vanessa die Stirn, beschattete ihre Augen mit einer Hand, während sie mit der anderen einen Teil des Bildes zudeckte und versuchte, sich die Wirkung vorzustellen, wenn sie eine Linie wegnahm oder eine Farbe veränderte. Die Kritik ging nie tiefer, berührte niemals psychologische Probleme, aber in diesen Augenblicken waren sich Vanessa und Duncan am nächsten. Wo es um Kunst ging, führten ihre Unterschiede zum Einverständnis. Wo Vanessa schüchtern war und zögerte, war Duncan kühn, war er verwirrt, so war sie entschieden. Sie brachte sein Durcheinander in Ordnung und lachte über seine Bestürzungen, und wenn sie wie so oft ihr Selbstvertrauen verlor, gab er ihr Halt und ermutigte sie.

Wenn es um ihre eigenen Arbeiten ging, war sie von geradezu rührender, echter Bescheidenheit. Aber wenn irgend jemand Duncan kritisierte, brachte sie das sofort in Harnisch. Ihr Zorn, ihre Verletztheit und ihr Wunsch, ihn zu beschützen, kannten keine Grenzen. Dann war sie furchterregend, einseitig, erbarmungslos – ein bedrohlicher Anblick für jeden Widersacher, gleichviel welche Motive er haben mochte. Ihre Aufrichtigkeit war echt, aber auch zwanghaft, was ihr entging. In solchen Augenblicken wurde sie ganz einfach von ihrem Gefühl überwältigt. In seinen Liebesaffären war Duncan unzuverlässig, egozentrisch und selbstsüchtig, aber auf jedem anderen Gebiet unterwarf er sich Vanessa. Sie akzeptierte das, wie eine Mutter die Mängel eines Sohnes hinnimmt. Zum Teil kompensierte sie es durch das intensive Vergnügen, das sie aus der gemeinsamen Arbeit mit ihm zog. Daß ihre Ideen, noch ehe sie sichtbaren Ausdruck gefunden hatten, von einem anderen verstanden wurden, und auch, daß sie ihm in Fragen der Maltechnik oft eine Hilfe sein konnte, gab ihr Mut. Anfangs hatte sie seine Art, eine Sache anzupacken, als oberflächlich bemängelt – obschon es sie anregte. Später aber, als ihr klar wurde, wie verschieden sie beide waren, hob sie diesen Unterschied zwischen ihnen noch hervor, indem sie etwa sagte: »Solche schönen Dinge wie du sie machst gelingen mir nicht«, oder:

»Duncan hat außergewöhnliche Einfälle, auf die ich nie käme«. Ihre eigene Arbeit kritisierte sie hart, ja, sie stritt ihre Existenz nahezu ab, worauf Duncan, durch diese Taktik festgenagelt, erwiderte, sie sei sehr schön. Dann seufzte sie tief, denn sie hatte auf eine profundere Erwiderung gehofft. Der Rest des Vormittags verging damit, daß sie beide emsig arbeiteten – zufrieden wie zwei Enten auf einem Teich.

Vanessa und Duncan hatten eine Methode entwickelt, sich während der Arbeit mit jedem, der gerade da war, zu unterhalten, gerade so viel, daß der andere wußte, daß sie da waren. Vieles von dem, was so zur Sprache kam, war ganz gedankenlos, die bloße Wiederholung einer vor einer Woche oder einem Jahr geführten Unterhaltung, bei der es um gewisse ästhetische Vorlieben ging. Duncan, der gern ein wenig provozierte, sagte dann zum Beispiel: »Also, ich finde, daß Alma-Tadema ein wirklich bemerkenswerter Maler ist.«

Vanessa, die auf den Köder anbiß, rümpfte dann die Nase und sagte: »Duncan – wie kannst du nur... Von all diesen vulgären, kitschigen Farbenklecksern ist er der schlimmste!«

Dann mischte ich mich ein und bat um eine Beschreibung von Alma-Tadema und bekam unter anderem zu hören, daß Duncan dessen Töchter in St. John's Wood zu Tees begleitet hatte. Vanessa sagte dann: »Es hat keinen Sinn, über eine so degenerierte Sorte wie die akademischen Maler überhaupt zu reden. Ich frag' mich, was Angelica von uns sagen wird, wenn sie vierzig ist?« Unmöglich eine Antwort zu finden – ein oder zwei Minuten lang Schweigen. Dann kündigte Alvar Lidells Stimme im Radio, das immer lief, das Siegfried-Motiv an. Vanessa hätte gern abgedreht, aber Duncan protestierte und behauptete, an Wagner sei etwas dran. Schließlich wurde das Radio leiser gestellt, als aber nichts mehr zu hören war, wieder laut gedreht – zum Glück war das Siegfried-Idyll sehr kurz.

Aus Vanessas Beitrag zur Unterhaltung wurde bald klar, daß sie, wie eh und je, davon überzeugt war, daß der Gegenstand und sogar die Motivation in der Kunst ohne jede Bedeutung seien. Kreuzigungen und Grablegungen, Menschen, die gepfählt oder bei lebendigem Leib verbrannt werden, ließen sich ihrer Meinung nach auch allein ihrer abstrakten Qualitäten wegen betrachten – ohne ein Auge für den menschlichen Inhalt und den Anreiz, den der Künstler daraus gewonnen hatte. Diese Haltung beruhte zweifellos auch auf ihrer Abneigung, sich »Grauenhaftes« anzusehen, womit sie vielleicht das Gegenteil von dem bewies, was sie für wahr hielt. Es war so, als ob sie sich vom menschlichen Element abwandte, indem sie sich weigerte, die Botschaft zu erkennen. Sie pickte sich die Rosinen heraus und ließ den Kuchen stehen. Madonnen und Kinder oder Susanna im Bade waren für sie zeitgenössische häusliche Szenen, und es gelang ihr, sie ganz von ihrem religiösen

Hintergrund abzulösen. Und obgleich sie nicht leugnete, daß die Bilder solche Wurzeln hatten, glaubte sie nicht, daß diese von »wirklicher« Bedeutung wären. Es sagte ihr auch nichts, daß ein großer Teil von Bachs musikalischem Werk metaphorisch gemeint war – daß absteigende Intervalle die Tränen der Jungfrau beschrieben oder Arpeggien den See Genezareth. Hätte ihr jemand das so erklärt, hätte sie es als unwichtig abgetan. Ihr Bewußtsein davon, wie und warum etwas getan wurde, war gespalten. Es kam ihr nicht in den Sinn, daß eins ohne das andere nicht bestehen kann.

Abgesehen von Virginias Büchern und denen einiger ihrer Freunde las Vanessa wenig, was sich als Literatur bezeichnen ließ, ihre Ansprüche waren in dieser Hinsicht geradezu lächerlich bescheiden. Sie hatte in ihrer Jugend die Klassiker gelesen, aber, abgesehen von den Abenden, an denen sie mir laut daraus vorlas, nie wieder einen Blick hinein getan. Gedichte las sie überhaupt nicht, mit Ausnahme der von Julian. Mit wirklichem Genuß las sie Autobiographien, die sie in der Lewes Library entlieh, vor allem von Autoren, deren Leben vielleicht im Ganzen wenig bemerkenswert war, aber irgendwie ein idiosynkratistisches Interesse in ihr erregte, das sie amüsierte und manchmal auch erstaunte. Sie konnte es kaum glauben, daß eine ältere Dame ihr Leben bei einem primitiven Stamm in Brasilien verbracht hatte oder daß ein Ehepaar, das zusammenlebte, sich dennoch jeden Tag Briefe schrieb. Gelegentlich berichtete Vanessa von ihrer letzten Lektüre mit trockenem Humor, der ein bei ihr unerwartetes Interesse an anderen menschlichen Wesen verriet. Und wenn sie auch dazu neigte, diese mit ihrer Ironie zu kleinen Häufchen Staub, sozusagen zu einer Art Schnupftabak zu reduzieren, so geschah das nicht ganz ohne Zuneigung.

Vanessa ging nie spazieren. Wenn sie ausging, so entweder, um in Lewes einzukaufen oder um eine ihr weniger vertraute Landschaft zum Malen zu finden. An Sussex liebte sie das perlgrau leuchtende Licht, das blasse Gold der Stoppelfelder, die orangefarbenen Dächer der Scheunen, die in geheimnisvoller Einsamkeit dastanden, und die silbrigen Weiden, deren kühle, graue Farbflecken im August das Dunkelgrün von Eschen und Ulmen aufhellten. Gewöhnlich aber genügte ihr ein Weg durch den Garten, um das vollkommene Motiv zu finden. Dann sah man sie friedlich vor ihrer Staffelei auf- und abgehen, angetan mit dem Fummel einer französischen Schürze, um ihr Kleid zu schonen, an den Füßen Espadrilles mit flachen Absätzen und auf dem Kopf einen breitrandigen Hut, um ihre Augen vor dem grellen Sonnenlicht zu schützen. Der Geruch von Ölfarben und Terpentin verriet, daß sie da war, während die Farben ihres Kleides mit dem Hintergrund von Büschen und Blumen verschwammen. Ihre zögernden, vorsichtigen Bewegungen erinnerten an die einer Schlafwandlerin oder einer Schnecke.

Das Atelier war die Festung des Hauses, das Heiligtum, in dem ich die mir wichtigsten Stunden meines Lebens verbracht habe. Hier, so spürte ich, in dieser Atmosphäre harter Arbeit und äußerster Konzentration, geschahen die bedeutendsten Dinge. Ich war eine Libelle, die, eigenen Gesetzen folgend, heranschwebt, verschwindet und wiederkommt. Wie in einem Treibhaus war ich zugleich geschützt und angeregt – und ohne den Schatten einer Verantwortung. Ich konnte mir nichts Besseres vorstellen, als auf dem Boden des Ateliers zu sitzen, vertieft in irgendeine manuelle Beschäftigung, während die geduldigen Erwachsenen sich in ihrer eigenen traumverlorenen Art auf ihre Kunst konzentrierten. Ich nahm viel von dieser Atmosphäre auf, was ich später schätzen lernte, als mir bewußt wurde, daß es ein Privileg war, dabeigewesen zu sein. Aber es war so, als wenn man einem Kind starken Alkohol zu trinken gibt: Ich war wie betrunken von der Aufmerksamkeit, die man mir schenkte, und von der so deutlich an mich gestellten Erwartung, daß ich mich wie eine Erwachsene aufführen würde. Gleichzeitig aber waren alle bereit, jeder meiner kleinen Launen nachzugeben. Zwei eng miteinander verbundene Verhaltensweisen waren am Werk: Die eine entstammte der Toleranz gegenüber kindischem Benehmen, die andere dem Gefühl, daß ich eigentlich besser täte, kein Kind zu sein.

Am Wochenende füllten Gäste das Haus: Clives Freunde – Lytton Strachey, Francis Birrell und Raymond Mortimer – kamen nur selten ins Atelier, in ihren Augen vermutlich ein Spielplatz, wo greuliches Durcheinander herrschte, aus dem dann schließlich triumphierend ein Bild hervorging. Wäre es nicht um diese köstlichen Ergebnisse gegangen, würden sie das Tun der Maler für verantwortungslos gehalten haben, wobei man sich allerdings hätte fragen können, ob dieses liebenswerte Trio, das seine Zeit damit verbrachte, auf der Terrasse sitzend zu rauchen, Zeitung zu lesen und zu klatschen, auch nur das mindeste Recht hatte zu urteilen. Sie waren eher wie der Chor in einem gemessenen Drama, der über die verschiedenen Lebensläufe nachdachte, dem es aber – zum Glück vielleicht – nicht gelang, deren schmerzlichste Augenblicke zu deuten. Von ihnen ging eine konzentrierte, typisch männliche und irgendwie unantastbare Vergnügtheit aus, so als hätten sie, ehe sie sich niederließen, um sich herum einen magischen Kreis in den Kies gezogen. Darauf eingeschworen, sie nicht zu stören, schlich ich in Sandalen und Sonnenhut an ihnen vorbei zu einem mir allein gehörenden Bereich im Obstgarten, wo ihre Stimmen und ihr Gelächter gerade noch zu hören waren – ein beruhigender Hintergrund für meine eigenen Beschäftigungen. Als Vanessa einmal nicht da war, schnitt ich mich mit einem neuen Taschenmesser. In dem sicheren Gefühl, daß ich ihn aus seiner köstlichen Verborgenheit herausriß, mußte ich mich dennoch

vorn: Virginia Woolf, Margaret Duckworth, Clive Bell, Vanessa Bell;
stehend: Angus Davidson, Duncan Grant, Julian Bell, Leonard Woolf;
in Charleston

hilfesuchend an Clive wenden. Er war immerhin besorgt genug, mit mir ins Haus zu gehen und mich zu verbinden, kehrte aber gleich wieder zu seinem Korbstuhl und dem Zickzackkurs eines tiefschürfenden Gesprächs zurück, das sein höchstes Vergnügen war und sich von einem Sommer in den nächsten fortsetzte, zunächst in Charleston, später in Lytton Stracheys Haus Ham Spray.

An Lytton erinnere ich mich kaum – für mich war er nicht viel mehr als ein Paar von der Brille vergrößerter dunkelbrauner Augen, die freundlich blickten, aber auch so intensiv nachdenklich, daß eine Kommunikation mit ihm eigentlich nicht in Frage kam. Janie Bussy, seine Nichte, die nur ein oder zwei Jahre älter war als Julian, mochten alle gern; Clive, dessen Gunst sonst nur über gutes Aussehen zu erreichen war, nannte sie eine *jolie-laide* und genoß ihre Intelligenz und ihre leise Bosheit so sehr, daß er ihr ihr Äußeres verzieh. Und sie hatte ja auch wirklich sehr schöne, mandelförmige und fast schwarze Augen, in denen sich eine intensive, verborgene Vitalität spiegelte, die sowohl von den Bussys wie den Stracheys herrührte. Sie war immer gescheit und taktvoll, zugleich aber eine stets wache und erbarmungslose Beobachterin. Im Gegensatz zu den meisten ihrer Freunde war sie elegant und ähnelte den Sittichen, die ihr Vater mit Vorliebe malte. Und da sie selbst

Malerin war und dazu eine Kusine von Duncan, wurde sie gern im Atelier aufgenommen. Vanessa gegenüber, die sie sehr mochte, zeigte sie die zärtliche Seite ihrer Natur. Gewöhnlich verbarg sie die unter geistreichem Geplauder, das in Charleston ganz angebracht war, aber es anderen schwer machte, ihre wahre Persönlichkeit zu erkennen. Immer bereit, sich unseren Unternehmungen anzuschließen, war sie die vollkommene *cousine retrouvée.* Sechs Monate im Jahr, die sie in Frankreich zubrachte, war sie für uns verloren, aber im Frühling mit den ersten Schwalben kam sie wieder. »Die Bussys sind da«, bedeutete, daß nicht nur sie, sondern der Sommer gekommen war.

Eine andere Besucherin war Roger Frys Geliebte, Helen Anrep, die nach Frys Tod ihre innige Freundschaft mit Vanessa fortsetzte. Duncan hatte sie mit zwanzig in Florenz kennengelernt, wo sie ein Zigeunerleben mit ihrer Mutter führte und zur Gitarre sang. Heftig beeindruckt von ihrem Margaritengesicht und ihrer orientalischen Passivität, erklärte er sie zu seinem weiblichen Schönheitsideal. Von allen unseren Freunden kam sie dem, was man damals »bohème« nannte – und was hieß: unkonventionell und ohne einen Pfennig –, sicherlich am nächsten. Sie trug lange blumige Gewänder mit einer Brosche am Busen und einem Schal, der von der einen Schulter herabfloß, dazu weiße Strümpfe und zierliche schwarze Schuhe – als wäre sie einem Bild von Goya oder Manet entstiegen. Sie gehörte einfach von Natur zum Atelier-Leben. Kaum hatte sie sich auf einen Stuhl gesetzt, beschlossen die Maler auch schon, sie noch einmal zu malen. Sie saß ihnen bereitwillig und erzählte in ihrer trägen Art Klatschgeschichten voller Andeutungen, die ich fürchtete und verabscheute. Ich sah nicht, daß sich dahinter wirkliche Zuneigung verbarg, und erst sehr viel später, als ich die Briefe las, die sie Julian nach China geschrieben hatte, begriff ich, daß sie eines echten Mitgefühls fähig war. Ich erinnere mich auch noch an den Eindruck von Würde, den sie auf mich machte, als ich sie mit Duncan an ihrem Sterbebett besuchte und sie sich nicht mehr über ihre Freunde lustig machte, sondern einfach nur noch eine gebrechliche alte Frau war.

Einen Menschen gab es, den ich ohne jede Einschränkung mochte, und das war Roger Fry. Er war sowohl bei den Malern wie bei den Schriftstellern gern gesehen, und seine Ankunft in Charleston war immer ein Anlaß zur Freude, manchmal auch zur Erheiterung: Zum Beispiel wenn er, aufgebracht durch den Anblick von David Garnett's Flugzeug, das gerade wenn er den Weg heraufkam auf einem benachbarten Feld landete, prompt rückwärts in den Torpfosten hineinfuhr. Für die Bloomsbury-Generation war das Auto etwas ganz Neues, und obgleich sie theoretisch viel davon hielten, kamen sie doch in der Praxis nie ganz damit zurecht: Die Maschine beherrschte sie, statt umgekehrt.

Roger Fry und Angelica
in La Bergère

In der festen Absicht jedoch, ihn zu meistern, behandelte Roger seinen Wagen wie ein fortgesetztes wissenschaftliches Experiment und versuchte seinem unvorhersehbaren Verhalten mit Schnüren, Gummibändern oder was sonst gerade zur Hand war beizukommen. Völlig unbekümmert darum, was für einen Eindruck er auf andere machte, wurde er selbst bald zur Legende und zur Quelle weiterer Legenden und ließ eine breite Spur von ungläubigem und erheitertem Staunen hinter sich, die von den Freunden noch weit übertrieben wurde. Waren seine Ansprüche gelegentlich auch maßlos, so half er doch unseren ermatteten Lebensgeistern mit irgendeinem geheimnisvollen Elixier immer wieder auf und stachelte uns in unserer sommerlichen Langeweile zu neuen Interessen an.

Für mich war er eine Art Großvater mit väterlichen oder onkelhaften Nebentönen, von dem ich ohne alle Bedenken Wunder erwartete. So brachte er mir bei, wie man einen unauflösbaren Knoten machte er faltete Vögel aus Papier, die fliegen konnten, er bastelte – ohne das leiseste Anzeichen von Ungeduld – Sachen für mich zusammen, wobei er mit tiefer Stimme sanft vor sich hin schnurrte und ein verlorenes Lächeln über sein Gesicht huschte. Die Art, wie er mit Dingen, die er machte, umging, war völlig verschieden von der Vanessas oder Duncans. Duncan war wie ein Kind: Nägel und Leim waren Glaubenssache, und wenn

Duncan Grant, Angelica und Roger Fry, Cassis

es nicht klappte, lachte er nur. Vanessa war praktischer – und tatsächlich hängt die Gardinenstange, die sie aus ein paar verbogenen Nägeln und etwas Schnur herstellte, immer noch in Charleston. Roger hingegen hatte bestimmte Theorien und mußte ihre Richtigkeit nachweisen, so daß alles, was er für mich machte, eine doppelte Faszination hatte: Es war einerseits ein Spielzeug für mich und andererseits ein Experiment, das ihn selbst befriedigte.

Ich sehe Roger in seinem Anzug aus Pfeffer-und-Salz-Tweed vor mir, der an den Knien ein wenig ausgebeult war, stets in der Haltung vertiefter Wißbegier; seine ziemlich kräftigen Gesichtszüge waren angespannt vor eifriger Teilnahme, ganz gleich, was vorging. Sein feines weißes, in der Mitte gescheiteltes Haar gab ihm etwas Feminines. Mit seiner zu großen Nase, seinen kräftigen Zähnen und der tiefen Einkerbung in seinem Kinn aber erinnerte er an den Wolf im Märchen. Seine Augen unter den buschigen Augenbrauen blickten mit lebendiger Intensität durch goldgeränderte Brillengläser. Seine Stimme vibrierte wie ein Kontrabaß von tausend Nuancen des Gefühls und der Intelligenz und vor Lebensfreude. So sehr er sich der Komplexität, des Subtilen in der Kunst bewußt war – er selbst schien keine verborgenen Winkel zu haben, keine Vorbehalte, und das machte ihn zugleich verletzbar und anziehend und gelegentlich auch schwierig.

Damals wußte ich nicht, daß Vanessa und Roger sich einmal geliebt hatten, wenn mir auch nicht entging, daß er sie mit besonderer Aufmerksamkeit behandelte, mit einer Vertrautheit, in die sich Hochachtung mischte, und daß er ihr auf eine Art zuhörte, als hoffte er immer noch auf eine Botschaft, die sich irgendwohin verirrt hatte. Obgleich sie sich in der strahlenden Wärme seiner außergewöhnlichen Vitalität sonnte, fühlte sie sich doch häufig von ihr erschöpft, war uninteressiert an seiner neuesten Begeisterung und verpaßte ihm manchmal eine kalte Dusche. Und wenn es dann um Kritik an ihrer oder Duncans Malerei ging – immer eine schwere und unvermeidliche Prüfung bei Rogers Besuchen –, fand sie für ihre Einwände keinen Ausdruck und schwieg. Ihre Gewohnheit, ihre eigentlichen Gefühle für sich zu behalten, führte dazu, daß sie eine Bedeutung gewannen, die sie nicht eingestehen konnte, und erst, wenn der sehr geliebte und ahnungslose Roger fort war, konnte Vanessa mit Duncan über alles, was er gesagt hatte, lachen. Sie widerstanden Rogers Einfluß – aber er existierte unleugbar.

Roger verdanke ich meinen Geschmack an Spargel. Er hatte ihn aus irgendeiner ungewöhnlichen Quelle billig erworben und brachte ihn bündelweise nach Charleston. Ich hatte mir in den Kopf gesetzt, ihn nicht zu mögen, nur weil alle so dringend das Gegenteil wünschten; als dann aber diese weichen, jadegrünen und elfenbeinfarbenen Stengel bei Tisch erschienen, ließ ich mich immerhin von ihm überreden, sie zu probieren – und dann konnte ich natürlich nicht genug bekommen. Fast immer brachte er irgend etwas mit, einen Papierdrachen in Form eines Adlers, eine Streichholzschachtel, die er selbst innen mit kleinen Edelsteinen ausgelegt hatte. Ich erinnere mich an seine sinnliche Empfindsamkeit für Dinge und an sein leidenschaftliches Interesse für das Thema des Augenblicks, das ihn immun machte gegen alles übrige.

Als ich noch sehr klein war, wurde ich einmal zum Tee zu Roger in die Dalmeny Avenue in London eingeladen. Es waren noch einige andere kleine Mädchen da und auch Rogers bärtige Schwester Margery mit der tiefen Stimme, die ihm den Haushalt führte. In Erwartung von Kuchen, Keksen und süßem Pudding, die man Kindern gewöhnlich vorsetzt, fanden wir statt dessen eine gebackene Kartoffel auf unseren Tellern. Als die Kinder entdeckten, daß die aus Pappe war, brachen alle in Tränen aus – nur ich nicht. Irgendwie kam mir der Gedanke, daß dies ein Scherz war, wie die Erwachsenen so etwas nannten: Ich öffnete meine Kartoffel und stellte fest, daß sie mit Hunderten, ja Tausenden vielfarbiger bunter Süßigkeiten gefüllt war, nicht größer als ein Stecknadelkopf, die man nicht essen konnte, ohne sie über den ganzen Fußboden zu verstreuen – ja, eigentlich konnte man sie überhaupt nicht essen. Bestürzt darüber, daß ihr Versuch, uns zu amüsieren, so fehlgeschlagen war, eilte die arme Margery fort, um alles, was zu einem richtigen Tee gehörte, hinter einem Vorhang, wo es versteckt war, hervorzuholen: Den Rest des Abends, der zweifellos normaler verlief, habe ich vergessen.

Es war an einem Nachmittag im Sommer 1934, als Clive mich im Fortgehen vor dem Haus traf und mir sagte, daß Roger gestorben sei. Er erzählte mir keine Einzelheiten, sondern umarmte mich nur so fest, daß ich keine Luft bekam und so auch keine Fragen stellen konnte. Mein einziger Wunsch war, mich aus dieser erstickenden Umarmung zu befreien, die für diese schreckliche Nachricht verantwortlich zu sein schien und kein Trost war. Es war das erste Mal, daß mir der Tod begegnete, und seine Unwirklichkeit verwirrte mich. Das letzte Mal, als ich Roger gesehen hatte, war er lebendig und vollkommen gesund gewesen – jetzt war er verschwunden. Man sagte mir, daß er gestorben sei und ich ihn nie wiedersehen würde. Ich wußte, daß Abwesenheiten schmerzlich waren, aber ich konnte mir keine vorstellen, die ewig dauern würde.

Vanessa war bei Leonard und Virginia in Monk's House, und als die Nachricht sie erreichte, wurde sie ohnmächtig. Ich erinnere mich nicht an ihre Rückkehr nach Charleston, aber als ich am nächsten Tag an ihrem Zimmer vorbeiging, hörte ich sie vor Schmerz heulen. Die Tür war geschlossen, und es kam mir nicht in den Sinn, sie zu öffnen – ich wagte es nicht, weil ich fürchtete, das Wesen, das diese Schreckenslaute ausstieß, könnte meine Mutter sein. Ich floh aus dem Haus und ging lange über die Felder, ehe ich mich dazu überreden konnte umzugehen.

Als ich eines Tages nach einem Federhalter oder einem Bleistift auf Vanessas Schreibtisch suchte, fiel mir ein Brief von Helen in die Hände, die schrieb, wie Roger auf dem blank polierten Fußboden ausgeglitten sei und lange so dagelegen habe, ehe jemand ihn fand, und wie er dann im Krankenhaus an Lungenentzündung gestorben sei, ohne Bewußtsein für das, was geschah – und ich spürte den heilsamen Trost der Wirklichkeit, die Gewißheit, daß niemand den Versuch machte, mich von der Wahrheit abzuschirmen. Ich hatte die Freiheit, daraus das zu machen, was mir möglich war. Helen hatte einen Teil des Briefes verkehrt herum geschrieben, was ihre Verfassung besser symbolisierte als irgend etwas anderes. Da ich dazu erzogen worden war, keine fremden Briefe zu lesen, hinderte mich eine gewisse Scham, meine Entdeckung zu erwähnen, und so entschwand eine Chance für ein gegenseitiges Verständnis zwischen mir und Vanessa ungenutzt.

Judith Stephen, Duncan Grant und Angelica,
Charleston

Unsere Beziehung zu den »Woolfs«, wie wir sie nannten, war sehr innig, obgleich wir zu Hause eine ganz andere Luft atmeten. Wir waren eine Familie, während sie ein Paar waren und mit zielstrebigem Engagement durchs Leben gingen. Sie müssen uns, die jüngere Generation, die es sich auf Kosten Vanessas gut sein ließ und sie bis zum Äußersten ausnutzte, für unordentlich, undiszipliniert, ja sogar egoistisch gehalten haben. Andererseits war Virginia froh, wieder in einen Familienkreis einbezogen zu sein, und da ein Tag in Charleston für sie ein Ferientag war, ließ sie alle ihre Möglichkeiten spielen, um ihn mit Neckereien und Gelächter zu füllen. Für sie war das der wahre Lebensatem, und sie genoß es in vollen Zügen. Und uns kam es vor, als hätte jemand den Pfropfen aus einer Flasche herausgezogen – so sprudelte sie über von Kritik und Fragen und Scherzen: Wir begegneten nicht nur den weiten Bereichen ihrer Phantasie, wir waren auch ihrem starken und messerscharfen Intellekt ausgesetzt.

Sowohl Leonard wie Virginia gaben sich, wie sie waren. Sie kannten keine billige Moral, kein herablassendes Gerede zu uns Kindern – im Gegenteil, Virginia war uns weniger fern als Vanessa, und sie bestand auf Gegenseitigkeit, was gelegentlich zu Spannungen führte und zwar manchmal beunruhigend, aber auch anregend war. Sie war überzeugt davon, daß ich in meiner ganz eigenen Phantasiewelt lebte, und sie wollte brennend gern darin aufgenommen werden. In dieser Welt war sie Witcherina* und ich Pixerina*. Wir flogen über die Ulmen und die Hügel, und unser eigentliches Ziel war es, soweit ich mich erinnern kann, frei erfundene Nachrichten über die anderen Familienmitglieder einzuholen. Wie man sich denken kann, paßte das vortrefflich zu Virginia, denn sie dachte sich nur zu gern unwahrscheinliche Situationen aus, in die Julian, Quentin oder Vanessa hineingeraten könnten, während ich, verwirrt durch ihre Virtuosität, flügellahm am Boden hockte.

Virginia kam gewöhnlich zur Teezeit nach Charleston, durchschritt das Haus, gefolgt von Leonard und Pinka, der Spanielhündin, deren gefiederte Pfoten neben den gemessenen Schritten ihres Herrn hörbar über die nackten Fußböden tappten. Wenn Virginia mich und Vanessa am Kamin oder unter dem Apfelbaum antraf, kauerte sie sich neben uns auf einen kleinen Sessel oder einen niedrigen Stuhl, den sie irgendwo gefunden hatte. Dann forderte sie ihre Rechte ein: einen Kuß auf den Nacken oder auf ein Augenlid oder eine Menge kleiner Küsse vom inneren Handgelenk bis in die Ellenbeuge, Ladies' Mile genannt – nach dem Sandweg in Rotton Row, Hyde Park, wo Vanessa früher einmal auf einem Pferd geritten war, das George Duckworth, ihr Stiefbruder, ihr geschenkt hatte.

Virginia hatte eine einschmeichelnde, ja, sogar ein wenig verruchte Art, wie ein kleines Tier, das sich zu nehmen versucht, was ihm verboten ist, und das weiß. Mein Einwand gegen die Küsserei war, daß es kitzelte, aber eigentlich wurde ich nur ausgespielt gegen Vanessas stumme, fast bestürzte Abneigung gegen die ganze Demonstration. Während sie noch hoffte, Virginia würde wie durch ein Wunder von ihrer Absicht ablassen, gab sie ihr nach langem Zögern einen einzigen Kuß, gewissermaßen, um sich loszukaufen. Sie fühlte sich von ihrer Schwester überlistet und als Opfer, rettete aber den Tag dann doch durch ihren Widerstand und ihr Unvermögen, Virginias Wünsche, die sich völlig über Vanessas Gefühle hinwegsetzten, zu erfüllen – sie litt vor allem, so sehr sie Virginia liebte und so tief ihr Gefühl für sie war, weil es sie fast unerträglich verwirrte, wenn man von ihr verlangte, das zu zeigen. Ihre Liebe zu Virginia war über alle Zweifel erhaben: Sie hätte nur gewünscht, daß sich das von selbst verstünde. Sie waren beide liebevoll, aber Virginia hatte den Vorteil, daß sie es äußern konnte, und Vanessa mag gerade dieser Fähigkeit mißtraut haben, da sie schon einmal darunter gelitten hatte. Virginias blitzartige Einsichten in die Beweggründe anderer Menschen wirkten manchmal störend. Sie konnte mit einem Wort zuviel sagen, während Vanessa, die sich etwas auf ihre Aufrichtigkeit zugute hielt, dazu neigte, zu wenig zu sagen. Und ebensowenig konnte sich Vanessa mit Virginias geistreicher Leichtigkeit messen. Da sie zu fühlen bekam, daß sie emotional unzureichend war, bildete sie sich ein, daß es ihr auch an Intelligenz fehlte. Sie mißtraute Virginias Schmeicheleien, in denen sie eine Spur von Heuchelei zu entdecken meinte, weil sie sich aus unzutreffenden Gründen auf ein Piedestal gestellt fand, aber sie wußte nicht, wie sie es ihr heimzahlen sollte, ohne brutal zu werden, wozu sie wiederum nicht imstande war. Sie wurde immer widerspenstiger, verbarg aber ihre Erbitterung hinter einem ironischen Lächeln, mit dem sie Virginia in ihrem Bemühen, ihr ein Zeichen der Zuneigung zu entlocken, zu entmutigen versuchte.

Wenn diese Zeremonie der eingeforderten Rechte vorüber war, wurde die Unterhaltung auf dem Niveau von Klatsch und Späßen fortgesetzt, gewürzt mit Virginias Geist und Vanessas Logik. War Virginia erst einmal durch die ihr zustehenden Küsse zufriedengestellt, wurde sie gelöst, komisch, vergnügt und vertraut. Und auch Vanessa, die nun nicht mehr an der Angel zappelte, löste sich aus dem Knäuel von Gefühlen, in das sie sich selbst verwickelt hatte. Zwar fühlte sie sich immer noch frustriert und zurückgestoßen, aber das Gehege, in dem sie saß und in das Virginia einzubrechen versucht hatte, war nicht mehr ganz so dicht und undurchdringlich.

Leonard, der alles wachsam und scharf beobachtete, blieb bei all diesem Gehabe ungerührt. Er war aus ganz anderem Stoff gemacht als wir übrigen, einem, der nicht – wie Obsidian – splitterte, sondern unwillkürlich an Urgestein denken ließ. Ich weiß aus späteren Unterhaltungen mit ihm, daß er entschieden gegen die Art meiner Erziehung war, auch wenn er – wäre ich seine Tochter gewesen – zwar »die Rute nicht benutzt, aber doch das Kind nicht verwöhnt hätte«. Ich erinnere mich an zwei an sich triviale Vorkommnisse, die mir einen Vorgeschmack von seiner Autorität gaben, einen Geschmack, der eine andere Wertskala vermuten ließ. Einmal brachte ich, ohne mir etwas dabei zu denken, Drucktypen durcheinander, die er gerade in stundenlanger Arbeit geordnet hatte, sagte aber nichts. Eine Woche später erhielt ich einen ärgerlichen Verweis, der in seiner Beherrschtheit ein Verhaltensniveau andeutete, das nur selten von mir gefordert wurde. Bei anderer Gelegenheit bat ich ihn um ein Exemplar von *Flush**, um es einer Freundin zu schenken, und hatte nicht daran gedacht, es zu bezahlen, aber Leonard ließ mich nach Hause gehen und das Geld holen. Diese Berührungen mit einer strengeren Wirklichkeit beeindruckten mich. Leonard erschien mir als die Vaterfigur, die in meinem Leben fehlte. Und dennoch: wäre er mein Vater gewesen, hätte ich einem seiner Hunde geähnelt, die niemals geschlagen wurden, aber immer durch seine Persönlichkeit eingeschüchtert waren.

Zu einem Geburtstag schenkte er mir eine wunderschöne viktorianische Ausgabe von *A Pilgrim's Progress**, mit Bildern, die den Weg eines braven Christenmenschen in ein wenig steif gestochenen, hölzernen Draperien darstellten. Aus irgendeinem Grunde bedeutete mir dieses Buch sehr viel, und über den festlichen Teetisch hinweg begegnete mein Blick dem Leonards in einem Moment intensiven Verständnisses, wie ich es selten sonst erfahren habe. Dieses eine Mal fühlte ich mich klar und durchsichtig, emotional befreit von all dem Unrat juveniler Geheimniskrämerei und Wahrheitsverdrehung, die mich sonst so sehr bedrängten. Ohne es zu wissen, hatte ich an die leidenschaftliche Seite in Leonards Charakter gerührt, die entschieden und unbeugsam war, ganz im Gegensatz zu Vanessas Neigung, alles – zugunsten derer, die sie liebte – zu verschleppen und gütlich beizulegen, und Duncans Fähigkeit, über das, was ihm unangenehm war, hinwegzulachen, oder es gar nicht erst wahrzunehmen. Sie waren sich dieser moralischen Entschiedenheit in Leonard bewußt und lehnten sie als eng, spießig und puritanisch ab. Leonard wie Vanessa neigten von Natur dazu, über andere zu urteilen, und beide waren voller Vorurteile: Aber während sie aller Moral auswich, hielt er sich strikt daran, und so haftete ihm immer auch etwas von dem britischen Verwaltungsbeamten im ceylonesischen Hambantota Distrikt an. In Bloomsbury, wo man der Amoralität huldigte, mag dies etwas schwerfällig und aufreizend gewirkt haben, aber es war mit einer erfrischenden Reinheit verbunden, die ich in späteren Jahren ganz und gar zu würdigen vermochte.

Im Sommer zwängten wir uns alle vierzehn Tage einmal ins Auto und fuhren in der kreidigen Stille eines Nachmittags in Sussex nach Rodmell hinüber, wobei wir die Ouse in Southease überquerten. Monk's House lag mitten im Dorf und war schon aus diesem Grunde so verschieden von Charleston wie nur möglich. Es war lang und schmal, die Zimmer gingen ineinander über. Das ganze Haus lag tiefer als der Garten, so daß man es wie ein Boot betrat. Kletterpflanzen und andere Gewächse klopften an die Fenster mit den Sprossenrahmen, als wollten sie, angelockt von den grünen Zimmerwänden, ins Haus eindringen. Kühl und friedlich wie es war, schien das Haus an heißen Sommertagen sanfte Blasen zu schlagen. Als kleines Mädchen war ich manchmal in Monk's House zu Gast gewesen, und einmal hatten meine Kusine Judith und ich entdeckt, was für einen Spaß es machte, den steilen Abhang gegenüber der Eingangstür hinunterzurollen – mit dem Erfolg, daß unsere Kindermädchen uns ausschalten, weil wir rundum leuchtend grün waren. Die Farbe Grün kommt mir in den Sinn, wenn ich an dieses Haus und den Garten denke mit seinen gewundenen Feigenbäumen und seinem weiten Rasen und dem Blick auf die Flußauen. Grün war die Farbe Virginias; eine Birne aus grünem Kristallglas, Symbol ihrer Persönlichkeit, lag immer auf dem Tisch im Wohnzimmer.

Beim Tee saßen wir an dem langen Tisch im Eßzimmer, dem einzigen großen Raum im Hause. Virginia saß an einem Ende und goß den Tee ein, aber nicht wie Vanessa vorsichtig und mit ruhiger Hand, sondern sie schwenkte die Teekanne hin und her, während sie sprach, um das Gesagte noch zu unterstreichen. Unsere Tassen und Untertassen waren aus zartem Porzellan, was wir aßen weniger deftig als in Charleston – hier gab es Gebäck statt Kuchen, Landbutter, die Virginia eigens beschaffte, und kleine Korinthenbrötchen. Virginia aß nur wenig und steckte sich hastig kleine Bissen in den Mund. Noch ehe der Tee vorbei war, zündete sie sich eine Zigarette in einer langen Zigarettenspitze an, und je mehr sie Feuer fing in der Unterhaltung, desto mehr verschwamm sie selbst hinter den aufsteigenden Rauchwolken. Sie beschrieb zum Beispiel einen Besuch von Hugh Walpole oder Ethel Smyth oder einen Skandal im Ort und erhob sich dabei – von unseren Bemerkungen und unserem Gelächter angespornt – zu den phantastischen Höhen ihrer von keiner Wirklichkeit mehr beschwerten Phantasie. Vor allem Julian und Quentin waren völlig außer sich vor Lachen, ihre Stühle kippten gefährlich nach hinten, ihre Hände flogen in gespieltem Entsetzen über Virginias Kühnheit nach oben, oder sie schlugen sich fassungslos auf die Schenkel. Ihr geistreicher Witz war nicht ohne Ma-

Angelica, Clive Bell, Virginia Woolf und Maynard Keynes, Marks Garden

lice, und ihre Augen glänzten vor Vergnügen über ihre Wirkung. Während ihr Witz auf die unbewußten, schwächeren und verletzlicheren Seiten der Menschen zielte und sie, geistreich und aufs Geratewohl zutreffend, Einzelheiten in deren Verhalten notierte, die ans Unmögliche grenzten, wartete Leonard ab und beschrieb dann das gleiche Vorkommnis den Tatsachen entsprechend ehrlich und objektiv. Nicht daß Virginia zu Objektivität nicht imstande gewesen wäre, aber sie erreichte sie über einen anderen Weg und ließ bei solchen Gelegenheiten fünf gerade sein, nur darauf bedacht, sich zu amüsieren.

Nach den Mahlzeiten strömten wir alle in den Garten hinaus und folgten Leonards Einladung zum rituellen Boule-Spiel. Hatte Virginia den ersten Teil unserer Unterhaltung bestritten, so war er mit dem zweiten an der Reihe. Er beaufsichtigte das Spiel, drängte selbst die Unerfahrensten, die sich schwer taten, zum Mitspielen und lobte sie, wenn sie es besser machten als erwartet. Wenn die Entfernungen zweifelhaft waren, schritt Leonard sie mit großen dicksohligen Schuhen Fuß vor Fuß ab, manchmal von Pinka begleitet, die begeistert alle Markierungen im Gras beschnüffelte, aber barsch aufgefordert wurde, zu verschwinden und sich hinzulegen. Leonards Wort war Gesetz, sein Urteil endgültig, und wir fuhren fort mit diesem liebenswürdigen, sittsamen

Boule:
Angelica, Virginia, Quentin und eine Freundin

Spiel, während er mit Julian und Quentin eine Unterhaltung über die Verhaltensgewohnheiten von Tieren oder über Politik führte.

Inzwischen hatte Virginia es sich in einem Liegestuhl unter der Ulme bequem gemacht, rauchte und unterhielt sich mit Vanessa über Verwandte, die sie jahrelang nicht gesehen hatte und über die beide in ihrer leisen, wegwerfenden Art lachten. Zur Abwechslung tat Virginia, die Langeweile nicht ertragen konnte und lieber über Häuser redete als zu schweigen, ihr Bestes, um Rodmell gegen Charleston auszuspielen. Vanessa mochte an ein Leben mitten im Dorf überhaupt nicht denken und verteidigte, wenn auch zaudernd, die Freiheit und Ungestörtheit von Charleston, wo wir unser Leben selbst bestimmten, wo keine Mrs. Ebbs über die Gartenmauer schaute oder einen auf dem Weg durchs Dorf ansprach, und wo es keine Kirchenglocken gab, die einem den Sonntagnachmittag verdarben. Wenn ich mich neben die beiden setzte, bestand Virginia darauf, daß ich sagen sollte, Rodmell sei besser. Schließlich wurde ich ungeduldig, und dann sagte sie: »Ach, Pixerina, du bist eine Teufelin! Aber du liebst mich doch, nicht wahr?« »Natürlich, Witcherina, aber ich kann dich nicht anlügen.«

Als ich heranwuchs und sie mehr Geld hatte, kümmerte sie sich mit einem Betrag von 15 Pfund im Vierteljahr um mein Äußeres, was für

Kleider und kleinere Vergnügungen völlig ausreichte. Obgleich das Geld ihr gehörte, vergaß sie oft, den Betrag mitzubringen, und mußte Leonard bitten, mir einen Scheck auszustellen. Das war dann, als wollte man Wasser aus einem Felsen schlagen. Auch wenn Leonard nicht widersprach, wurde die ganze Sache zu einem langwierigen Prozeß: Die Brille mußte gesucht und aufgesetzt werden, was ihm das Aussehen eines Scharfrichters gab; dann tauchte seine Hand tief in irgendeine verborgene Innentasche und zog zunächst das Scheckheft, dann den Füllfederhalter heraus, schraubte mit einiger Mühe die Hülse ab und stellte schließlich den Scheck aus, den er mit zitternder Hand und in tiefem Schweigen unterschrieb – was alles dazu angetan schien, meine Geduld auf die Probe zu stellen. Zuguterletzt übergab er ihn mir mit einem halben Lächeln – nicht mehr als wenn eine Nadel unter Wasser aufblitzt.

Die Beziehung zwischen Leonard und Virginia war vor allem andern kameradschaftlich: In tiefer Zuneigung füreinander und untrennbar eins, waren sie voneinander abhängig. Sie wußten, was der andere dachte, und konnten seiner sicher sein. Ihre jeweiligen Besonderheiten und Mängel akzeptierten sie, ohne mehr von sich her zu machen als nötig. Sie waren durch Aufrichtigkeit miteinander verbunden, und es gab wenig – wenn überhaupt – ehelichen Krach. Leonard war stets aufmerksam, nie aufgeregt. Er verbarg allerdings auch seine Sorge nicht, Virginia könnte ein Glas Wein zuviel trinken oder sich irgendeinen anderen milden Exzeß leisten. In solchen Fällen sagte er einfach: »Virginia, es ist genug!«, und das war es dann. Oder, wenn die Zeiger seiner riesigen Uhr auf elf standen, meinte er – ganz gleich wie gut sie sich unterhielt – »Virginia, wir müssen nach Hause gehen«, und nach ein paar Minuten, die sie ihm vor seiner Nase stahl, stand sie auf, so als ließe sie einen Teil ihrer Person zurück, und folgte ihm und Pinka zur Tür.

Ich erinnere mich, daß ich einmal hinter Virginia die Stufen zum Garten hinaufging, als mir plötzlich die Frage in den Sinn kam, ob sie je mit Leonard geschlafen hatte. Ich nahm an, daß es so war, und dennoch schien es unmöglich – ich konnte sie mir einfach mit niemandem im Bett vorstellen, obwohl sie etwas sehr Feminines hatte; gewiß aber war das Fehlen sexueller Empfindungen ein wichtiger Faktor für das Gelingen dieser Beziehung. Virginia blieb ein jungfräuliches, ein wenig hageres Geschöpf, das durchs Leben schritt wie eine Giraffe. Und doch: wiewohl ihr Kopf oft in den Wolken zu stecken schien, standen ihre Füße ganz sicher auf der Erde. So wie sie war – ein wenig schäbig gekleidet, unordentlich und schmächtig, mit nikotingebräunten Fingern, schien sie keinen Pfifferling auf ihr Äußeres zu geben, blieb aber durch irgendeinen glücklichen Umstand stets distinguiert und elegant.

Als ich bei einer Gelegenheit zum Tee in Monk's House ankam, war Virginia allein. Noch ehe der Abend vorbei war, klagte sie über Kopfschmerzen, und ich brachte sie zu Bett und ließ sie schließlich allein, um Leonards Rückkehr aus London abzuwarten. Es war das einzige Mal, daß ich sie so nahe an einem ihrer Zusammenbrüche erlebte. Man hatte mich darüber in Unkenntnis gelassen, teils auch, weil Virginia Schutz brauchte, während sie darunter litt. Aber man hatte auch in der Familie die Gewohnheit, sich auf Virginias »Wahnsinn« in einer Weise zu beziehen, die ihn ganz unwirklich machte, und er wurde – so als wäre das ihre eigene Absicht – zu etwas, worüber man nicht nachdenken konnte. In ihrem plötzlich bedrohlichen Zustand erschien sie mir als eine nur für die Dauer eines Augenblicks bezwungene Stoikerin.

Trotz ihrer Zerbrechlichkeit verfügte Virginia über ungeheure Spannkraft. Sie konnte dem Leben niemals widerstehen – egal in welcher Form es sich bot. Nie löste sie sich aus allen menschlichen Beziehungen, wie wir in Charleston es taten. Auch wenn menschliche Kontakte sie zu zerstören drohten – sie waren ihr unentbehrlich. Sie war immer auf der Suche nach ihr entsprechenden Beziehungen und fand meistens nur flüchtige, wenn auch anregende Kontakte in der Menschenmenge – einem Meer, das sie zu ertränken drohte und es sicherlich getan hätte, wäre Leonard nicht gewesen.

Im Rückblick kann ich erkennen, daß Virginia, wenn sie es auch nie aussprach, enttäuscht war von mir. Sie hätte mich gern intelligenter gehabt, disziplinierter, und war vermutlich mit Leonard einer Meinung, was meine Erziehung betraf. Gern hätte sie es gesehen, wenn ich mehr Unternehmungslust und Unabhängigkeit gezeigt hätte, weniger durchschaubar gewesen wäre. Da ihr aber trotzdem daran lag, mich zu anderem zu verlocken, verfiel sie auf den eher konventionellen Versuch, meine äußere Erscheinung zu verbessern, und unternahm Dinge mit mir, die ihr nicht eigentlich lagen. Durch sie kam ich das erste Mal zu einem Friseur, sie schenkte mir Schmuck und anderen weiblichen Schnickschnack. Aber sie schenkte mir auch ihr Exemplar der Briefe der Mme. Deffand, die sie einmal vor Jahren von Lytton bekommen hatte, ermutigte mich, beim Women's Institute in Rodmell über Theater zu sprechen, und half mir bei der Abfassung meines Vortrags. Sie versuchte meine Vorstellungen zu erforschen und zu lockern, und sobald sie nicht mehr daran dachte, geistreich und amüsant zu sein, zeigte sich ihre Fähigkeit zu vertrautem Umgang, die mir sehr aufschlußreich erschien. In solchen Augenblicken nutzte sie ganz intuitiv ihr kritisches Vermögen und ihre Einsicht und gab einem nie das Gefühl, ihr unterlegen zu sein. Ich spürte auch, daß sie über große Zähigkeit und viel Mut verfügte, Eigenschaften, auf die sie sich in guten und in schlechten Zeiten verließ und die man unter all dem Scherzen und Lachen durchaus wahrnehmen konnte.

Da Vanessa den dringenden Wunsch verspürte, nach Italien zu fahren, ehe die Hitze zu heftig wurde, nahm sie mich nach Weihnachten 1935 ohne Schulzeugnis aus dem Internat. Ich war knapp sechzehn Jahre alt. Begleitet von Quentin fuhren wir ungewohnt großartig in Vita Nicolsons Wagen mit Chauffeur nach Rom. Nach ein paar Tagen im Hotel Hassler nahe der Piazza di Spagna, fanden wir ein Atelier in der Via Margutta, dem traditionellen Künstler-Quartier. Unser Vermieter war ein Faschist und brutaler Bursche. Wir hatten Ärger mit ihm, dessen Ursache ich vergessen habe, der aber auf Vanessa niederschmetternd und empörend zugleich wirkte. Wir waren uns als Engländer unserer allgemeinen Unbeliebtheit in Italien wegen der von der britischen Regierung verhängten Sanktionen bewußt. Gelegentlich hielt Mussolini eine Rede, und ein oder zweimal sahen wir auch Schwarzhemden auf dem Corso. So viel zu unseren Kontakten mit den Faschisten. Die Ladenbesitzer, die Bauern und der seltsame Maler, die wir alle viel häufiger trafen, zeigten keinerlei politisches Interesse. Erschrockener waren wir, als unsere Waschfrau in Tränen ausbrach: Sie hatte schon seit sechs Monaten nichts mehr von ihrem Sohn in Abessinien gehört. Das war eine der Gelegenheiten, wo Vanessas Scheu sie daran hinderte, Mitgefühl zu zeigen. Ich erinnere mich, wie ich dastand und sehnlich wünschte, sie möge die Frau in die Arme schließen, irgendwie menschliche Wärme zeigen, aber verstört und verlegen hielt sie sich zurück. Trotz unserer Begeisterung für das südliche Temperament konnten wir uns nicht von unseren Hemmungen befreien.

Als Clive dann auf seinem gewohnten Europa-Urlaub zu uns kam, nahm er mich und ein paar Freunde zu einem Picknick am Nemi-See und danach zu einem Besuch im Landhaus der Fürstin Bassano mit. Der junge Fürst zeigte mir den Bach, der schnell, tief und kalt darunter vorbeifloß, bis zum Rand voll mit Wasserpflanzen von einem intensiv leuchtenden Grün. Zerstreut, aber auch stolz bereitete er sich darauf vor, zu seinem Regiment nach Äthiopien zu gehen. Hinter der weltläufigen Fassade der anderen Gäste spürte man ein kaum merkliches Unbehagen, dem ich größere Bedeutung beigemessen hätte, wenn ich besser informiert und politisch hellhöriger gewesen wäre.

Im Ganzen jedoch blieb uns eine Konfrontation mit dem Regime erspart, und wir setzten unser abgeschiedenes, aber genußreiches Leben auch weiter fort. Vanessa und Quentin malten jeden Tag auf dem Forum Romanum oder in den Medici-Gärten unter den Stecheichen, während ich in der Sonne herumschlenderte oder mich auf ein Grab setzte und die Rolle der Julia auswendig lernte, denn es war inzwischen beschlossene Sache, daß ich zur Bühne gehen sollte, und ich vertiefte mich nicht nur in Shakespeare, sondern auch in Bram Stokers Biographie von Henry Irving oder andere Bücher, die ich in der englischen Bibliothek finden konnte. Jeden Morgen fuhr ich – mit einiger Mühe den lüsternen alten Männern ausweichend – mit dem Bus zur Italienischstunde bei Signorina Boschetti, die wie es schien sämtliche englischen Mädchen, die je in Rom gewesen waren, unterrichtet hatte. Dort hockte ich dann über italienischen Verben und über Dantes berühmtesten Sonetten, unfähig mich zu konzentrieren, da meine Gedanken unweigerlich ihre eigenen geheimen, aber nur zu gewohnten Wege gingen. Den Vormittag über war ich also in guter Obhut; an den Nachmittagen hingegen drohten Gefahren. Nach der Mittagsruhe lungerten überall Dutzende junger Männer in wollüstigen Haltungen herum, die nur auf ein unschuldiges und unerfahrenes Mädchen zu warten schienen. Eines Nachmittags, als ich auf dem Pincio stand, wurde ich von einem hübschen Fremden zu einer Fahrt in seinem von sechs weißen Pferden gezogenen Wagen eingeladen. Meine an »Romeo und Julia« genährte Phantasie zusammen mit meinem dürftigen Italienisch, dem die durch Dante erzeugte Langeweile nicht weitergeholfen hatte, verführte mich vermutlich zu ganz unberechtigten Schlußfolgerungen – der reizende junge Mann hatte wahrscheinlich die PS seines Autos gemeint. Als ich Vanessa davon erzählte, schien sie völlig ungerührt, aber es war doch nicht ganz ungefährlich, mit sechzehn allein in Rom herumzulaufen.

Auf ihrer vergeblichen Suche nach einem Musiklehrer war Vanessa schließlich froh, ihren alten Freund George Booth zu treffen, dessen Tochter Polly Cello-Stunden nahm. Sie empfahl uns einen Geigenlehrer, zu dem ich dann mit meiner Händel-Sonate ging. Kaum hatte ich ein paar Takte gespielt, wischte er die Noten beiseite und stellte statt dessen ein Blatt mit großartigen Arpeggien aufs Pult. Sie erschienen mir völlig reizlos und wie der Ganges in alle Ewigkeit dahinzufließen. Jeder Fehler – ob es sich um den Bogenstrich handelte, um Noten oder um die Fingerhaltung – wurde auf trockene, erbarmungslose Weise korrigiert, und als ich schließlich die Hälfte geschafft hatte, war ich vollkommen erschöpft. Es war, so schien es, schiere Zeitverschwendung, überhaupt weiterzuspielen. Die stickige Atmosphäre in der Wohnung des Maestro bedrückte mich, und als ich mit Vanessa im Bus nach Hause fuhr, liefen mir stumm die Tränen über die Wangen. Ganz bestürzt schlug sie vor, die Stunden fallen zu lassen. Das alte Muster wiederholte sich, mein Stolz und meine Selbstsicherheit waren dahin. Sie schrieb dem Geiger, daß wir Rom ganz unerwartet verlassen müßten. Zehn Tage später trafen wir ihn in einem Antiquitätengeschäft in der Via del Babuino; verlegen traten wir hinter eine Statue, bis wir endlich unauffällig den Laden verlassen konnten. Später haben wir ganz ohne Zweifel darüber gelacht, aber insgeheim fühlte ich mich durch mein Versagen gedemütigt.

Schließlich kam Duncan an und nahm sich ein weiteres Atelier im gleichen Haus, von dessen Dach aus wir weit über Rom blicken konnten. Er arbeitete weiter an der Ausgestaltung des Überseedampfers Queen Mary, für die er mich als Modell benutzte. Abends saßen wir im Café Greco, tranken Grappa, halb hypnotisiert von unseren Spiegelbildern, die aus der dunklen Tiefe des Cafés zurückgeworfen wurden, und zogen Duncan mit seinen verschiedenen Beziehungen zu alten Jungfern auf, die angeblich in ihn verliebt waren. Danach schlenderten wir, vorbei an theatralischen Fassaden und Brunnen, durch die warme Abendluft nach Hause.

Schließlich beschlossen wir, ein Auto zu mieten und nach Süden, nach Neapel, Pompeji und Paestum zu fahren. Auch die Wasserspiele der Villa d'Este und die von Caserta schlossen wir ein und hielten bei jedem Dorfmarkt in der oft sich erfüllenden Hoffnung, Tongefäße oder verführerische, wenngleich zerschlissene Stücke Seide oder Brokat erwerben zu können.

Das Wetter wurde drückend heiß, und nach einem langen Tag auf dem Rücksitz unserer Limousine litt ich jeden Abend unter quälenden Kopfschmerzen. Da ich mich vor Vanessas Besorgtheit fürchtete, versuchte ich sie zu verbergen, und wenn wir schließlich alles Sehenswürdige gesehen und die unvermeidlichen pappigen Spaghetti gegessen hatten, war mein sehnlichster Wunsch, auf meinem Bett zusammenzubrechen. Wir wohnten kaum einmal in einem guten Hotel, vielleicht gab es ja wirklich keine. Unser Klo war gewöhnlich ein stinkendes Abflußloch im Fußboden, und heißes Wasser ließ sich nur mit Mühe herbeischaffen. Eines Nachts wachte ich auf und sah, wie Vanessa in dem Bett neben mir mit einer Kerze nach Wanzen suchte. Ihre zerquetschten Leichen zierten die Wände, aber glücklicherweise wirkte ich weder auf Wanzen noch auf Flöhe anziehend. Ich schlief wieder ein und hatte das Bild von Vanessa vor mir, die überraschend jung aussah in dem Nachthemd, das ihr über die Schultern geglitten war, und mit einer silbrigen Haarsträhne, die ihr auf den Rücken fiel.

Zurück in Rom, fand Vanessa einen Brief von Julian vor, der auf sie wartete. Er hatte eine Stelle als Lektor an der Universität von Wuhan angenommen und wollte in einem Monat nach China abreisen. Obgleich diese Nachricht nicht ganz unerwartet kam, war sie für Vanessa doch ein Schock. Es wäre ihr wahrscheinlich auch nicht im Traum eingefallen, daß ausgerechnet China – wohin man vier bis fünf Wochen mit dem Schiff brauchte und das für sie ein unbekanntes, ja fast unwirkliches Land war – Julians Ziel sein würde. Sofort packte sie unsere Sachen und machte sich nach England auf, überrascht und vielleicht auch enttäuscht darüber, daß ich ganz aufgeregt war, nicht so sehr bei dem Gedanken an die Trennung von Julian als vielmehr darüber, daß ich für die letzten beiden Tage des Semesters nach Langford gehen würde. Die Versuchung, mich mit meiner neugewonnenen Selbständigkeit zu brüsten, war zu groß, um ihr zu widerstehen.

In London traf ich Julian in euphorischer Stimmung, er war dabei, sich mit Tropenhelmen und -anzügen auszustatten, und zu überlegen, welches Gewehr und welche Bücher er mitnehmen sollte, so als ginge er für alle Zeiten fort. Auch Freunde und Freundinnen mußten verabschiedet werden, und wie ein Jongleur balancierte er mit ihren jeweiligen Ansprüchen an ihn. Er erfüllte ganz London, das damals viel kleiner wirkte als heute, mit seiner Hochstimmung, begeisterte sich für die Idee, die unbekanntesten Orte aufzusuchen, und hoffte, daß diese Veränderung ihm ein ganz neues Leben bescheren werde. Sein größter Kummer war, sich von Vanessa zu trennen, deren Ängste und Ahnungen er durchaus verstand, während sie wiederum versuchte zu verstehen, daß es ihm gut tun würde, einmal fortzugehen. Die enorme Länge seiner Reise symbolisierte gewissermaßen die Wichtigkeit, die er der Tatsache beimaß, daß er sich von so vielem trennte, was er liebte und schätzte. Es hatte den Anschein, als wenn die Freiheit, die Vanessa ihm immer anzubieten schien, nur unter der Bedingung gewährt wurde, daß er, in dem sicheren Gefühl, daß sie es nicht ertragen würde, nie Gebrauch davon machte. Und dennoch – wiewohl dieser Eindruck bis zu einem gewissen Grade zutraf, ermutigte sie ihn doch auch zu gehen. Der rationale Teil ihrer Persönlichkeit war für jedermanns individuelle Freiheit, während sich ihr Gefühl verzweifelt an den Lieblingssohn klammerte.

Nur mit äußerster Anstrengung gelang es Julian, persönliche Freiheit zu gewinnen, ohne dabei, wenn irgend möglich, seine Mutter zu verletzen. Zweifellos wußte er jedoch, daß er ihr Schmerz zufügte. Und wenn ihn das auch in gewisser Weise bedrückte, so konnte es doch seine Neugier und seine Begeisterung nicht ersticken. Seine Liebe zu Vanessa blieb über jede andere erhaben. Keine andere Frau konnte sich mit ihr vergleichen. Die beiden verhielten sich eher wie ein Liebespaar zueinander als wie Mutter und Sohn. Es genügte zu beobachten, wie er sich über den Rücken ihres Sessels beugte und wie sie ihm dann zulächelte, um das zu merken. Aus China schrieb er ihr eine ganze Reihe anschaulicher, informativer vertrauter Briefe, auf die sie sehnsüchtig wartete. In einem dieser Briefe stand: »Ich bin dir weitaus mehr zugetan, als ich es je einer Geliebten gegenüber war, und das in einem Maße, daß es mir schwerfallen würde zu heiraten, weil keine meiner Freundinnen oder

Julian und Quentin, Charleston 1935

Julian mit Tropenhelm, Charleston

Geliebten dir auch nur das Wasser reichen könnte.« Vanessa las uns die Briefe mit einem Vergnügen vor, das ihr Verlangen nach ihm verriet. Sie entbehrte eine Partnerschaft, die mit der Zeit immer enger geworden war. Seine Abreise erlebte sie als eine persönliche Tragödie, die sie, wenn auch nur für einige Zeit, verlassen und verzweifelt zurückließ.

Von uns allen besaß Julian das wärmste Naturell, war er der am wenigsten zurückhaltende, der mutigste. Großzügig von Natur, fand er, trotz einer gewissen Schüchternheit, leicht Freunde; in Gesellschaft konnte er manchmal unbeholfen sein, aber seine Vitalität und seine unwiderstehliche Aufrichtigkeit machten ihn anziehend für seine Altersgenossen. Für sein Alter wirkte er jung, Ideale und Vorurteile mischten sich in seinem Bewußtsein nicht eben glücklich, und er sehnte sich nach mehr Erfahrung, um mehr Halt und eine Richtung zu finden. Seine Bewunderung für Vanessa, die ihm vielleicht ein besseres Verständnis für Frauen vermittelt haben mag, machte ihm das Leben jedoch nicht leichter, denn die Freiheit, um die er ständig rang, war dadurch ebenso ständig in Gefahr. Ganz durchdrungen von den Ideen und Verhaltensweisen seiner Eltern, mit denen er zum Teil durchaus sympathisierte, zögerte er, eine Lebensweise aufzugeben, die ihm in mancher Hinsicht sehr zusagte, aber er fühlte sich doch genötigt, sie an seinen eigenen Entdeckungen zu überprüfen.

Mir gab seine Abreise nach China das Gefühl, daß er mich gerade in einem Moment im Stich ließ, als ich sein Verständnis ganz besonders gebraucht hätte. Er allein verfügte über jene Vorstellungskraft, ohne die man in meinem damaligen Alter erlahmt. Mehr als jeder andere verstand er, was Vanessas Dominanz auf der einen und Duncans Passivität auf der anderen Seite in mir bewirkten. Er war sich meiner mißlichen Lage mehr bewußt, als ich dachte, und er stellte Vanessa in seinen Briefen aus China wegen ihrer besitzergreifenden Art zur Rede, weil er meinte, dies stünde meiner sexuellen Reife im Wege. Dazu gehörte schon eine erhebliche Portion Mut und Einfühlungsvermögen; die Wirkung auf mein Leben war allerdings minimal.

Vanessas zehn Seiten langer Antwortbrief läßt erkennen, daß der Hieb saß. Vieles, was er weitschweifig und behutsam mitteilt, ist reiner common sense, einiges, was Frances Spalding in ihrer Biographie von Vanessa zitiert, ist bewegend. In dem verzweifelten Wunsch, ganz rational zu erscheinen, bestreitet sie immer wieder die Tyrannei ihrer Liebe, wie jemand, der fortgesetzt weiterredet, um die Stimme des Zweifels in sich zu übertönen. Sogar jetzt, da ich den Brief noch einmal lese, spüre ich das nahezu unerträgliche Gewicht ihrer Persönlichkeit und das Erstickungsgefühl, das aus so viel Besorgnis in mir entstand, wo ich doch einfach nur in Ruhe gelassen werden wollte.

Auch Julians Verhalten, was meine sexuelle Erziehung betraf, war, ehe er nach China ging seltsam konfus. Er schwankte zwischen Wärme und Vertrautheit und einem Verhalten, mit dem er mich auf schmerzliche Weise fallen ließ, so zum Beispiel, wenn er mich aus dem Zimmer schickte, um mich meine sexuellen Fragen mit einer erfahrenen Altersgenossin diskutieren zu lassen, oder wenn er – vielleicht im Scherz – zitierte: »Sei brav, süßes Mädchen, und laß wer will den Klugen spielen.« Obwohl mich das wütend machte, hinderte es mich dennoch nicht daran, ihm Rede und Antwort zu stehen, wenn wir im Mondschein um den Rasen gingen und über meine vagen und gestaltlosen Sehnsüchte sprachen. Er besaß eine ganz ungewöhnliche Fähigkeit, seine Aufmerksamkeit auf einen Punkt zu lenken, niemand sonst hörte mit so vollkommener Konzentration zu, was wiederum für seine sensible Wahrnehmungsfähigkeit spricht, und mich, wenn auch nur für Augenblicke, von der Stichhaltigkeit meiner Äußerungen überzeugte. Wenn es ihm manchmal an Sensitivität zu fehlen schien, so war das auf seine Unbeholfenheit zurückzuführen. Ich lernte viel aus der Wärme seiner Umarmungen, die eher denen eines Liebhabers glichen und genau das waren, was ich brauchte. Ich hatte kaum je einen körperlichen Kontakt zwischen meinen Eltern beobachtet, nicht gesehen, daß sie ein Bett teilten oder sich in unerwarteten Augenblicken rasch einmal küßten, und so fehlte mir jede Sinnlichkeit. Als Folge davon verdrängte ich viel – trotz meiner heimlichen und intensiven Beschäftigung mit Sexualität. Sowohl Duncan und Vanessa als auch Leonard und Virginia hatten als

Julian mit Angelica, Charleston

Paare etwas Asexuelles, fast Jungfräuliches, und waren daher außerstande, mich einzuweihen. Und an Clives gutgemeinten Eröffnungen war etwas, das mich abstieß. Julians Zärtlichkeit blieb daher für mich umso wichtiger und ihr Verlust umso größer zu einem Zeitpunkt, als ich mich an der Schwelle zu eigenen sexuellen Abenteuern befand.

Ich war lebhaft, flirtete gern, war, wie ich glaube, liebevoll und hatte wie Virginia und Vanessa ein ungeheures Bedürfnis, geliebt zu werden. Ich war nicht ganz dumm, aber ich stellte keine Fragen, war schüchtern und für vieles blind infolge einer Egozentrik, zu der ich, wie ich wahrheitsgemäß sagen muß, stets ermutigt worden bin. Für die Bedürfnisse und Gefühle anderer hatte ich kein Empfinden. Meine gelegentlichen unausgewogenen Aufbrüche in die Unabhängigkeit waren nichts als ein emotionales Strohfeuer, ohne jede Idee und ohne Überlegung. Eine gewisse Zielstrebigkeit muß ich gehabt haben, aber noch heute könnte ich nicht sagen, worauf sie sich richtete. Ich war sehr konformistisch, ja, ich neigte zur Nachahmung – ein Verhalten, das zunächst unbewußt von Louie ermutigt worden war. Und als ich mich dann unausweichlich von meiner Mutter beherrscht fand, blieb ich eben deshalb unfähig, mir irgend etwas Originelleres vorzustellen, als eine zweite Vanessa zu werden. Erst seit kurzer Zeit bin ich bereit, die tiefen Unterschiede zwischen uns zuzugeben und auch anzuerkennen, daß ich in Wirklichkeit mehr eine Grant oder vielleicht eine McNeil bin als eine Stephen.

Damals jedenfalls war ich launisch, leicht ablenkbar, ebenso leicht zu Tränen wie zum Lachen zu reizen und ohne auch nur die allerdürftigsten Wertbegriffe. Oder vielleicht sollte ich lieber sagen, daß ich nie imstande war, zu meinen Wertvorstellungen zu stehen, es sei denn, aus Nachlässigkeit oder als Weigerung, mich tatkräftiger zu engagieren: Meine Ideale waren viel zu jugendlich-kompromißlos, als daß sie sich dem wirklichen Leben hätten anpassen können. Dessen ungeachtet neigte ich instinktiv zu Offenheit und Wahrhaftigkeit, wobei mir auf verschwommene Weise bewußt wurde, daß ich, was dies anging, vor allem mir selbst gegenüber eine Verpflichtung hatte. Aber in meinen Gefühlen war ich trotz aller Sensibilität unterentwickelt. Wenn ich sie mit denen anderer Menschen verglich, schienen sie – sogar mir selbst – nichts wert zu sein. Ich mußte sie heimlich aufpäppeln, um mich von ihrer Richtigkeit zu überzeugen, und merkte nicht, daß ich gar keinen schlimmeren Fehler machen konnte. Mir fehlte die Gabe, mir selbst durch dick und dünn treu zu bleiben, obgleich ich anderen oft als widerspenstig und intolerant erschien – aber das war nur Vernebelungstaktik, so etwas wie die blauen Wolken, die der Tintenfisch von sich gibt. Im Grunde hatte man leichtes Spiel mit mir, und einmal zu Boden gegangen, war ich außerstande, mich wieder ins Gleichgewicht zu bringen. Ich ließ mich leicht entmutigen, und mein Bedürfnis nach Zuneigung verleitete mich – nur um sie zu bekommen – zu Selbstbetrug und Ausflüchten. Was sich an Kraft und Biegsamkeit durch eine vertrautere Beziehung zu Duncan hätte ausbilden können, war einfach nicht vorhanden, und folglich war meine Sexualität, die sich an romantischen Vorstellungen genährt hatte, etwas unglaublich Zerbrechliches und kaum dazu angetan, junge Männer meines eigenen Alters anzuziehen. Immerhin hatte ich einige Verehrer. Aber ich selbst war nur zum Teil von ihnen angezogen. Unglücklicherweise verliebte ich mich niemals in einen von ihnen.

Obgleich allem Politischen gegenüber gleichgültig, entgingen mir Julians Aktivitäten nicht. Und ich war auch nicht ganz unempfindlich für die Bedrohlichkeit der internationalen Situation. Ich sagte nichts, hatte aber Angst, und die lauten und lebhaften Diskussionen zwischen Julian und seinen Freunden auf dem Rasen in Charleston konnten mir kaum Mut machen. Niemand erwartete, daß ich mich daran beteiligte, und wenn ich es getan hätte, wäre es, das spürte ich, etwa so gewesen, als würde ich in einen elektrischen Mixer springen. Julians Freunde, zehn Jahre älter als ich, von Ideen übersprudelnd, wortgewandt und gut informiert, erschreckten mich tief, teils durch ihren glänzenden Intellekt, der sanfteren Gefühlen keinen Raum zu lassen schien, und teils wegen ihrer allgemeinen Weltsicht, aus der menschliche Aspekte verbannt schienen, als hätten sie keinerlei Bedeutung. Ich machte mir nicht klar, daß dies in eben diesem Zustand der Welt begründet war und daß sie sich ernste Sorgen um die Zukunft machten. Es gelang mir nicht, das in all dem Gefunkel von Worten und Formulierungen zu erkennen.

Ich war entsetzt über eine nur flüchtig von mir wahrgenommene Welt, in der das Individuum nichts zählte und nur eine Art Pfand in der Hand von Mächten war, die darum rangen, einander zu unterjochen. Unfähig, objektive Fragen zu stellen oder die Dinge richtig zu beurteilen, bestürzt, weil ich instinktiv wußte, daß, wenn ich diesen jungen Männern zuhörte, ich mich von der Kindheit lösen mußte, zog ich mich aus der Szene, die sie heraufbeschworen, zurück. Im Licht ihrer Erörterungen schienen selbst die allerbeständigsten und unerschütterlichsten Dinge in Gefahr zu geraten. Im zunehmenden Gefühl der Angst konnte sogar das Geräusch eines Flugzeugs eine unheilvolle Vorbedeutung haben. Nie mehr würde es diese ländliche Stille geben, in der alle Laute entweder von Tieren oder von Menschen herrührten, wo der dumpfe Aufschlag eines zwei Meilen weit weg umstürzenden Baumes die Entfernung zwischen ihm und uns bestimmte oder das Zwitschern einer Lerche den blauen Luftraum über uns maß. Noch das mechanische Geräusch einer Dreschmaschine rief ein freundliches Echo aus den leeren sonnengedörrten Feldern hervor. Jetzt ertranken diese Geräusche mehr und mehr im Lärm der Autos, Lastwagen und Flugzeuge, der in der absehbaren Zukunft nie wieder zum Schweigen zu bringen sein würde. Wenn ich so im Gras lag und Worten wie Bajonette und fünfte Kolonne, Hitler und Faschisten zuhörte, zitterte ich wie eine Maus in ihrem Versteck, und ich hoffte, daß diese erschreckenden Bilder an mir vorbeiziehen würden.

Das nächste Jahr war aus vielen Gründen aufregend. Zum ersten Mal in meinem Leben war ich weit weg von zu Hause in einer fremden und überaus freundlichen Umgebung. Nach Julians Abreise fuhr ich nach Paris und wohnte bei Freunden der Bussys, in die ich mich, wie das in diesem Lebensalter so geht, hemmungslos verliebte – es war eine liebevolle Freundschaft, die bis zum heutigen Tag andauert.

François Walter, bärtig, gut aussehend, war Beamter im öffentlichen Dienst und zugleich ein linker Friedensagitator, der eine Zeitschrift namens *Vigilance* herausgab. Als die Action Française mit einem Staatsstreich drohte, lernte er Pistolenschießen und verlieh unserem Leben damit einen dramatischen Akzent, den man in England für übertrieben gehalten hätte, der sich aber in Frankreich ganz realistisch ausnahm. Zoum, seine Frau, kam aus einer belgischen Künstlerfamilie und sah aus wie eine Gestalt aus einem Bild von Georges de la Tour, stattlich, würdevoll und vornehm. Auch sie malte; ihre Staffeleien und Leinwände waren für mich ein vertrautes Lebenszubehör, obgleich ihre

Bilder ganz anders waren als alles, was ich bisher gesehen hatte. Da sie François sehr liebte, war sie verzweifelt vor Angst, wenn er zu spät zum Abendbrot nach Hause kam, und wartete, weit aus dem Fenster im sechsten Stock gebeugt, ob nicht sein Taxi käme. Wenn er schließlich da war, wurde er mit bitteren Vorwürfen empfangen und dann leidenschaftlich umarmt, ehe er ein köstliches Mahl vorgesetzt bekam. Sofort danach vertiefte sich François in die Arbeit an seiner Zeitung, wobei er bis weit nach Mitternacht in der Wohnung auf und ab ging und mit kleinen Tassen schwarzen Kaffees wach gehalten wurde.

Mir offenbarten solche Szenen Möglichkeiten menschlicher Beziehungen, die ich bislang nur aus der Literatur kannte. Zoums Mutter, Jeanne, die zu einem langen Besuch nach Paris kam, zog mich, trotz ihrer Mütterlichkeit nicht so sehr an, da sie, ganz durchdrungen von einem sehr französischen praktischen Verstand, den Versuch machte, die Spinnweben meiner nordischen Schüchternheit wegzufegen. Bestürzt über meine Unkenntnis sexueller Vorgänge, die sie eines Morgens durch gründliche Befragung in der Küche feststellte, versuchte sie ihr Bestes, um mich aufzuklären. Aber ich verschloß meine Ohren gegen die angebotene Belehrung. Und es verbesserte unsere Beziehung auch nicht, daß sie im Nebenzimmer saß, wenn ich Geige übte, und in Abständen herüberrief: *»Angelica, c'est faux!«* Diese Ausrufe setzten mir zu: Ich fand, daß meine Fehler eine Angelegenheit zwischen mir und meiner Geigenlehrerin seien.

Zoum war meine zweite Mutter; ihre Kraft, ihre Freundlichkeit und ihr Humor kamen immer bei mir an, auch später noch. Ich staunte, wie männlicher Intellekt, Gefühlswärme und Sinnlichkeit sich in ihr in einer Weise verbanden, die mir bis dahin nie begegnet war. Auch sie war eine dominierende Persönlichkeit, und ich stand ganz in ihrem Bann. Ihr Mann, François, war ganz im Gegensatz zu ihr durch und durch nervöser Intellekt, perfekt, objektiv, dazu erzogen, alles beiseite zu lassen außer der einen Tatsache, auf die es ankam. Das alles zog mich ungeheuer an. Ich fieberte danach, seine Aufmerksamkeit auf mich zu ziehen, war aber doch ganz glücklich, wenn das nicht geschah und auch wieder wie elektrisiert, wenn es einmal der Fall war. Ganz gewiß waren diese vier Monate in Paris eine Zeit, in der ich ganz lebendig war und viel Neues lernte, eine Zeit, in der sich meine Interessen intensivierten und die seither ein Maßstab für mich geblieben ist.

Bei meiner Rückkehr nach London im Frühling 1936 ging ich sofort in das London Theatre Studio, und zwar als Schülerin von Michel Saint-Denis, den ich zuletzt als Noah in der Compagnie des Quinze gesehen hatte. Ich lernte ihn im Lauf der Zeit gut kennen, denn unsere Freundschaft setzte sich im Krieg und noch danach fort, als er sich ganz entzückt meinen damals noch kleinen Kindern zuwandte. Als Schauspielschülerin war ich von Liebe und Bewunderung für ihn ganz überwältigt und sah in ihm so etwas wie einen Vater-Zeus, an dessen guter Meinung mir so dringend gelegen war. Er war eigentlich kaum alt genug für diese Rolle, aber was die Kenntnis der menschlichen Natur anging, war sie ihm auf den Leib geschrieben.

Auf den ersten Blick war er als Erscheinung nicht beeindruckend – klein und ziemlich kräftig, ohne dick zu sein, eher untersetzt und meist in unauffälligen grauen Tweed gekleidet. Erst wenn er sich setzte, nahm man die edel geformte Stirn, die Adlernase und die klug beobachtenden Augen wahr. Sein Mund, aus dem gewöhnlich eine gebogene Pfeife hing, war voll und sinnlich. Er hatte einen starken französischen Akzent und eine Logik, die vollkommen überzeugte.

Zu uns Studenten hatte er die Beziehung eines guten Onkels, obgleich sie gelegentlich auch einen sadistischen Zug annehmen konnte. Trotz seiner Schwierigkeiten mit der Sprache verfügte er über die ganze Ausdrucksfähigkeit des Schauspielers, und ihm standen alle Mittel der Überredung wie des Zwangs zur Verfügung. Wir waren Wachs in seinen Händen. Gelegentlich konnte er von eisiger und sogar grausamer Ironie sein – eine Attitüde, gegen die wir ziemlich wehrlos waren, besonders wenn wir, wie ich, willige Opfer waren. Dennoch war er ein bemerkenswerter Lehrer und, wie ich heute denke, ein großer Mensch, äußerst gebildet und voller Interessen, die mit dem Theater nichts zu tun hatten, die aber seinen Inszenierungen zugute kamen. Nach seinem Tod wurde er vergessen oder als Versager abgetan, aber er hatte eine reiche Persönlichkeit und war bei einer kraftvollen Intelligenz voller Gefühl und Sensibilität. Das englische Theater und das französische verdanken ihm viel.

Wie in Langford, so war auch an der Theaterschule mein Erfolg durch Michels Hochachtung für Bloomsbury bestimmt. Meine Entwicklung fing gut an: Ich war ein Baum in einer Orpheus-Pantomime. Aber dann ging es bergab, obgleich es auch später noch erfolgreiche Augenblicke gab. Wenn ich zum Beispiel eine der Heldinnen in einer Komödie von Dryden spielte, sagte Michel mir, daß es mir fünf Minuten lang gelungen sei – »Du *kannst* spielen!«. Das war ein rot im Kalender angestrichener Tag, und das beste daran ist, daß ich – da ich es nicht auf die Probe gestellt habe – mir immer noch vorgaukeln kann, es sei vielleicht wirklich so gewesen. Michel war immer besonders nett und reizend zu mir, aber daß er mich wie jemand Besonderen behandelte, verstärkte mein Gefühl von Irrealität: Ich kam mir vor wie eine Puppe aus Papier, die versucht, in eine fremde Welt einzudringen. Als er schließlich meine Interpretation der Irina in Tschechows »Drei Schwestern« ablehnte, war ich verletzt und verwirrt. Aus Gründen, die nur er kannte, hatte er mir nur sehr wenig geholfen während der Proben (die er, was ganz ungewöhnlich war, persönlich leitete), und ich hatte das Gefühl, daß nun sein bisheriges Verhalten mir gegenüber ohne weitere Erklärung ins Gegenteil umschlug. Ich verbarg meine Gefühle hinter gespielter Gleichgültigkeit, und selbst er war machtlos, sie zu durchdringen.

Trotz oder vielleicht auch wegen der drohenden Kriegsgefahr war das Leben in London höchst vergnüglich, als ob das Licht, während es schon abnahm, noch einmal umso heller leuchtete. Vanessa, Duncan und ich wohnten in der Fitzroy Street Nr. 8. Das inzwischen zerstörte Haus gehörte zu den Wohnbauten aus der Mitte des 19. Jahrhunderts mit großen Zimmern und schweren Gesimsen, in deren unteren Etagen die Bildrestaurateure Drowns ihre Werkstatt hatten, während die oberen Regionen an verschiedene Parteien vermietet waren. Ich hatte ein Zimmer ganz oben, das, obgleich es auf die Straße hinausging, ziemlich ruhig war. Hier spielte sich alles ab, was ich tat – außer essen und baden, das fand in Vanessas Atelier statt, das nach hinten angebaut war und das man durch einen langen, engen Gang erreichte, der den Abstand zwischen dem Atelier und dem eigentlichen Haus überbrückte. Er war mit Wellblech überdacht, das, wenn man den Gang betrat, zu rütteln anfing und das Nahen unserer Besucher wie Theaterdonner ankündigte.

Vanessas und Duncans Ateliers grenzten Rücken an Rücken, das eine ein Spiegelbild des anderen. Aus Vanessas kleinem Küchenfenster konnte man die Füße und Beine von Duncans Gästen sehen, wie sie einer hinter dem anderen das letzte Stück des Übergangs entlangstapften, an dessen Ende ein leerer korbgeflochtener Stuhl mit einer Haube stand. Eine kleine Tür führte in das riesige Studio, dessen geheimnisvoller verstaubter Raum mit Spundbrettern ausgekleidet war und an die Proberäume von Degas' Ballettänzerinnen erinnerte. Zuerst Whistler und dann Sickert hatten das Atelier innegehabt, und so war es eine Zuflucht vor dem Fortschritt der Zeit und vor den Übergriffen des modernen Lebens. Wie gemacht für die Visionen und Träume der Künstler, schien es im Londoner Nebel zu schwimmen, in dem es sich verloren hatte und der es seit dem 19. Jahrhundert trug. Was für herrliche, erhabene, geheimnisvolle Orte waren diese Ateliers, mit dem ganzen Drum und Dran der Künstler, das so charakteristisch für jeden einzelnen war: Zwischen den Staffeleien und den Thronen der Modelle, völlig verkrusteten Paletten und Krügen voller Pinsel, verrottenden Stilleben und dem Geruch nach Terpentin, Stößen verstaubter Leinwände und Tassen voller durch Firnis miteinander verklebter Zeichenfedern und Zeichenkohle hatte Duncan eine kleine Insel vor dem Kamin ausgespart, wo ein richtiges Klavier stand, auf dem seine Freundinnen Mrs. Hammersley oder Harriet Cohen gelegentlich spielten. An der Wand hingen mehrere

Gitarren; verblichene aber kostbare Stoffe waren über das Bett gebreitet und ließen zusammen mit den vielen Kissen an einen Harem denken, das Ganze beleuchtet von einer aus einer afrikanischen Skulptur gestalteten Lampe. Was konnte es Köstlicheres für seine Freunde geben, als rauchend, trinkend und redend dort zu sitzen und bewußt eine Atmosphäre zu genießen, die sie nirgendwo sonst finden konnten?

Vanessas Atelier war durch einen bestickten, nur selten zurückgezogenen Vorhang geteilt, der ihren Arbeitsraum von unserem Eßzimmer trennte. Hier aßen wir an einem achteckigen Tisch mit einer Aluminiumplatte. Hinter dem Atelier lag ein kleiner Raum, Küche und Bad zugleich und für ein paar Stunden am Tag von der hageren, noblen Gestalt Flossies beherrscht, die für uns einkaufte und kochte.

Um diese Zeit erreichte meine Bewunderung für Duncan ihren Höhepunkt. Wahrscheinlich hatte ich ihn – und nicht Clive – mit sechs oder sieben Jahren zu meinem »Ehemann« gemacht, weil ich instinktiv fühlte, daß er mein Vater war, aber auch, weil er jünger, zugänglicher und sanfter war. Er war nie belehrend, schüchterte mich nie ein und bot nur selten seinen Rat an, es sei denn, man bat ihn darum. Viele Menschen übertreiben ihre Gefühlsreaktionen aus Angst, für unsensibel zu gelten. Duncan tat das nie, und er machte auch nicht den Eindruck, als unterdrücke er seine Gefühle – stets konnte er sich auf seinen Instinkt verlassen. Er war überlegt und wohlerzogen, und bei allem was er tat, hatte er einen Sinn für das Verhältnismäßige. Solange er imstande war zu malen, schien er keinerlei egoistische Antriebe zu kennen, und dennoch hatte man immer das Gefühl, daß er genau das tat, was er wollte. Zugleich war er immer bereit zu neuen Erfahrungen und hatte einen beweglichen Geist, der auf mich wie Champagner wirkte, köstlich und seelenstärkend. Vanessa mißtraute dieser Fähigkeit und schloß daraus, daß er, wenn er allen diesen Versuchungen erliegen würde, nie mehr zum Arbeiten käme. Aber er arbeitete nicht nur genau so angestrengt wie alle anderen, die ich kannte – er lebte auch für seine Malerei, als wäre sie seine Geliebte.

Duncan wirkte als Prellbock zwischen mir und Vanessa. Ich kann mich nicht genau entsinnen, wann mein Gefühl des Unbehagens ihr gegenüber begonnen hat. Ich bin versucht zu sagen, daß es immer schon da war – aber das ist unmöglich. Kinder sind von Natur aus ohne Arg, und obgleich sie es nicht ausdrücken können, spüren sie es sofort, wenn jemand heuchelt. Ich bin fast sicher, daß Vanessa sich mir gegenüber schuldig fühlte und dies durch kleine, fast unmerkliche Zeichen verriet – ob sie das nun zugeben mochte oder nicht. Außerdem nahm ich ihr, so unvernünftig das auch scheinen mag, ihr Alter übel, nicht so sehr der Jahre wegen, sondern wegen ihrer mangelnden physischen und moralischen Elastizität. Ich brauchte einen Punchingball, um meine Kraft daran auszuprobieren, aber wenn ich zum Schlag ausholte, traf ich immer nur auf Watte – und schämte mich meiner Heftigkeit sofort. Solche Erfahrungen sind verwirrend, denn es ist ganz natürlich, daß man, wenn man jung ist, stark sein will. Ich kam aber nicht einmal dazu, mich darin zu üben. Viel von meiner späteren Schwäche beruht darauf, denke ich, daß ich, statt mich zu beherrschen, meine Gefühle zu unterdrücken lernte. Es war das gleiche Verhalten, das mich an Vanessas Seite festkleben ließ, statt meine eigenen Erfahrungen zu machen. Aber wenn Duncan dabei war, verflüchtigte sich ihre Macht, mich zu bedrükken und mich unzulänglich fühlen zu lassen. Mit ihr zusammen war ich wie ein gestrandetes Schiff; sobald Duncan auftauchte, segelte ich frei dahin. Wenn er abends ausging, saßen Vanessa und ich im Atelier und warteten auf ihn und sehnten uns danach, seinen Schlüssel in der Tür zu hören. Wenn er dann hereinkam, sich durch die Haare fuhr und lächelte, bevor er uns die Erlebnisse des Abends erzählte, war das für uns beide eine Erlösung.

Manchmal gingen auch Duncan und ich zusammen auf eine Party und ließen Vanessa allein am Kamin. Das war herrlich, wenn auch ein wenig unnatürlich, denn eigentlich hätte mich irgendein junger Beau begleiten sollen. Es endete fast immer damit, daß Duncan der letzte Gast war und immer noch nicht nach Hause gehen mochte, weil er es so sehr genoß. Manchmal allerdings ließen mich die beiden auch allein zuhause. Ich erinnere mich an eine solche Gelegenheit nach dem Essen am Aluminiumtisch, als Vanessa es widerstrebend aber geduldig zuließ, daß sich ihr Gesicht unter den geübten Händen der Schauspielerin Valerie Taylor mit blauer Schminke bedeckte. Schließlich sah sie aus wie eine bleierne Venus, im Begriff, ihren Steinsockel zu besteigen.

Unsere wöchentlichen Familientreffen fanden auch weiterhin in Clives Wohnung am Gordon Square statt. Duncan, Vanessa und ich schlenderten von der Fitzroy Street hinüber, vertraut mit jedem Ziegel und jedem Pflasterstein auf dem Weg dahin. Den Verkehr konnte man vergessen; es war eher wie ein Spaziergang in einer Landstadt als in der steinharten Wolkenkratzer-Metropole von heute. Das Bloomsbury von damals schien sich seit den Tagen von Thackeray und Dickens wenig verändert zu haben. Straßauf, straßab die gleichen viktorianischen Häuser, die schäbig und heruntergekommen, zu eng und zu hoch waren, um noch bequem zu sein; aber immer noch erfüllte sie häusliches Leben, sorgten die eingestreuten kleinen Läden für die Bedürfnisse der Bewohner. Vanessa kam in irgend etwas Fließendes gehüllt mit Schal und Ohrringen aus ihrem scheunenartigen Atelier und ging mehr aus Vorsicht als aus Neugier langsam und leicht vornübergebeugt den Bürgersteig entlang. Duncan, die Zigarette im Mundwinkel, erzählte mir Geschichten, wie ihn einmal ein Blitz auf der Zunge getroffen hätte oder wie er in Maynards Abwesenheit sich mit zwei Kisten Moët-et-Chandon versorgt hatte.

Lottie, dünn wie eine Bohnenstange, die Lippen himbeerrot bemalt, setzte uns ein Mahl vor, das sich einem *Cordon bleu* vergleichen ließ, und nach dem Essen saßen wir in Clives Junggesellenwohnung im Wohnzimmer, das voller Bücher und mit bequemen Sesseln, einem Sofa und durch den Zigarrenrauch gedämpft schimmerndem Licht ausgestattet war. Hier lauschten wir Virginias aufgeregten und hemmungslosen Berichten über ihren langen Flirt mit Sibyl Colefax oder den neueren mit der Comtesse de Polignac. Das Vergnügen bei solchen Gelegenheiten war groß, sowohl für sie wie für die anderen, aber das lag vor allem in der Wiederbelebung der Vergangenheit, die zugleich eine Hommage an Freundschaft und Zuneigung war. Immer noch zogen sie einander magnetisch an, und gegenüber ihrer Runde verblaßten alle anderen Freunde. Die Vergangenheit war so unentwirrbar mit der Gegenwart vermischt und so voll von Ereignissen und Gefühlen, und sie kannten ihre Ansichten und Gedanken so gut, daß jede noch so leise Andeutung sofort aufgenommen und verstanden, jeder Witz dankbar genossen wurde. Dieser Umgang miteinander war ein unbeschwerter Luxus.

Hier las Vanessa auch Julians Briefe aus China vor, in denen er eine Welt beschrieb, die, so lebendig sie auch für sie sein mochte, für uns übrige nur schwer vorstellbar war. Aber alle Mitglieder der Familie, auch der mit politischen Projekten beschäftigte Quentin, schrieben ihm, um ihn über die Ereignisse in England auf dem Laufenden zu halten.

Schließlich gab er seine Position an der Wuhan Universität auf und kam nach anderthalb Jahren zurück, teils wegen einer durch Indiskretion bekannt gewordenen Liebesaffäre, teils weil er den Bürgerkrieg in Spanien nicht länger verdrängen konnte. Er war dünner geworden und – wie auch ich – verändert. Wir waren uns zunächst fremd und versuchten unbeholfen, unsere frühere Vertrautheit wiederzugewinnen. Aber dazu blieb nicht viel Zeit. Nur zu bald gelang es ihm, Vanessa und seine Freunde zu überzeugen, daß er in Spanien mitkämpfen müsse, obgleich er sich – aus Rücksicht auf sie – bereiterklärte, sich als Ambulanzfahrer beim Roten Kreuz zu melden, statt in die vorderen Linien zu gehen. Wieder gab es eine Zeit der Vorbereitungen, die überschattet war von Vanessas unausgesprochener Angst und den üblichen Sorgen um die notwendigen Papiere und die Ausrüstung – eine Zeit, die vielleicht Julian, aber niemandem sonst Spaß machte. Vanessa begleitete ihn bis Newhaven, und dann war er, nach einer Zeit, die uns allen unglaublich kurz erschien, wieder verschwunden – und London war leerer geworden.

Passenderweise tanzte ich damals am London Theatre Studio in einem dramatischen Ballett über das Thema von Goyas »Desastres de la guerra« mit. Es war meine erfolgreichste Rolle, und ich genoß sie sehr.

Im Juni führten wir das Ballett vierzehn Tage lang vor Freunden und anderem Publikum auf. Eines Abends, die Aufführung hatte gerade begonnen, erschien Duncan plötzlich in dem schmalen Gang neben dem Theater: Julian war tot, ich sollte, bitte, sofort nach Hause kommen. Zitternd kletterte ich die Leiter zur Beleuchtertribüne hinauf, von wo aus Michel die Aufführung immer beobachtete. Als er sah, daß irgend etwas Schlimmes passiert war, kam er sofort mit mir zusammen hinunter, und als er hörte, was es war, legte er den Arm um mich. Natürlich könnte ich, wenn jemand anderes meine Rolle übernahm, nach Hause gehen.

Ich fand Vanessa im Bett, kreideweiß und vom Weinen verquollen, nahezu unfähig, etwas zu sagen. Ich sagte, ich hätte die ganze Zeit gewußt, daß es so kommen würde, und so ging es ihr auch, aber abgesehen von dieser ersten Umarmung kamen wir einander nicht näher. Nur Virginia und Duncan konnten ihr etwas helfen. Obgleich selbst keine Mutter, hatte Virginia Phantasie genug, um zu verstehen, welche Todesqualen Vanessa durchlitt, und sie sprach furchtlos mit ihr von der Vergangenheit. Duncan bewahrte wie immer seine ungewöhnliche Gelassenheit. Clive hingegen tat, als sei er innerlich ganz distanziert, und das in einem Augenblick, da es ganz unmöglich war, sich zu distanzieren.

Sehr bald waren wir wieder in Charleston, und Vanessa lag auf einem Sofa im Atelier und blickte auf den leeren Gartenweg hinunter, gelegentlich weinte sie, aber meist war sie selbst dazu zu erschöpft. Es wurde beschlossen, aus Julians China-Briefen und anderen Schriften von ihm und mit Beiträgen von Freunden wie Maynard Keynes und David Garnett ein Buch zu machen. Ganz allmählich wandte Vanessa ihre Aufmerksamkeit dem Lesen, Auswählen und Schreiben zu, was zwar eine melancholische Beschäftigung, aber besser war als die Untätigkeit, die sie bis dahin gelähmt hatte. Obgleich Julian ihr in einem Brief, den sie nach seinem Tode erhielt, empfohlen hatte zu arbeiten, dauerte es doch eine ganze Weile, bis sie wieder an ihrer Staffelei stand. Ganz allmählich aber nahm sie wieder ihren Platz im Haushalt ein und kam ihren früheren Pflichten nach, im Bemühen, das normale Leben wiederherzustellen, an das wir uns alle so sehr gewöhnt hatten und ohne das wir uns überhaupt nicht zurecht fanden. Dieses Bemühen muß ihr wohl geholfen haben, aber nichts konnte ihr das frühere Vertrauen in das Leben zurückgeben, das aus dem Gefühl geboren war, daß wer nichts Böses tut, auch nicht viel leiden muß. Auch wenn sie Julians Überzeugungen in großem Maße teilte, konnte sie das nicht über seinen Tod hinwegtrösten. Abgesehen von ihrer Arbeit, tat es ihr am wohlsten, ihre Aufmerksamkeit ganz auf die ihr verbliebenen Kinder zu konzentrieren.

In meiner Erinnerung ist dieser Sommer endlos, heiß und ermüdend. Eines Tages, als es Vanessa besser ging, nahm sie mich ins Wohnzimmer in Charleston und teilte mir mit, daß Duncan mein wirklicher Vater sei, nicht Clive. Sie zog mich fest an sich und sprach von der Liebe: Unter ihrem zärtlichen Verhalten spürte ich Verlegenheit und Unbeholfenheit. Was sie dazu bewog, es mir gerade in diesem Augenblick zu sagen, was dabei auf einen schon lange gehegten Plan und was auf ihre derzeitige Gemütsverfassung zurückzuführen war, vermag ich nicht zu sagen. Es kann durchaus sein, daß sie das Gefühl hatte, dem Gedächtnis Julians diese Geste schuldig zu sein. Vielleicht hoffte sie, was sie mir gerade übermitteln wollte, könnte mich reifer machen, und Julian hätte die Aufrichtigkeit ihrer Geste gebilligt. Gleichzeitig muß sie das ungeheure Bedürfnis gehabt haben, die Last dieser Lüge, mit der sie die letzten siebzehn Jahre gelebt hatte, loszuwerden. Besorgt darüber, wie ich es wohl aufnehmen mochte, betonte sie, daß sich gar nichts zu verändern brauche, da ja die gegenwärtige Vertrautheit wichtig sei und nicht vergangene Tatsachen: Meine Liebe zu Quentin zum Beispiel müsse keineswegs davon beeinflußt werden, daß er mein Halbbruder sei und ich das nun wüßte. Ich erinnere mich an den seltsamen kleinen Schock, den diese Versicherung bei mir auslöste, und ich stellte fest, daß ich ihn wirklich liebte, obgleich ich nie zuvor daran gedacht hatte, das auszusprechen. Was wiederum deutlich macht, wie zurückhaltend wir miteinander umgingen. Und wenn auch Julian ihr geschrieben hatte, daß ich womöglich noch gefühlsbetonter sei als er, so war ich doch kein Kind, das leicht aus sich herausging. Wenn Vanessa erwartet hatte, daß ich über ihre Mitteilung überrascht sein würde, so muß sie enttäuscht gewesen sein. Ich zuckte kaum mit der Wimper, obgleich ich, als sie mich dann allein ließ, ganz euphorisch war. Ich hatte es im Grunde längst geahnt. Wenn es eine Art Explosion gab, so muß sie tief unter der Oberfläche stattgefunden haben; für den Augenblick spürte ich einfach, daß eine Lücke sich schloß.

Dennoch sprach ich nicht mit Duncan darüber: Vielleicht fürchtete ich, daß er mein Hochgefühl dämpfen würde. Ich zog es vor, für mich allein zu frohlocken, unfähig, mich des Gefühls zu erwehren, daß ich bei einem solchen Vater für etwas Besonderes auserwählt sei. Ich war das kleine Mädchen mit der roten Rose in der Hand, das in den Prinzen, diese häßliche und bezaubernde Bestie verliebt war. Es kam mir nicht in den Sinn, daß ich mir da einen Duncan zusammenphantasierte, den es gar nicht geben konnte. Auch war mir bei meinem so verzweifelten

Wunsch, einen Vater zu haben, das wahre Wesen meines Opfers nicht klar. Jedenfalls hätte ich mit Duncan sprechen sollen. Aber wie es nun einmal war, sagte Vanessa nichts mehr dazu, er auch nicht, und ich blieb in meinen Träumen gefangen.

Meine Beziehung zu Duncan kam nie über diesen Stand hinaus: Ich liebte und bewunderte ihn, aber nur ich hatte den Wunsch, seine Tochter zu sein; er quittierte ihn mit gleichmütiger Heiterkeit. Da war eine Barriere aus geschlechtsloser Güte und Einfachheit, an der ich abprallte. Ich konnte nicht darüber hinwegsehen, aber vielleicht – frage ich mich heute – gab es da gar nichts weiter zu entdecken? Ganz gewiß gab es da etwas, aber es war zu verschwommen, zu persönlich und zu selbstbezogen, als daß es auf die Bedürfnisse einer Tochter hätte reagieren können. Die Folge war, daß unsere Beziehung, die in mancher Hinsicht sehr angenehm war, ein bloßes Trugbild blieb. Wir waren nicht wie Vater und Tochter. Es gab keinen Streit und auch keine Kämpfe, es wurde keine Autorität an den Tag gelegt, und es gab auch keine Momente stärkerer Liebe und Zuneigung. Alles war sanft, ausgeglichen und oberflächlich – und es war ja gerade seine Fähigkeit, sich nicht zu involvieren, die ihn zu einem so angenehmen Partner machte. Mein Traum vom vollkommenen Vater verwirklichte sich nicht und hielt mich für den Rest meines Lebens gefangen. Meine Ehe war nichts als die Fortsetzung davon und hat mich nahezu aufgezehrt.

Mein Vertrauen in Duncans und Vanessas besseres Wissen war so groß, daß ich den beiden ihr Schweigen nicht übelnahm. Auch später, als ich Vanessa so vieles nachtrug, brachte ich es nicht über mich, Duncan einen Vorwurf zu machen. Aber das war Jahre danach, als ich angefangen hatte zu begreifen, was mir entgangen war und wie tief die Zweideutigkeit der Situation mich durchdrungen hatte.

Auch wenn Vanessa sich mit dem Vorwand tröstete, ich hätte nun eben zwei Väter, hatte ich in Wirklichkeit gar keinen. Es war unmöglich, die Vorstellung von Väterlichkeit mit Duncan zu verbinden – und er versuchte nie, diese Rolle zu spielen. Clive machte es nach außen hin besser, aber er war nicht überzeugend, da er die Wahrheit kannte. Wie ganz anders wäre es gewesen, wenn wir sie alle zugegeben hätten. Unter anderem hätte Duncan seine Zuneigung zu mir zeigen dürfen. Vanessa hatte nie darüber nachgedacht, daß vielleicht auch er durch ihre Täuschungsmanöver beeinträchtigt würde, ebenso wie es ihr niemals klar wurde, daß sie mich, indem sie mir meinen wirklichen Vater vorenthielt, bereits vor meiner Geburt wie eine Sache und nicht wie ein menschliches Wesen behandelte. Kein Wunder, daß sie Schuldgefühle mir gegenüber hatte, auch wenn ich die wahren Gründe dafür nicht kannte. Und auch kein Wunder, daß sie das auszugleichen versuchte, indem sie mich verwöhnte und mich dadurch behinderte.

Als Folge davon blieb mein Gefühlsleben unterentwickelt – allerdings wäre es ein großer Fehler zu glauben, daß mein Leben leichter gewesen wäre, wenn sie mir früher gesagt hätte, daß Duncan mein Vater sei. Meine Schwierigkeiten wären vermutlich die gleichen gewesen, denn auch sein Charakter wäre immer der gleiche geblieben.

Die Wahrheit zu wissen, statt von denen getäuscht zu werden, die sich die Folgen ihrer Lüge nicht ganz klar gemacht hatten – das allein hätte alles verändern können.

Aber es war sonderbar, als dann der Augenblick kam und ich die Wahrheit erfuhr, erschien mir die Welt nicht wirklicher, sondern unwirklicher. Niemand war imstande, offen und natürlich über die Sache zu reden: Vanessa war in einem aufgeregten Zustand und voll böser Ahnungen, und Duncan unternahm keinen Versuch, eine offenere Beziehung zu mir herzustellen. Sie machten den Eindruck von Kindern, die etwas Schlimmes getan hatten und Vorwürfen zu entkommen glaubten, indem sie sich unsichtbar machten.

Nicht einmal Clive machte sich mein neugewonnenes Wissen zunutze, und Vanessa sagte mir, er zöge es vor, mich als seine wirkliche Tochter zu betrachten, und ich sollte darum besser nicht mit ihm darüber reden. Das war ein wahrer Jammer, denn Clives Zuneigung beruhte auf etwas mehr als einer bloßen Täuschung, und die Erleichterung darüber, daß nun alle Karten auf dem Tisch lagen, hätte zu einer lockereren Beziehung zwischen uns führen können. Er würde – wenn er gewollt hätte – verstanden haben, daß nichts ihn daran hindern konnte, mich als seine eigene Tochter anzusehen, während meine sehr aufrichtige Zuneigung zum ihm so vielleicht freigesetzt worden wäre.

Ob Clive es merkte oder nicht – mein Verhalten ihm gegenüber war durch die zweideutige Situation zutiefst beeinflußt und auch dadurch, daß ich Vanessas Gefühle für ihn kannte. Ich habe sie damals nicht näher untersucht, aber ich verstehe heute, daß Vanessa – nach außen hin – zwar Vertrauen und Respekt vor seiner Weltkenntnis und eine Zuneigung empfand, aus der längst alles Prickelnde verschwunden war, daß sie aber, indem sie von ihm erwartete, daß er den Schein wahrte, sich rücksichtslos über seine zarteren Empfindungen hinwegsetzte. Hatte sie sich nie überlegt, was geschehen würde, wenn ich mich einmal an ihn als meinen Vater wenden würde, wenn ich von ihm moralische Unterstützung erwartete, die er, wie er wußte,, mir nicht geben konnte? Hätte irgend jemand eine entsprechende Andeutung gemacht, würde Vanessa gesagt haben, daß Clive, da er die Wahrheit kannte, mir ja nur seine Zuneigung zu zeigen brauchte – ohne zuzugeben, daß eine andauernde Verdrehung der Tatbestände ihren Tribut fordert. Sie hätte auch sagen können, daß, wenn ich früher reif und empfänglich dafür gewesen wäre, sie auch früher mit mir darüber gesprochen hätte, weil sich ja so die Gefahr, ich könnte mich dringend mit Bitten an Clive wenden, vermindert hätte. Aber sie schien nicht zu erkennen, daß – abgesehen von aller Zuneigung und auch über sie hinaus – Clives Reaktionen keinerlei Autorität gehabt hätten, und das war es ja gerade, was ich so dringend wollte, wenn auch vielleicht nur, um sie zuguterletzt abzulehnen.

Vanessa stellte sich vor, sie könnte die ganze Situation allein auf ihre Schultern nehmen; das war zwar gut gemeint, aber doch eine Attitüde, in der sich Arroganz und Großmut mischten und die sich als blind, wenn nicht als gleichgültig gegenüber der Realität erwies. Man könnte meinen, daß sie die Wichtigkeit des Verhältnisses zwischen Vater und Tochter verkannte, aber ich glaube nicht, daß es so war – sie hoffte ganz offensichtlich, daß die Beziehung zwischen Clive und mir Früchte tragen würde –, aber sie hat vielleicht nie verstanden, daß eine Tochter sich wünscht, daß der Vater von ihr Besitz ergreift, und dazu war Clive nicht in der Lage.

Er zeigte jedoch mehr Verantwortungsgefühl für mich als Duncan – wenn auch meine allgemeine Unsicherheit mich daran hinderte, aus vollem Herzen darauf zu reagieren. Ich litt unter einer gewissen Zurückhaltung auf seiner Seite, die ich seiner Gefühlskälte zuschrieb, oder unter versteckten Anspielungen auf sexuelle Themen, die mich verlegen machten. Innerhalb gewisser Grenzen kamen wir sehr gut miteinander aus, obgleich ich, wenn ich auf unser Verhältnis zurückblicke, bedaure, daß ich damals seinen Absichten nicht gerecht geworden bin.

Clive hatte mein Erscheinen in der Welt großmütig begrüßt und hat auch weiterhin warmen Anteil an meiner Existenz genommen; manchmal vertrat er sogar Vanessa, wenn sie verreisen wollte – was Duncan nie tat. Natürlich waren Nellie oder Louie immer da, aber als Bezugsperson war Clive verläßlich, ruhig und humorvoll. Als ich einmal als sehr kleines Kind, an Mumps erkrankt, sachlich und ohne Tränen feststellte: »O je, ich bin aus dem Bett gefallen!«, war er entzückt von meiner selbstverständlichen »Philosophie« und kam während der nächsten zwanzig Jahre in Abständen immer wieder auf diese Geschichte zu sprechen – eine Wiederholung, die mich irritierte und mich blind machte gegen die Zuneigung, die ihr zugrunde lag. Ich erinnere mich auch an eine Gelegenheit, als ich ungezogen zu ihm war. Ich war noch klein, aber groß genug, um zu wissen, was man nicht sagt, aber meine Zunge schien sich, wie die einer Eidechse, ganz von selbst zu bewegen, und ich sagte irgend etwas, das sich nun im Nebel des Unbewußten verloren hat – eine Bemerkung, auf die er mit ungläubiger Überraschung reagierte, was zeigte, daß er verletzt war. Aber er kam nie wieder darauf zurück.

Bei einer anderen Gelegenheit – als ich das Alter erreicht hatte, da Seend nicht mehr der Zauberort war, der er einmal für mich gewesen war – fragte ich Vanessa, ob ich Weihnachten unbedingt wieder dorthin müßte. Sie verwies mich an Clive, und mit Zittern und Zagen ging ich zu ihm in sein Atelier am Gordon Square Nr. 50, wo ich ihn Pfeife rauchend in seinem Rohrsessel fand. Obgleich ich wirklich nicht den Wunsch hatte, jemandem Schmerz zuzufügen, zweifle ich kaum daran, daß ich mich taktlos verhielt: Jung wie ich war, machte ich mir nicht klar, daß er an einem Ort und den Menschen dort hing und immer hängen würde, den ich in jugendlicher Wankelmütigkeit gerade verworfen hatte. Clive sah mich über seine Brille hinweg an, und ich wußte, daß er gekränkt war. Er versprach jedoch diplomatisch, daß, wenn ich dieses Mal noch hinführe, ich es im nächsten Jahr nicht mehr zu tun brauchte. Für mich war das ein Meilenstein auf meinem Weg, weil es das erste Mal war – auch wenn er es nicht bemerkt hatte –, daß ich mit ihm wie eine Erwachsene gesprochen hatte, die in der Lage ist, selbst zu entscheiden und nicht etwas zu tun, nur weil es ihr gesagt wird.

Wenn Clive unsere angebliche Verwandtschaft jemals zu schaffen gemacht hat, so schien er bereit, davon abzusehen, als ich erwachsen wurde. Für ihn, der sein halbes Leben als wohlsituierter Junggeselle in London verbrachte, war es ein Vergnügen, mir meine ersten Austern oder Kiebitzeier vorzusetzen und mich seinen kosmopolitischen Freunden aus der Gesellschaft vorzustellen, mit denen wir am ovalen Tisch lunchten und unter der Wirkung von Champagner bis tief in den Nachmittag hinein über den Resten purpurroter Passionsfrüchte auf unseren Tellern sitzen blieben, während unsere Worte in der Luft schwebten. Clive genoß es, mit mir anzugeben, aber er hatte auch ein feines Gefühl für meine mißliche Lage; und da er wußte, daß Duncan außerstande war, Interesse an meiner sexuellen Erziehung zu zeigen, gab er mir *Daphnis und Chloe* zu lesen – das, idyllisch und poetisch, vollkommen meinem Entwicklungsstadium entsprach. Als mein Französisch besser wurde, war es *Manon Lescaut*, der dann *Les Liaisons Dangereuses* folgten – eine merkwürdige Wahl, aber sie waren, was ich hätte wissen können, ein Lieblingsbuch in Bloomsbury. Clive habe ich zu verdanken, daß ich eine begeisterte Bewunderin von Mérimée wurde und *Carmen*, *Colomba*, *La Venus d'Ille* und einige der *Lettres à une Inconnue* mit Genuß las.

Erst sehr viel später begriff ich, daß Clive ein unglücklicher, ja, sogar ein pessimistischer Mensch war, der seine Begabungen nie ganz verwirklicht hatte. Man gewinnt den Eindruck, daß er bei seinen Freunden – deren Ansprüche hoch waren, aber auch ihre Grenzen hatten – nie ganz den »Säuretest der Erstklassigkeit« bestanden hatte. Ob das nun so war, weil seine literarischen Leistungen keinen großen Ruf hatten oder weil er sich in seinen Liebesaffären so hysterisch verhielt, läßt sich schwer sagen, aber im Laufe der Zeit wirkte sich diese Kritik aus, und er erkannte mit einiger Bitterkeit, daß sie berechtigt war. Außer einer raschen Intelligenz hatte er unzweifelhaft das Talent zur Menschenbeobachtung – für die er common sense und einen gewissen Zynismus mitbrachte – und zu einer Art bequemem »Sesselvergnügen«, das umso größer war, je mehr Sessel versammelt waren. Obgleich Bunny darauf hingewiesen hat, daß seine Großzügigkeit auf Selbstsucht beruhe, war er jedenfalls ein Mensch, der sich lieber in Gesellschaft anderer vergnügte, einen unerwarteten Gast immer willkommen hieß und rückhaltlos schenkte. Es gefiel ihm, wenn seine Freunde sich ganz offen gaben, wenn sie so waren, wie er sie sah; und wenn sie das auch zweifellos belastete und ihren Umgang mit ihm einschränken mochte, hatte seine Zuneigung doch etwas Entwaffnendes: Sie konnten nicht umhin, wenn sie mit ihm zusammen waren, auf sein Wohlwollen zu reagieren.

Clive war gesellschaftlich erfahrener, verbindlicher und auch tüchtiger als irgendein anderes Mitglied von Bloomsbury, was zum Teil darauf beruhte, daß er Geld hatte, zum Teil aber auch auf seinem Verlangen, sich mit denen zusammenzutun, deren Lebensweise Geld benötigte. Im Gegensatz zu Vanessa und Virginia schreckte er nicht vor der Ansprüchlichkeit und den eleganten Umgangsformen der Reichen zurück, allerdings verlangte er auch einen gewissen Grad an Kultur und Ästhetik. So charakteristisch das für ihn war, hatte man jedoch gelegentlich den Eindruck, daß es ihm selbst an Feingefühl fehlte. Es lag ihm so sehr daran, andere durch seine ausgefeilt witzigen Bemerkungen, Schmeicheleien und Doppelsinnigkeiten zu beeindrucken, daß es manchmal verlegen machte, und am Ende waren seine Freunde mehr von seinem erkennbaren Wohlwollen bezaubert als von seinem dem 18. Jahrhundert entliehenen Gehabe.

In Clive lebten zwei Personen, und beide waren zumindest seit einem Jahrhundert aus der Mode: Die eine war der Weltmann, der Dilettant und Literat, die andere der Landedelmann und Sportler. In der zweiten Rolle fühlte er sich, glaube ich, wohler, da seine Kenntnisse, sein Können und seine Liebe zum Landleben schon aus seiner Kindheit herrührten. In keiner der beiden Rollen paßte er ganz in die gegenwärtige Welt; was ihn jedoch besonders liebenswert machte, war die Art, wie er es ablehnte, das zu erkennen, und die Fähigkeit, seine persönliche Umgebung entweder in den Lustort eines Sybariten oder in den Besitz eines Landadeligen zu verwandeln.

In Charleston, wo er keinerlei Grund und Boden besaß, ging er über das Land, als gehöre es ihm, und der Schäfer, der Förster, der Gärtner und deren Frauen waren ihm ergeben. Wenn dieser Anspruch Vanessa auch irritierte, so kam sie doch auf ihre Kosten; nicht nur durch eine gewisse Kühle, sondern auch durch ihre Fähigkeit anzudeuten, daß sie sich jederzeit so verhalten konnte, daß Clive der Atem stockte und er sich bewußt wurde, wie gering sein Einfluß auf ihre Welt war. Tatsächlich aber wurde das Gleichgewicht immer gewahrt. Und so sehr Clive es auch genoß, sich an den Rand gedrängt zu fühlen – Vanessa stieß ihn nie darüber hinaus.

In seinem späteren Leben empfand er vor allem Bewunderung für Vanessa, Bewunderung dafür, daß es ihr gelang, ihre berufliche Arbeit, ihre Malerei, fortzusetzen, ohne persönliche Beziehungen dadurch zu gefährden. Er konnte sich an ihrer Schönheit nicht sattsehen und schätzte ihre Liebe zu ihren Kindern und ihr Organisationstalent hoch. Und er liebte sie um einer Tiefe willen, die ihr, zusammen mit ihrer Zärtlichkeit und ihrem Humor – auch wenn er selbst nicht damit gemeint war –, einen Rang und ein Geheimnis verliehen, die er bei niemandem sonst gefunden hatte. In ihrer Jugend war diese Mischung aus Fröhlichkeit (nicht ohne Widerhaken) und sanfter, manchmal geistreicher Ironie unwiderstehlich für ihn gewesen. Clive war nicht nur der Weltmann, sondern auch ein kleiner Junge, und Vanessas diskrete Mütterlichkeit machte einen großen Teil ihres Charmes aus. Wenn ihre Gefühle sich ziemlich rasch verflüchtigten, so lag es daran, daß es unmöglich war, einen, so selbstsüchtigen kleinen Jungen wie Clive auf Dauer zu lieben, einen der besonders in sexueller Hinsicht niemals Selbstbeherrschung gelernt hatte und dem daher der Sinn für das Angemessene fehlte. Ebensowenig besaß er bei allem Wissen und aller Liebe zur Malerei auch nur das geringste Verständnis dafür, was es hieß, ein Künstler zu sein: Es blieb für ihn ein Geheimnis, das er liebte und zugleich fürchtete, weil es in Vanessa unlösbar mit ihrer Weiblichkeit verbunden war: Ihrem Göttinnen-gleichen Vermögen zu lieben und zu zerstören – wie in der *Venus d'Ille*.

Clive bewunderte nicht nur Vanessas sicheren Instinkt, mit dem sie ihren eigenen Weg ging, er war auch zu träge, kannte vielleicht auch seine eigenen Mängel zu gut, um sie davon zurückzuhalten. Er zog es vor – um den Preis seiner eigenen Autorität –, ihr die psychologischen Probleme der Familie allein zu überlassen. Vielleicht war er sich bewußt, daß es bei ihm vor allem ein Versagen des Gefühls war, und das ließ so etwas wie eine kalte Mitte in seinem Innern entstehen, eine Sterilität, die er bei aller Geselligkeit und äußerlichen Wärme nicht völlig vertuschen konnte. Aber dennoch, auch wenn Clive litt, richtete sich seine Bitterkeit immer nur gegen sich selbst, nie gegen sie. Für ihn blieb sie die einzige Frau, mit der er – mit dem Anschein einer gewissen Zufriedenheit – in einem Haus zusammenleben konnte.

Zwischen Clive und Duncan gab es nicht den leisesten Schatten einer Eifersucht, ja es erscheint fast absurd, so etwas überhaupt zu erwähnen. Und wenn das auch vor allem daran lag, daß Duncan homosexuell war und es daher keine männliche Rivalität zwischen ihnen gab, hatten sie außerdem eine tiefe Zuneigung und großes Verständnis füreinander. Auch wenn Clive Duncan erbarmungslos damit aufzog, daß er sich wie ein Oberst oder Major irgendeines längst vergessenen Regiments gebärdete, fast unkritisch an seinem allein seligmachenden Kunstgeschmack festhielt oder sich über irgendeine andere seiner Idiosynkrasien lustig machte, maßregelte er ihn doch nie, war immer großzügig und niemals unbedacht. Es wäre nur zu leicht für ihn gewesen, Duncan wie einen aus der Anstalt entwichenen Irren oder ein *enfant terrible* zu behandeln, aber das tat er nie. Sein Respekt vor Duncans Persönlichkeit war unverkennbar, auch wenn nie offen darüber gesprochen wurde. Duncan wiederum verstand Clive und schätzte seine Weltklugheit, seine gründliche Bildung und seine umfassende Belesenheit, die oft Gegenstand ihrer Unterhaltung war. Andererseits hatte Duncan keinerlei Vorurteile gegen Clives *upper-class*-Freunde, mit denen er gelegentlich sogar sehr gern zusammenkam. Er wußte genug über sie, um genüßlich Clives Berichten von den neuesten Intrigen und Skandalen zu folgen, die Charleston oft in Briefen erreichten – ein Teil von Clives enormer Korrespondenz. Oft heiterte Duncans Kontaktfähigkeit, seine Bereitschaft, eine unübliche Meinung zu riskieren, Clive mehr auf als alles andere. Wenn Clive der Zunder war, so war Duncan das Streichholz, das gewisse Ecken ausleuchtete, die sonst übersehen worden wären.

Duncan, Angelica, Clive und Quentin,
Charleston

BUNNYS TRIUMPH

Meine Beziehung zu meinem späteren Ehemann David Garnett hatte 1936 oder 37, als ich noch am London Theatre Studio war, mit einem Flirt begonnen; sie war immer intensiver geworden und schließlich von seiner Seite in eine Werbung – keine Liebesaffäre – übergegangen, bei der ich durchaus ambivalente Gefühle hatte. Ich kannte ihn mein Leben lang und hatte in Hilton Hall, seinem Haus in Huntingdonshire, gewohnt, wo ich auch seine Frau Ray, eine Schwester von Frances Partridge, und ihre beiden kleinen Söhne, Richard und William, kennenlernte. Ray war ruhig, still und sehr sanft; wenn wir am Kamin zusammensaßen, stellte sie mir freundliche Fragen, aber da sie immer auf dem Land blieb, habe ich sie nie gut kennengelernt.

Bunny führte mich immer häufiger in Restaurants aus, ging mit mir ins Theater, nahm mich zu Picknicks auf dem Lande mit oder zu einem Besuch bei seiner Mutter, die ein Cottage im Weald besaß. Er erzählte mir lange Geschichten, denen ich begierig lauschte: Sie zeigten mir für Augenblicke eine kraftvolle Mentalität und, wie es schien, auch ein Leben voller Abenteuer, ein Leben, wie ich es mir für mich selbst gewünscht hätte. Wie in einer fortlaufenden Saga enthüllte er mir seine eigene Persönlichkeit – oder vielleicht auch nur den Teil, der, wie er glaubte, den besten Eindruck machen würde. Ich hätte nicht leichtgläubiger sein können, während er zweifellos ganz geschickt verfuhr – auch wenn er ganz ohne Arg zu sein schien. Er sprach von seiner Vergangenheit, die so viel länger war als meine eigene, und führte mir einen jugendlichen Corydon vor, der unerfahren, heftig, abenteuerlustig und unschuldig wie er war, eine Anziehung auf Menschen wie D.H. Lawrence, Edward Thomas*, H.G. Wells und andere Schriftsteller ausgeübt hatte, die ich durch ihn zu lieben begann. Als er mir erzählte, wie er versucht hätte, den indischen Politiker Savarkar aus dem Gefängnis zu befreien, meinte ich in ihm sofort einen neuen Rudolph Rassendyll* zu erkennen, wenn auch ohne die aristokratische Note. Seine Reise nach Rußland als Junge von zwölf Jahren, während der er die Sprache lernte, indem er sich tagelang bei den Schäfern in der Steppe aufhielt, und seine Verbindung zu revolutionären Emigranten wie Prinz Kropotkin und Sergej Stepniak, waren Ereignisse, die mich in direkter Linie mit der Welt der russischen Romanciers zu verbinden schienen. Ich fing damals gerade an, sie zu verstehen. Daß er, immer ohne einen Pfennig in der Tasche, überall zu Fuß oder per Rad hingelangte und daß er ein Einzelkind war, gab ihm die Aura des tumben Toren im Märchen, der zuletzt – mit guten oder bösen Mitteln – immer die Prinzessin gewinnt.

Angelica als Ellen Terry in ›Freshwater‹

Er sprach unverhohlen von seinen zahlreichen Liebesaffären, ließ aber die aus, die mich näher hätten berühren können. Als Kind von Bloomsbury war mir das alles ganz selbstverständlich, so wie ich es vollkommen natürlich fand, daß er mich liebte, während er zu Hause Frau und Kinder hatte. Da er es war, der die Initiative ergriffen hatte, meinte ich, daß es mehr seine als meine Angelegenheit sei – es kam mir gar nicht in den Sinn, mich anders zu verhalten. Ich war bereits in der Gewalt einer Persönlichkeit, die hundertmal stärker war als ich, und so vertraute ich ihm viel mehr als für uns beide gut war. Die Berichte von seinen Erfolgen in der Liebe lösten bei mir keinen eifersüchtigen Schock aus. Seine Erfahrung mit der Schriftstellerin Dorothy Edwards und seine Liebesaffäre mit dem Modell Betty May – der ›Tiger-Frau‹ – lagen abgeschlossen in einer weit zurückreichenden Vergangenheit, weggepackt wie ein Koffer auf dem Dachboden. Aber als er ihn öffnete, um in seiner langsamen Redeweise, seiner offensichtlichen Gefühlsstärke und seiner natürlichen Wärme ein zerknittertes Stück Brokat daraus hervorzuholen, zeigte sich sein treffsicherer Sinn für das Dramatische. Da saß er breitschultrig, mit dem ein wenig schiefen Lächeln im Lampenlicht, blickte mich mit seinen blauen Augen gerade an und durch mich hindurch und beraubte mich so der Fähigkeit, zu erkennen, daß sich unter seinem weltläufigen und charmanten Äußeren so etwas wie eine Planierraupe verbarg.

Bunny kam, so eng er auch mit Vanessa und Duncan verbunden war, aus einem ganz anderen Milieu (wenn auch sein Großvater, Richard Garnett, Bibliothekar im Britischen Museum, Leslie Stephen ohne Zweifel gekannt hatte). Bunnys Eltern hingegen dachten nicht daran, Sterne am Himmel der Literatur zu sein, sie gehörten vielmehr zu ihrem soliden Kern. Sie waren weniger kreativ als sachkundig, seine Mutter war Übersetzerin, sein Vater Verlagslektor, beide bemerkenswerte und hochintelligente Menschen. Sie arbeiteten hart, hatten bescheidene Ansprüche, waren blind gegenüber allen visuellen Reizen und unbekümmert um Wohlleben. Edward Garnett schätzte immerhin guten Wein, das stimmt, aber Constance ließen gutes Essen oder irgendwelche anderen sinnlichen Annehmlichkeiten des Lebens völlig gleichgültig. In ihrer Kindheit war sie schwer krank gewesen, hatte viel gelesen und wurde schließlich eine der ersten Studentinnen in Cambridge. Später brachte sie sich selbst Russisch bei und übersetzte im Laufe ihres Lebens die meisten russischen Romanciers. Bei mindestens einer Gelegenheit hatte sie Informationen aus Rußland herausgeschmuggelt und sich mit einigen der politischen Exilanten befreundet: Einige von ihnen siedelten sich in ihrer Nähe im Weald an, oberhalb der Hügellandschaft von Sussex, wo sie und Edward sich ein Haus gebaut hatten. Hier arbeitete Constance – die meiste Zeit ganz allein – an ihrem Schreibtisch oder im Garten. Als ich sie kennenlernte, war sie schon halb blind: Sie mußte sich hinknien, um die Blumen, die sie zog zu sehen, wobei ein altmodischer Sonnenhut ihr Gesicht beschattete.

Im Innern des Hauses herrschte eine Atmosphäre aus der Zeit der Arts-and-Crafts-Bewegung. Die Türen waren aus gediegener Eiche mit schmiedeeisernen Klinken und Schlössern; die Kamine aus häßlichen roten Ziegeln waren solide gebaut, und überall gab es Klapptische und Wollstickereien. Der Fußboden war bedeckt mit rutschenden Teppichen und Matten, und Haufen alter Zeitschriften stapelten sich in den Ecken oder machten sich mit Büchern aller Größen und Arten auf den schwarzen Eichenregalen den Platz streitig. Man hatte den Eindruck eines großen Durcheinanders, und das völlige Fehlen einer visuellen Harmonie wirkte quälend auf mich. Der Lichtmangel und die Farblosigkeit waren bedrückend, aber Constance selbst war reizend – arglos, gescheit, fast knabenhaft und trotz ihres beträchtlichen Alters für alles interessiert. Sie hatte etwas Durchsichtiges und Unschuldiges, ganz ohne Hintergedanken. Trotz ihres scharfen Verstandes und ihrer großen Belesenheit kannte sie die Welt nicht und wußte wenig von der menschlichen Natur: Auch sie war ein Beispiel ›jungfräulichen‹ Temperaments, was ihr aber überhaupt nichts ausmachte.

Eines Tages zu Beginn unserer Beziehung lud Bunny Duncan und mich zum Wochenende nach Hilton ein. Als wir in seinem Wagen vorfuhren, drehte er sich auf seinem Sitz herum und gab mir einen langen, sehr erotischen Kuß, was Duncan im Rücksitz unvermeidlich mitbekam. Obwohl Bunny mir viel von seiner Zeit in Charleston zwischen 1916 und 1918 erzählt hatte, war er äußerst verschwiegen, was seine Liebesaffäre mit Duncan anging – eigentlich äußerte er sich nie ganz offen dazu. Ebensowenig hatte er mir verraten, daß er, als ich geboren wurde, damit geprahlt hatte, er werde mich eines Tages heiraten. Sein Kuß war zwar in erster Linie für mich gemeint, aber auch ein unmißverständlicher Wink für Duncan, was seine Absichten anging, und es war ein Jammer, daß der ihn nicht wahrnahm. Bunny hingegen handelte instinktiv. Auch der Ort, den er sich für diesen Kuß ausgesucht hatte, war voller Bedeutung: Er lag in Sichtweite von dem Fenster, an dem Ray in diesem Augenblick nach uns hätte Ausschau halten können.

Sie war bereits krank, und Bunny machte sich auch damals schon Sorgen wegen ihrer Gesundheit. Sie hatte eine Krebsoperation hinter sich, und während des Jahres 1938–39 war ihm ihr allmählicher Verfall stets mehr oder weniger deutlich bewußt. Seine tiefe Einfühlung in körperliche Leiden, seine Schuldgefühle wegen des Mißlingens dieser Ehe und die Erkenntnis, daß Ray in erheblichem Maße Opfer seines eigenen Egoismus war, trugen noch zu diesem Kummer bei. Sein Appell an das

Raymond Mortimer und David Garnett, Charleston

Mitgefühl für einen reuigen Ehemann steigerte seine Attraktivität nur noch mehr: Er bot mir eine Rolle in einer tragischen Situation von Erwachsenen an, für die ich nicht verantwortlich war. Ray war kaum ›wirklich‹ für mich, und obgleich sie Gegenstand meines aufrichtigen Mitleids war, entging es mir nicht, daß meine Jugend und Vitalität als Kontrast zu ihr eine starke Anziehung auf Bunny ausübten.

Verglichen mit seinem üblichen Stil im Umgang mit Frauen entwickelte sich unsere Liebesaffäre langsam. Er blieb geduldig und taktvoll. Wir gingen viel aus in London, verbrachten einige Tage in Charleston, gewöhnlich zusammen mit der Familie, einmal allerdings, als wir sehr hofften, allein zu sein, tauchten in letzter Minute Vanessa und Duncan auf, ganz offenkundig, um uns zu überwachen. Schließlich gab ich Bunnys Hartnäckigkeit nach und verlor meine Unschuld – sehr passend – in einem unbenutzten Schlafzimmer von H.G. Wells.

Aber wenn die physische Attraktion auch stark war – ich weigerte mich zu sagen, daß ich ihn liebte; ich ahnte, daß wirkliche Liebe etwas anderes war, und mein Herz war erfüllt von Zweifeln, die nicht weichen wollten, obgleich ich sie nicht in Worte zu fassen vermochte.

Ich war so unerfahren, kannte mich selbst so wenig und zweifelte, ob ich ein Recht darauf hätte, daß mir jemand zuhörte. Die Erwachsenen – als die ich sie immer noch sah – waren hinter mir aufmarschiert und warteten, was ich wohl tun würde. Zu der Zeit erkannte ich nicht, daß Bunny zu ihrer Generation gehörte, nicht zu meiner, und daß deshalb, wie mir später klar wurde, niemand meines eigenen Alters eine Chance neben ihm gehabt hatte.

Ich war Wachs in seinen Händen, und einiges von dem, was er tat, hatte symbolische Qualität – als wollte er mich zu der Frau formen, die er brauchte. Er nahm mich mit nach Ste. Menehould in Nordfrankreich, wo er mehrere Monate nach dem Ersten Weltkrieg mit den Quäkern die in den Kämpfen zerstörten Häuser aufbaute. Er vermied es gerade noch, mich zu Rays Cottage in Swaledale in Yorkshire mitzunehmen, das sie sehr geliebt hatte, aber er fuhr immerhin mit mir zum nahegelegenen Kettlewell, wo wir unter dem hohen Himmel in klarer Luft ein Sardinen-Picknick genossen, die schwarzgesichtigen Schafe betrachteten und dem Brachvogel lauschten. Nach anfänglichem Zaudern liebte ich den Norden Englands bald genau so sehr wie er. Zwar war sein Wunsch, ich solle seine Vorlieben teilen, ganz natürlich, aber dennoch war alles, was er tat, mindestens so sehr auf Vanessa und Duncan gemünzt wie auf mich. Es war, als wollte er sagen: »Versucht mich doch zurückzuhalten, wenn ihr könnt!«

Diese aus Glück und Angst gemischten Augenblicke hatten den Spanischen Bürgerkrieg und die wachsende Gewißheit eines europäischen

Krieges zum Hintergrund. Diesen voraussehend, war Bunny ins Luftfahrtministerium eingetreten und verbrachte die halbe Woche in Fitzroy Street, wo er ein Zimmer meinem genau gegenüber gemietet hatte, und die andere Hälfte in Hilton. Im Herbst fing ich mit dem Kunststudium in der Euston Road School an, aber das folgende Semester stand ganz im Zeichen einer Krankheit, die ich albernerweise zu verbergen versucht hatte und die sich als schmerzhaft, aber ungefährlich herausstellte. Da keins unserer Wohn-Schlafzimmer für eine Kranke geeignet war, steckte mich Bunny in eine Privatklinik – eine ziemlich dramatische Entwicklung der Angelegenheit, die Vanessa in großer Angst nach London eilen ließ. Taktvoller wäre es gewesen, mich in ihr Atelier zu betten und den Hausarzt zu rufen, aber Bunny begriff, wie wenig mir daran lag, von Vanessa gepflegt zu werden. Er war in einer schwierigen Lage, in der er es niemandem recht machen konnte; dieser Zwischenfall ließ jedenfalls deutlich erkennen, wie prekär unsere Familienbeziehungen waren, und unterstrich unsere Unfähigkeit, offen miteinander umzugehen. Ich erholte mich jedoch, und alles schien wieder gut.

Im September wurde der Krieg erklärt. Im Garten von Charleston, der in den Rot- und Orangetönen des vergehenden Sommers glühte, hörten wir Chamberlains Rede im Radio. Die Unwirklichkeit dieses Zusammenseins war an sich schon erschreckend, und dennoch waren wir nun alle – bis auf Julian – und taten, als ginge uns das alles nichts an, und es schien, als sollte es dabei bleiben. Mit der Hinauszögerung der Kriegshandlungen während des Herbstes verlor sich unser Wirklichkeitssinn im gleichen Verhältnis wie die Spannung wuchs. Tag für Tag erwarteten wir, daß irgend etwas passierte, und waren erleichtert, wenn es ausblieb.

Der Winter war kalt, aber die strenge Rationierung hatte noch nicht begonnen. In Charleston hatten wir es ganz behaglich. Man beschloß, meinen zweiundzwanzigsten Geburtstag kurz vor Weihnachten zu feiern. Alle waren entschlossen, ihn zu einem bemerkenswerten Ereignis werden zu lassen – von Lottie, die sich bereits zwei Wochen vorher abrackerte, bis zu Vanessa, die alles bedachte und organisierte. Auch ich war nicht ganz untätig. Ich hatte in Charing Cross Road, wo wir beide nach antiquarischen Noten suchten, einen jungen Deutschen aufgegabelt. (Als Bunny von seiner Existenz erfuhr, die ich in aller Unschuld erwähnte, machte er mir eine vernichtende Eifersuchtsszene, für die ich nur schlecht gerüstet war.) Der junge Mann hieß Eribert; er war groß, dünn und fühlte sich elend, so ganz von seinem Land abgeschnitten und der Sprache nicht mächtig. Ich lud ihn zu meiner Party ein, wo er sich in einer Situation befand, die sehr an *Le Grand Meaulnes* erinnerte: ein abgelegenes Landhaus voller Menschen aller Altersstufen in Abendkleidung, die sich gut kannten und die miteinander auf eine Weise verbunden waren, die ihm ein Geheimnis blieb. Alle verhielten sich frei und locker, sie waren da, um sich zu vergnügen. Es gab Speisen und Getränke in geradezu provozierendem Überfluß und hinterher Musik und Tanz. Jedesmal, wenn Clive das Wort an Eribert richtete, stand dieser auf, schlug die Hacken zusammen und salutierte. Clive, das muß zu seiner Ehre gesagt werden, zuckte nicht mit der Wimper; vielleicht hat er sogar diese für uns so ungewohnte Höflichkeit genossen.

Eribert hatte seine Flöte mitgebracht und spielte, am Klavier von Marjorie Strachey begleitet. Sie hatte sich nicht verändert, war immer noch heftig und vital wie früher, entzückt, daß man sie zu einer Party mit den Jungen einlud. Sie trug ein purpurrotes durchsichtiges Gewand, das hinten nur mit einer einzigen Brosche zusammengehalten wurde, die, wäre sie aufgegangen, mehr enthüllt hätte, als irgendeiner von uns zu sehen bereit war. Nach einem späten Abendbrot, das aus einer Wildpastete bestand, und nach etlichen Gläsern Wein fing sie an, uns mit ihren großen Nummern zu unterhalten, den Songs zu ›Rotkäppchen‹ und ›Aiken Drum‹, dessen Hosen aus Hexensäcken gemacht waren. Ihr Sinn für Humor ging ins Groteske und erreichte eine Obszönität, die ihresgleichen suchte, Anzüglichkeiten, die umso drastischer waren, als es sich ja um Kinderlieder handelte. Ihre äußere Erscheinung bei solchen Gelegenheiten war ein wichtiger Faktor: Schäbig, wie sie war, mit gelben Zähnen, schlampig, formlos wie eine Wachskerze, die in ihrem Halter zusammenschmilzt, sprang all ihr Witz und ihre Vitalität in ihre kleinen braunen Augen, die wie polierte Schuhknöpfe in ihrem heftig nickenden Kopf glänzten. Sie drohte mit dem Finger und unterstrich die Moral von der Geschichte. Unnötig zu sagen, daß ihr Erfolg überwältigend war. Wir konnten nicht genug kriegen von ihr und glaubten, es müßte allen so gehen. Aber der arme Eribert war aufgebracht und verschreckt und wurde, als man schließlich entdeckte, daß er Gürtelrose hatte, zu Bett gebracht. Abgesehen davon, daß es die letzte Party in Charleston war, war es auch für ihn der letzte fröhliche und zivilisierte Augenblick, ehe er in ein Lager für feindliche Ausländer kam und dann nach Kanada, von wo er mir später eine Postkarte schickte.

Zu Beginn des Frühlings starb Ray, und Bunny nahm ein Landhaus im Hügelland im Weald, etwa fünf Meilen von Charleston entfernt. Es muß etwa zu dieser Zeit gewesen sein, daß Virginia mich in Rodmell beiseite nahm und mich fragte, ob ich Bunny heiraten wolle, wobei sie mir klarmachte, daß Vanessa sehr darunter leiden würde. Ich hatte damals keinen Gedanken für die Zukunft übrig, eine Zukunft, die von den unberechenbaren Launen des Krieges und eines sozialen Aufstands bedroht war, und ich sagte in gutem Glauben, daß ich nicht die Absicht hätte.

Inzwischen beobachten wir von unserem Landhaus aus die ›Schlacht um England‹, sahen, wie die Messerschmitts und Spitfires zur Erde kreiselten, während der Qualm aus den getroffenen Rümpfen nach oben zog. Die Flugzeuge wirkten wie Spielzeug am Himmel, und es war schwer zu glauben, daß die Flieger, die sie lenkten, unser Schicksal in Händen hielten, so abstrakt wirkte dieses Schauspiel von unten. Eines Abends erwähnte Bunny ein Vorkommnis, von dem er gehört hatte. Dabei wurde ein deutscher Pilot erschossen, nachdem sein Flugzeug heruntergeholt worden war. Bunnys großes Vergnügen an dieser angeblich heroischen Tat schockierte mich tief, nicht nur als Reflex der Zeit, in der wir lebten, sondern weil es sein eigenes Wesen enthüllte. Auf meinen Protest hin bemerkte er nur, daß Krieg sei und daß ich nichts davon verstünde. Ich konnte ihn nur anstarren und es dankbar bejahen.

Hier in Claverham sah ich Virginia zum letzten Mal, als sie trotz Benzin-Rationierung mit Leonard zum Tee herüberkam. Heftiger noch als gewöhnlich klammerte sie sich an ihre »Rechte«, woraufhin ich noch ungeduldiger als gewöhnlich reagierte. Vielleicht spürte ich die noch größere Intensität ihrer Zärtlichkeiten und konnte aus irgendeinem Grunde nicht mit der Wärme reagieren, auf die sie gehofft hatte – aber wann gelingt das schon?

»Liebst du mich, Pixerina?«

»Aber ja, natürlich, Virginia«.

Drei Tage später ging ich ins Dorf hinunter, um mit Charleston zu telefonieren, und Clive sagte mir, daß sie verschwunden sei und man glaubte, sie sei ertrunken. Als ich nach Hause zurückgekehrt nach Bunny rief, nahm er mich mit einer warmen, bärenhaften Geste in seine Arme, eine Geste, die ich von da an in Krisenmomenten von ihm erwartete.

In Charleston fand ich eine zerbrechliche, aber gefaßte Vanessa vor. Sie mußte dieses Ereignis ihr ganzes Leben lang vorausgesehen haben, und nun, da es eingetreten war, hatte es seine Macht, sie zu erschüttern, verloren. Virginias Tod bestätigte nur den allgemeinen Pessimismus und das Gefühl der Vergänglichkeit rund um uns her. Als Duncan aus London kam, erzählte sie ihm, was geschehen war, und wir drei hockten in gemeinsamer Verzweiflung in der Küche zusammen und hatten das Gefühl, daß die Welt, wie wir sie kannten, und die Kultur, die Virginia geliebt hatte, sehr schnell zerfielen. Leonard, fahl vor Erschöpfung, aber wie immer objektiv und leidenschaftslos, setzte sich zu uns ins Wohnzimmer und berichtete, wie man ihre Leiche im Fluß gefunden hatte, im Fluß, den Julian geliebt hatte, und ich erinnerte mich, wie einmal ein Delphin Virginia zum Ufer gelockt hatte, um zusammen mit uns seinen seltsamen und anmutigen Sprüngen zuzuschauen.

Bunny, der bei Rays Tod vom Luftfahrtministerium einen Urlaub aus dringendem familiären Anlaß erhalten hatte, war nun zu einer geheimen Propaganda-Abteilung im Bush House überstellt worden. Während dieser Zeit wohnten wir in einer Dienstwohnung in Clifford's Inn. Es war ein zwischen den Kriegen entstandener und, wie vorherzusehen, bedrückender Neubaublock. Wir fühlten uns wie Ameisen in einem Haufen, stiegen zahllose Treppenstufen hinauf und eilten durch Korridore zu Zimmern, die Gefängniszellen glichen, wo wir nur mit Mühe allabendlich das Licht abschirmen konnten, das durch unsere Fenster nach draußen drang. Das und die Art wie ich saubermachte, nämlich nur obenhin und wie es gerade kam, rief schließlich das Mißvergnügen der Verwaltung hervor, die regelmäßig eine an eine Oberschwester erinnernde Dame bei den Mietern vorbeischickte, um nach dem Rechten zu sehen. Unsere einzige Erleichterung war, daß wir unten in einem Restaurant essen konnten, wo wir uns manchmal über Nancy Cunard amüsierten, die an einem benachbarten Tisch ihrem Liebhaber eine Szene machte.

In dieser häßlichen und klaustrophoben Umgebung fing Bunny an, von Heiraten zu reden, ein Antrag, dem ich zuerst mit Festigkeit widerstand. Da ich jetzt in London mit ihm zusammenlebte, bedrängte uns die Gegenwart von Vanessa und Duncan weit weniger als im zurückliegenden Jahr, denn sie hatten sich mehr oder weniger fest in Charleston angesiedelt. Vanessa, die immer schon eine Liebesaffäre einer Ehe vorgezogen hatte, fand, daß eine Heirat ein fataler Fehler wäre. Sie sah Verantwortlichkeiten voraus, auf die ich, wie sie meinte, nicht vorbereitet sei, und zugleich fürchtete sie auch, daß ich meine Freiheit zu malen aufgeben würde. Sie fand auch, daß Bunny mit achtundvierzig zu alt für mich sei und daß meine Gefühle für ihn kaum von langer Dauer wären. Und schließlich befürchtete sie, ich würde unter seinem libertinen Verhalten leiden.

Aber sie sagte mir nichts von alledem, sondern verbreitete nur ein vages Gefühl von Kummer und Sorge, das mich zur Verzweiflung brachte. Sie fürchtete nicht nur für mich, sondern auch für Duncan, der sich aufgebracht und eifersüchtig gezeigt hatte. Wäre die Situation weniger mit uneingestandenen Emotionen befrachtet gewesen, die zu verstehen mir großenteils unmöglich war, hätte ich mich frei gefühlt, meine Liebesbeziehung zu genießen, ohne mich festzulegen. Aber so bewegten sich die Gefühle, die sie hervorrief, unbegreiflich und bedrohlich knapp unter der Oberfläche. Vanessa schwebte in einer Angst, die ich heute ganz verständlich finde. Sie führte lange Gespräche unter vier Augen mit Bunny. Ihr einziger Wunsch war, so schien es, mich und Duncan vor dem Leben selbst zu beschützen, wo doch, was ich am nötigsten brauchte, Freiheit in jedem Sinne war. Natürlich hätte ich Fragen stellen sollen, aber man hatte mir die »Wahrheit« so oft gesagt, daß ich dachte, ich müßte sie nun kennen. Man hatte eine Gehirnwäsche mit mir veranstaltet, bis ich nichts mehr im Kopf hatte. Zugleich waren Duncan, Bunny und Vanessa zu eng miteinander verbunden, als daß ich da noch Platz gehabt hätte. Das letzte, was sie wollten, war die Vergangenheit auszuleuchten, die dunklen Winkel darin, die sie zu vergessen hofften.

Natürlich litten Vanessa und Duncan unter Eifersucht, was nicht weiter schlimm gewesen wäre, wenn mein Liebhaber meiner eigenen Generation angehört hätte. Aber Bunny war ein vertrauter Teil ihrer Vergangenheit, und daß er es wagte, aus ihr herauszutreten, und ihre Tochter zur Frau wünschte, war für sie ein durch nichts zu rechtfertigender Alptraum. Beide waren außerstande, uns zu sagen, was sie fühlten, teils weil sie nicht bereit waren, alle Karten offen auf den Tisch zu legen, aber auch weil Vanessa, indem sie versuchte, erst Duncan und dann mich zu beschützen, nur verhinderte, daß wir einander verstanden. Normalerweise wäre es Duncans Rolle als Vater gewesen, Protest einzulegen. Aber obgleich Vanessa ihn dazu brachte, Bunny einen Brief zu schreiben, hatte der keinerlei Wirkung – Bunny stellte sich taub und stumm. Ich bekam den Brief nie zu sehen, aber es ist klar, daß Duncans ungeschicktes Vorgehen daher rührte, daß er nicht wie ein Vater fühlte. Wie sollte er sich also als solcher verhalten? Hinzu kam, daß meine Vertrautheit mit ihm zu empfindlich war, um sie wirklich auf die Probe zu stellen, und eine weitere Komplikation war, daß meine Gefühle für Bunny im wesentlichen die einer Tochter waren. Wie weit Vanessa und Duncan das verstanden, war mir nicht klar. Jedenfalls schien es ihnen unmöglich, mit mir darüber zu reden.

Vielen Menschen in unserer Umgebung muß klar erkennbar gewesen sein, daß meine Gefühle für Bunny nicht die einer Ehefrau – oder einer künftigen Ehefrau – waren. Maynard zum Beispiel bat Bunny, die Sache mit der Heirat aufzugeben. Aber Bunny blieb störrisch, und nicht einmal Maynards Eloquenz und Autorität vermochten ihn davon abzubringen. Er war immer ungeheuer von Jugend angezogen und empfing daraus die Kraft, die ihn befähigte, selbst so erstaunlich lange jung zu bleiben. In mancher Hinsicht ein vorzügliches Verfahren, das aber doch auch eine Verzerrung war, ein Versagen, den Lauf der Zeit und ihre unvermeidlichen Wirkungen zu erkennen. Er hatte Angst vor dem Tod und – vielleicht nur eine andere Facette der gleichen Sache – er fürchtete, auch als Künstler zu scheitern. Und so hoffte er, indem er mich heiratete, eine neue Anleihe beim Leben zu machen.

Es war mir nie merkwürdig erschienen, daß Duncan, Bunny und Vanessa während der Jahre vor meiner Geburt zusammengelebt hatten. Ich war so erzogen, daß ich das vollkommen natürlich fand; und da ich wie Vanessa nicht neugierig war, stellte ich die Handlungsweise der älteren Generation nicht in Frage. Es wäre im Nachhinein zu einfach, ihre Situation unter dem Zeichen von sexueller Lässigkeit, Eifersucht und Rache zu sehen, aber so erschien sie mir damals nicht, und es mag auch zu dramatisch sein. Vielleicht war es nur natürlich, daß niemand mir die Tatsache mitteilte, die Bunnys Verhalten verständlich erscheinen läßt: daß er nämlich mit Vanessa schlafen wollte und sie ihn zurückwies. Und obwohl ich das nun weiß, fällt es mir immer noch schwer zu glauben, daß er verliebt war, denn nichts, was er je erwähnte, ließ auf mehr als eine natürliche Zuneigung schließen. Aber diese Zuneigung bestand neben einem uneingestandenen Groll, und die konnte sich nur Luft machen, indem er ihre Tochter entführte.

Als Bunny an meiner Wiege sagte, er beabsichtige, mich zu heiraten, nahm das niemand ernst, es war eine allzu offenkundig als Kompliment verkleidete Extravaganz, und weder Duncan noch Vanessa waren es gewohnt, das Verhalten anderer zu analysieren. Aber Bunny meinte das wörtlich und vergaß es nicht, und da ich sein Wesen inzwischen kenne, kann ich unmöglich glauben, daß es nichts mit Eifersucht zu tun hatte, vielleicht auch mit dem Wunsch, ihn, der an Duncan wie an Vanessa Anteil hatte, beiden ganz zugehörig zu machen. Bunny sehnte sich danach, geliebt zu werden und von dem geliebten Menschen Besitz zu ergreifen. Wäre die Einsicht in das Funktionieren seines Bewußtseins nicht durch seine Egozentrik verdunkelt gewesen, hätte er erkennen können, was er tat, denn man konnte ihm nicht nachsagen, daß er keine Phantasie besaß. Heute erscheint es ganz klar, daß er, als er mich mit sich fortnahm, um mit mir als seiner Ehefrau und Stiefmutter seiner Söhne zusammenzuleben, damit zumindest zu einem Teil die Absicht verfolgte, Vanessa Schmerz zuzufügen.

Er wußte auch, daß er einen Keil zwischen Vanessa und mich trieb. In dieser Situation zeigte sich Vanessa großmütig wie eine Heilige und bestätigte nicht nur Virginias früheren Ausspruch, sondern übte sich auch in den Tugenden der Toleranz und der Vergebung, die Bloomsbury so teuer waren. Es war schlimm für sie, mit anzusehen, wie ihre Tochter zu einer Haussklavin wurde und praktisch, wenn nicht auch in der Vorstellung, jeden Anspruch auf eine glänzende Zukunft aufgab, auf die Vanessa gehofft hatte. Bunnys Egoismus muß ihr unglaublich gefühllos erschienen sein, so als nähme er ihr das einzige unzweifelhaft gelungene Ergebnis ihrer Liaison mit Duncan fort. Noch einmal gab es eine Szene zwischen Vanessa und mir im Wohnzimmer von Charleston. Sie mag versucht haben, mir zu sagen, was sie wirklich fühlte, wurde aber hysterisch – eine entnervende Erfahrung, die ich nicht noch einmal riskieren wollte. Erst jetzt frage ich mich, was sie wohl versucht hat, mir mitzuteilen. Daß ich damals eine so schlechte Trösterin war und es mir am leisesten Verständnis für sie gefehlt hat, verfolgt mich bis heute.

Wäre ich ein Sohn gewesen, hätten sich die Dinge ganz anders entwickelt. Denn ich bin sicher, daß Duncan in dem Fall weit größeres Interesse an meiner Existenz gezeigt hätte. Als Tochter hingegen war ich Vanessas ausschließlicher Besitz, und da ich ein weibliches Wesen war, ließ man mich glauben, daß ich allen Schutz brauchen würde, den nur sie mir bieten konnte. Ihr dringender Wunsch, mich abzuschirmen, war Teil einer Wiedergutmachung für das, was sie, wie sie meinte, mir genommen hatte, und das ärgerte und frustrierte mich. Eine ziemlich häufige Erfahrung zwischen Eltern und Kindern, aber ich hatte es noch dazu mit dem ganzen Gewicht von Vanessas Persönlichkeit zu tun. Nur mit Mühe konnte man ihr Widerstand leisten, denn sie war es gewöhnt, das letzte Wort in allen wichtigen Lebenslagen zu haben.

Außerdem hatte ich mir nie bewußt machen wollen, wie eng die Beziehung zwischen Duncan und Bunny in den Jahren 1915 bis 1918 gewesen war. Zwar leistete ich der Weitherzigkeit meiner Eltern Lippendienste, war aber, nicht physisch, sondern moralisch, durch die Vorstellung von Homosexualität schockiert – wohl eine natürliche Folge von Duncans mangelnder Aufmerksamkeit für mich –, und ich brachte es nicht über mich, darüber nachzudenken. Ebensowenig begriff ich, wie inzestuös meine Beziehung zu Bunny war. In den ersten Monaten unserer Liebesbeziehung hatte er Augenblicke von Impotenz, und da muß ihm etwas ähnliches klar geworden sein. Auch er empfand Schuldgefühle, die er verzweifelt zu verdrängen suchte und für die er damals keinen Anlaß sah. Er machte den Versuch, diese Gefühle durch einen intensiven und exaltierten Romantizismus zu rechtfertigen, der, verbunden mit der allmächtigen Vaterfigur, die ich aus ihm gemacht hatte, genau darauf berechnet war, mich zu entwaffnen. Die Geschichte unserer Ehe ließe sich zusammengefaßt etwa so interpretieren: Auf seiner Seite als Kampf, um die unerwartete Verwirklichung eines persönlichen Traums durchzusetzen, woran er trotz einer fast absichtsvollen Blindheit tiefe Zweifel hatte; und auf meiner Seite als die langsame Befreiung von einem Alptraum, die dennoch schmerzhaft war, weil ich glaubte, es sei alles ganz allein meine Schuld. Noch Jahre später wollte er nie zugeben, daß in seiner Liebe zu der Tochter einer alten Freundin und ihres Geliebten, dem er so nahe gestanden hatte, irgend etwas Ungewöhnliches war. Aber er war nie interessiert an der Wahrheit hinter seinen Gefühlen, sondern immer nur an deren Intensität, durch die, wie er glaubte, sie schon gerechtfertigt waren.

Es ist immer gefährlich, von den geheimen Motiven der Menschen zu sprechen, nicht nur, weil man sich so leicht irren kann, sondern vor allem, weil sie nur *eine* Möglichkeit unter den vielen ausmachen, aus denen sich ein menschliches Wesen zusammensetzt. Auch wenn ich glaube, daß Bunny in seinem Handeln vor allem von Selbstsucht,

Egozentrik und vielleicht sogar Rachegedanken bestimmt war – keine besonders attraktiven Eigenschaften – und obgleich das ihn dazu brachte, ein unwissendes und nichts Böses ahnendes Mädchen, das sich nicht verteidigen konnte, zu seinem Opfer zu machen, so war er doch kein reiner Schurke. Er liebte mich als Vanessas und Duncans Tochter, aber er liebte mich auch um meinetwillen, und in mancher Hinsicht war er unglaublich großzügig. Hätte ich ihn nicht geheiratet, wäre er ein vollkommener Freund gewesen, einer, dem ich mich unbedenklich hätte anvertrauen können und der mir immer gute Ratschläge gegeben hätte. Als ich ihn schließlich verließ, wünschte er mir, obgleich er tief verletzt war und sich davon nie wirklich erholte, doch nichts Böses: Er versuchte mutig, sich mit dem abzufinden, was er nicht begreifen konnte.

Am Ende brach Bunnys emotionale Entschlossenheit meinen inzwischen schwach und unsicher gewordenen Widerstand. Meiner Liebe zu ihm lag einfach eine Täuschung zugrunde, ein Traum, den zu opfern ich nicht die Kraft hatte. Dennoch spielte ich einen Augenblick lang mit dem Gedanken, zu einer Freundin davonzulaufen, aber Trägheit, Angst und Unwissenheit hinderten mich daran. Als er das merkte, wurde Bunny womöglich noch dringlicher in seinen Forderungen. Er hatte nicht die Absicht, mich zu erschrecken, aber wie bei vielen Menschen, deren Horizont durch ein einziges zwingendes Ziel verengt wird, spürte er nicht, welchen Druck er ausübte. Ich sah mich von einer gefährlichen Strömung fortgerissen, unfähig, nur einen Finger zu rühren, um das zu verhindern. Hätte ich mich an Vanessa gewandt, hätte sie mich gerettet, aber das ging nicht: Ich zog Nichtwissen dem Wissen vor, obgleich ich in meinem Inneren wußte, daß ich das Falsche tat.

Wir luden Vanessa und Duncan nicht zur Hochzeit ein – eine Unterlassung, die Quentin noch zu verhindern versuchte. Aber wir hörten nicht auf seine Argumente, und heute sehe ich, daß es unmöglich gewesen wäre für Bunny, ihre Anwesenheit bei einer Zeremonie zu ertragen, die in so flagranter Weise seinen Triumph symbolisierte. Sie waren tief verletzt und kamen auch später nie darauf zu sprechen. Vermutlich empfanden sie es als eine flegelhafte Dummheit.

Die Hochzeit fand in einem Ersatzsaal für die Guildhall statt, die ausgebombt war. Wir baten Frances und Ralph Partridge und meinen Stiefsohn William, der gerade die Schule hinter sich hatte, unsere Trauzeugen zu sein. Ich trug ein kurzes rosa Baumwollkleid und einen Hut, der eher für eine Frau von Vierzig geeignet gewesen wäre und an den ich eine Rose gesteckt hatte. Als ich da in dem kleinen öden Raum stand, wo die Zeremonie stattfand, wurde ich für einen Augenblick fast von Panik überwältigt. Angenommen, der Standesbeamte fragte mich, und ich antwortete »Nein«? Was für ein wundervoller Ausweg, was für eine einfache Lösung! Aber ich sagte »Ja«, und es war geschehen. Ich ertränkte mein Schuldgefühl in Champagner im ›Ivy‹, Clives Lieblingsrestaurant, in dem wir zum Lunch waren. Dann nahmen wir den Zug nach Northumberland, wo Bunny einen kleinen Landsitz gekauft hatte.

Trauriger- und bezeichnenderweise sagten weder Vanessa noch Duncan je ein Wort über ihre Enttäuschung. Es wäre ihnen als unfreundlicher Akt erschienen, und sie beschlossen, das Beste aus einer schlechten Sache zu machen. Dennoch blieben Bunnys Beziehungen zu Duncan über Jahre hinaus frostig und distanziert. Mit Vanessa hingegen bestand auch weiterhin eine Vertrautheit, die weniger unglaubwürdig war als meine; Bunny schrieb ihr Briefe, die ihr mehr über mich mitteilten, als ich merkte.

Was mich anging, so schien es, als sei ich unversehens in ein stehendes Wasser eingetaucht, wo sich nie etwas verändert. Meine Anstrengungen, mich von Vanessa zu befreien, hatten mit Schuldgefühlen und der damit einhergehenden Lähmung geendet. Obgleich mehr als hundert Meilen von mir entfernt, blieb sie doch allgegenwärtig. Ich hatte immer noch nicht verstanden, daß es zu einer Konfrontation irgendeiner Art kommen mußte; weglaufen löste nichts. Mit der Geburt meiner Kinder übernahm ich im Bemühen, darüber hinwegzutäuschen, daß ich verloren und unglücklich war, zu viel Verantwortung. Vanessa hatte immer gesagt: »Alles, was ich mir für dich wünsche, ist, daß du glücklich bist, Liebling.« Und nun, da ich es nicht war, erschien es mir als das mindeste, was ich tun konnte, es vorzutäuschen. Im Grunde hatte ich sie ohnehin nie ganz verstanden: Mir war es immer vorgekommen, als suchte man nicht das Glück, sondern das Leben. Was ich hingegen gefunden hatte, war nicht das Leben, sondern Stillstand, und ich unterdrückte mein Unglücklichsein, weil ich mich schämte. Ich begriff nicht, daß dieses Verhalten eine vergiftende Wirkung hatte, noch, in welchem Maße ich mich dem traditionellen Schreckgespenst der Stephens auslieferte: dem masochistischen Selbstmitleid, das – so schien es – von Generationen zu Generation weitergegeben worden war.

Duncan und

Vanessa in Cassis

VANESSAS TOD

Als ich 1944 mit meiner zweiten Tochter schwanger war, schrieb mir Vanessa, daß sie einen Knoten in ihrer Brust entdeckt hätte, und teilte mir zugleich mit, daß sie wahrscheinlich sofort operiert würde. Und ich war mit Bunny in Yorkshire, als mich ein Telegramm von Duncan mit der Nachricht erreichte, daß die Operation gelungen sei. Niemand sprach von Mastektomie oder von Krebs: Die Schwere des Eingriffs wurde mit Stoizismus und Geheimniskrämerei verschleiert. Vanessa muß ungeheuer unter einer Erfahrung gelitten haben, für die es damals weder psychologische Vorbereitung noch Hilfe gab, indem man sie mit anderen teilte. Für jemanden von ihrer Wesensart wäre das sowieso schwierig gewesen, und so kehrte sie in die düstere Kriegsatmosphäre Charlestons zurück wie ein wundes Tier, das sich in seine Höhle verkriecht. Immerhin mögen Quentins Freundlichkeit und Duncans Optimismus etwas dazu beigetragen haben, ihre natürlichen Ängste zu dämpfen. Zu Vanessas Unglück galten damals Krebserkrankungen als eine Art Familienskandal, den man besser unter den Teppich kehrte. Niemand wußte genau, was sie durchgemacht hatte, ich am allerwenigsten. Im Laufe der Zeit aber gewann sie ihre Kräfte zurück, und die eigentliche Rettung für sie waren meine beiden Kinder, deren spontaner Zuneigung sie sich vollkommen überließ.

1947 hatte ich vier Töchter, von denen die beiden jüngsten Zwillinge waren. Ihre Kinderzeit bereitete mir ein unendliches Vergnügen, für das ich keine Worte finde. Ich fühlte mich ihnen sehr nah und war es wohl auch. Zumindest eine der Töchter hat mir gesagt, daß ich als Mutter lebendig und fröhlich war. Ganz sicherlich habe ich nicht in der ganzen Zeit meiner mißglückten Ehe Trübsal geblasen, schon weil ich es nicht ertragen konnte, das zuzugeben. Ich war jung und energisch, ich mochte das Landleben und beschäftigte mich neben Kindern und Haushalt mit verschiedenen Dingen: Ich malte wieder, schneiderte für mich und die Kinder, ich sang und spielte Klavier und Geige, ich war, nimmt man alles zusammen, von geradezu hektischer Betriebsamkeit.

Einer der Gründe, warum sich mein Gefühlsleben nicht entfalten konnte, war eben die Arbeitsmenge, die ich für den Haushalt aufwandte. Wir lebten im gleichen Haus, in dem Bunny mit Ray gewohnt hatte, als Duncan und ich sie vor dem Krieg besucht hatten. Ray hatte Spuren ihrer Persönlichkeit in diesem bezaubernden Haus aus dem 17. Jahrhundert zurückgelassen, und ihre Nachwirkung war so verletzbar, daß ich Angst hatte, daran zu rühren. Nur sehr allmählich fühlte ich mich frei genug, dem Haus – als die Wände gestrichen und die Möbel in

Ordnung gebracht oder ersetzt werden mußten – meinen eigenen, robusteren Geschmack aufzuprägen. Wir hatten wenig Geld, und es gab keinerlei Luxus, das Haus war kalt und zugig, die Heizungsanlage veraltet, die Versorgung mit warmem Wasser unzureichend. Während der ersten sieben Jahre ihres Lebens waren die Kinder, will mir scheinen, unentwegt krank, besonders im Winter.

Gewiß, ich hatte Hilfe im Haushalt, aber da ich mich weigerte, die Musik und die Malerei aufzugeben, war ich ständig übermüdet und sank jeden Abend fast schwindelig vor Erschöpfung ins Bett. Wie bereits gesagt – ein Teil von alledem war überflüssig, eine Möglichkeit, dem Nachdenken zu entfliehen. Aber das passiert vielen jungen Müttern. Wenn einmal die außerordentliche und durch nichts zu ersetzende Erfahrung, Kinder zur Welt zu bringen, in den Hintergrund getreten ist, wird der Horizont durch die Kinder begrenzt, und man ist zeitweilig unfähig, sich weiterzuentwickeln. Selbst wenn es Zeit genug gegeben hätte, neue Verbindungen zu knüpfen, wäre es mir unmöglich gewesen, sie zu nutzen, und Ferien boten zwar körperliche Entspannung, aber keine geistige Erneuerung.

Wiewohl Bunny hilfreich und verständnisvoll war, machte meine Unempfänglichkeit und Dumpfheit unsere Beziehung noch unausgewogener. Hinzu kam das soziale Leben. Das Haus war oft voller Gäste. Wir hatten viele Freunde, in Cambridge wie im Dorf, und wenn ich mein Leben einmal mit ihren Augen betrachte, so gab ich das Bild einer perfekten jungen Mutter, Hausfrau und Gastgeberin ab, die versuchte, allem gerecht zu werden. Einziges Hindernis – und das war ernst und sehr symptomatisch für das, was sich darunter verbarg – war das zunehmende Mißverstehen zwischen mir und Bunny und seine zerstörerischen Wutanfälle, die auf bestürzende und tragische Weise oft auch die Kinder einschlossen.

Wenn es auch stimmt, daß ich ihretwegen bei Bunny blieb, so soll das keine Entschuldigung sein; nachsichtige Leser werden Verständnis haben für meine Zweifel, wie ich vier Kinder allein aufziehen sollte, ohne für einen Beruf ausgebildet zu sein. Aber hätte ich nur den Mut aufgebracht, so hätten wir uns früher trennen können. Den Kindern hätte es vielleicht weniger Schaden zugefügt, in einer gewissen Unsicherheit mit mir allein zu sein, als, wie es statt dessen kam, mit Eltern zusammenzuleben, die offensichtlich und in wachsendem Maße nicht glücklich miteinander waren. Bunny hätte gelitten, und er hätte mir Vorwürfe gemacht und mich gequält, und das war, mehr als die unbekannte Zukunft, das eigentliche Hindernis für mich. Immer wenn ich mich rechtfertigen mußte, zerflossen mir die Argumente wie Butter in der Sonne, bestand meine Verteidigung nur aus Attrappen. Auch wenn meine Gefühle stark waren, war ich verwirrt und voller Zweifel – wie konnte ich da Bunny überreden, mich ziehen zu lassen? Und ohne seine Zustimmung wegzugehen erschien mir ein Ding der Unmöglichkeit, denn meine Kinder waren ja auch seine. Aber ich habe es nicht versucht – und vielleicht tue ich ihm Unrecht.

Vielleicht war Bunnys größere Gefühlsstärke der Grund oder auch meine eigene Jugend und Unerfahrenheit, jedenfalls erschien er mir immer »undurchdringlicher«. Er hatte sich über eine Menge von Dingen eine endgültige Meinung gebildet und meinte, er »wisse die Wahrheit«. Er verschanzte sich hinter dem, was er – wie er wußte – fühlte: Seine Emotionen waren nicht spontan, wurden aber oft zu wahren Anfällen hochgepeitscht. Sein Wunsch, mir die Wahrhaftigkeit seiner Gefühle zu beweisen, war aufrichtig, und mich verwirrte es, mitanzusehen, wie er sich in diesem Bemühen verkrampfte, statt sie einfach durch sich hindurchströmen zu lassen.

In unseren frühen Tagen hatte mir Bunnys Interesse an mir den Boden unter den Füßen weggezogen. Ich hatte so etwas noch nie erlebt, mit Ausnahme kurzer Augenblicke mit Julian vielleicht. Entweder war ich blind gegen dieses Übermaß oder ich hungerte danach, nachdem es mir an Gefühlsäußerungen so sehr gefehlt hatte. Als wir verheiratet waren, stieß mich dieser Überschwang, der so oft in die Irre ging, immer mehr ab. Ich fürchtete, er würde auch mein eigenes Innerstes verzehren, und behielt mehr und mehr für mich. Ich fing an, Vanessas Gewohnheit zu folgen und die mir kostbarsten Gefühle für mich zubehalten, was mich viel kälter und kritischer erscheinen ließ als ich eigentlich war. Und das war Bunny ein Greuel.

Das war nur einer der gewundenen Wege, auf denen unsere Mißverständnisse zunahmen, so als folgten sie ihrem eigenen Willen. Wir hatten beide nicht nur gegen den anderen gesündigt, sondern gegen uns selbst, und darum litten wir. Hätte ich den Mut gehabt, meine eigenen Gefühle anzunehmen, hätte ich vielleicht auch Bunny annehmen können. Wir hätten zu einem modus vivendi kommen oder aber ich hätte ihn früher verlassen können. Für mich waren Alter und Autorität große Hindernisse. Es war klar erkennbar, daß ich Hilfe brauchte, aber ich wußte nicht, wie oder wo ich sie finden könnte, und andererseits fürchtete ich Hilfe ebensosehr wie alles übrige.

Auch während meiner ganzen Ehe war meine Beziehung zu Duncan und Vanessa viel zu eng. Immer, wenn ich in London war, besuchte ich sie, und wir reisten auch zusammen auf den Kontinent, als das nach dem Krieg wieder möglich war. In unser inzestuösen Verbundenheit war uns unsere gegenseitige Gesellschaft viel vertrauter, weniger anstrengend und aus dem gleichen Grunde auch weniger anregend als die irgendeines anderen. Für mich schien es niemand anderen zu geben; einerseits machte mich mein häusliches Angebundensein unzugänglich für andere und andererseits umgab mich meine enge Verbundenheit mit meinen Eltern mit einer unsichtbaren Barriere.

Trotz meiner Unfähigkeit, mich ihnen fernzuhalten, blieb meine Beziehung zu Vanessa unverändert negativ. Kam ich nach Charleston, so saß ich, unfähig ein Wort zu sagen, neben ihr im Atelier am Kamin. Keine von uns beiden wußte, was eigentlich nicht stimmte: Wir waren wie überschwemmt von innerer Unbeweglichkeit und Depressionen. Ich weiß nicht, was mich daran hinderte, die Initiative zu ergreifen, warum ich keine Fragen stellte und die Vergangenheit aufbrach – aber dieser Weg war versperrt, und einen anderen gab es nicht. Wohl blieb sie, wenn sie einmal redete, stets witzig – ihre Ironie war unausrottbar. Aber selbst wenn es ganz amüsant war, es war eine Art Abwehr und verstellte den Weg zu einem tieferen Gefühlsaustausch. Unter der Oberfläche spürte ich schmerzlich ihre Gedankengänge, deren Masochismus mich zurückstieß. Ich war noch zu jung, auch zu egozentrisch, um Verständnis für ein Verhalten aufzubringen, das ich nur als Weigerung sah, an den vitaleren Seiten des Lebens teilzunehmen. Allzu leichtfertig hatten wir Vanessas ständige Melancholie Julians Tod zugeschrieben; aber war dies auch ein ungeheurer Schlag für sie, so hatte er doch, wie mir schien, etwas in ihr zum Ausdruck gebracht, das immer in ihr war und mir schon als Kind bewußt geworden war. Ich wußte, daß Vanessa sich nach Liebesbezeugungen sehnte wie Virginia, aber unfähig war, offen darum zu bitten – während meine Gefühle erfroren waren. Und der Schlüssel zu allem Emotionalen war verloren. Wir saßen da, unfähig, uns zu rühren, wie in Bernstein eingeschlossene Fliegen.

Waren wir unter uns, gab Vanessa oft der Versuchung nach, sich selbst anzuschwärzen, wobei sie, nicht ganz zu unrecht, ihre äußere Erscheinung meinte, aber, was viel schlimmer war, auch ihre Malerei. Ich habe nie von ihr gehört, daß sie mit etwas, das sie gemacht hatte, ganz einverstanden oder gar stolz darauf war, und die Wirkung dieser Attitüde war demoralisierend. Sie stand in vollkommenem Widerspruch zu der anderen Seite in ihr, die immer recht hatte, und es war bestürzend zu erkennen, daß, obgleich sie sich moralisch berechtigt fühlte, über das Leben anderer zu bestimmen, sie sich selbst in einem Zustand der Verwirrung befand. Sprach sie über ihre Arbeit, so sprach sie eigentlich über sich selbst, und ihre verzweifelten Äußerungen über die mindere Qualität ihrer Malerei waren nichts als eine endlose Frage an Duncan, der, wenn er sich auch klar darüber sein mochte, was sie bedeutete, nicht imstande war, sie zufriedenstellend zu beantworten. Sie sehnte sich nach Anerkennung, weniger als Malerin, sondern vielmehr als Frau, und eben die konnte er ihr nicht geben.

Wie Paul Roche mitteilt, hatte Duncan ihr 1918 im Jahre meiner Geburt gesagt, daß er sich nicht imstande fühle, weiter eine sexuelle Beziehung mit ihr zu unterhalten. So war ihr Sieg (wenn es denn einer war), der darin bestand, daß sie Duncan ganz für sich hatte, eher ein Pyrrhus-Sieg, um einen Preis errungen, den sie nicht zu erfassen vermochte. Sie scheint ihn als das notwendige Opfer für das Privileg hingenommen zu haben, mit einem so ungeheuer anziehenden, wenn auch unvollkommenen menschlichen Wesen, an dem sie leidenschaftlich hing, zusammenleben zu dürfen. Und auch in ihrer Liebe muß ein starkes masochistisches Element gewesen sein, das sie dazu brachte, eine Situation zu akzeptieren, die ihre Selbstachtung permanent verletzte. Mit anderen Worten: sie verlor ihren eigenen Wert ganz aus den Augen. In der Zeit, von der ich spreche, war ihre Beziehung, wiewohl von tiefer Zuneigung, irgendwie schief, obgleich sie durch die Jahre der Gewohnheit gerechtfertigt schien. Da Vanessa zugelassen hatte, daß sie durch Duncan leiden mußte, war sie dazu verdammt, ihn zu vergöttern, um den Verlust der physischen Erfüllung zu rechtfertigen. Wäre er nicht so genial gewesen, hätte sich das Opfer nicht gelohnt. Sie gewann einen Mann zum Gefährten, den sie unter Bedingungen liebte, die ihrer nicht würdig waren und ihren Stolz tief verletzten. Während Duncan jung und lebendig blieb, wurde sie rasch alt für ihre Jahre, festgefahren in ihrem Verhalten.

Man ist versucht, sich zu fragen, ob Vanessa wissend darum, was sie sich antat, anders gehandelt hätte. In ihrem Bild ›Die Badewanne‹, das 1918 entstand und nun in der Tate Gallery hängt, steht eine junge Frau splitternackt und allein vor einer mit Wasser gefüllten Wanne. Es ist für mein Gefühl ganz sicher ein Selbstportrait und symbolisiert nicht nur Verlassenheit, sondern auch einen Augenblick der Selbstbefragung und der Wahrheit. Es legt nahe, daß sie eine Krise erreicht hatte und in ihren Bildern um Hilfe rief. Sie versteckte das Bild, und viele Jahre lang lag es auf dem Dachboden, so als sei das was es ins Gedächtnis rief, zu verstörend.

Ich war immer wieder überrascht von dem Unterschied ihrer Malerei vor dem Weltkrieg und danach. Ein Grund für den veränderten Stil von Vanessa und Duncan läßt sich in der natürlichen Reaktion auf eine tiefgehende Veränderung der Lebensqualität sehen, aber bei Vanessa schien eine größere Reife nicht nur mit einem nachlassenden Selbstvertrauen einherzugehen, sondern auch mit einer schwindenden Vitalität. Die Bemerkungen ihrer weniger feinfühligen Freunde, die ihre Arbeiten mit denen Duncans verwechselten, waren nicht ohne Scharfsichtigkeit: Statt ganz in sich selbst zu ruhen, schien sie sich nun, was ihre Inspiration anging, auf ihn zu verlassen. Der Ausgleich für diesen Verlust ihrer Eigenständigkeit lag sowohl in der Tatsache, daß er sie als Mutterfigur liebte und ihr vertraute, wie auch in ihrer beider Einverständnis, was die Malerei betraf, und das schien ihr, soweit sie es sich bewußt machte, zu genügen. Sein menschlicher Zauber ließ nie nach, wurde nie schal. Er war und blieb ihr Augapfel.

Es gab vieles, was Vanessa in der ihr eigenen ruhigen und konzentrierten Art genießen konnte. Und vielleicht lockten ihre Enkelkinder, auf die sie keinerlei Rechte beanspruchen konnte, ihre menschlichsten und liebenswertesten Eigenschaften aus ihr hervor. Sie verwöhnte sie maßlos – das Vorrecht der Großmütter. Meine beiden älteren Töchter, die sie am besten gekannt haben, behielten ihre tiefe Zuneigung und ihren Humor im Gedächtnis. Sie las ihnen vor, wie sie es auch für mich getan hatte, und da sie sich in den langen Kriegsabenden aufs Stricken verlegt hatte, wurde währenddessen die buntgestreifte Röhre einer Socke länger und länger. Wenn sie am Ende einer Seite oder einer Runde anlangte, gab es immer einen kurzen Augenblick des Zweifels, ob sie weiter stricken oder lesen sollte. Die Nadeln bewegten sich langsam hin und her, als erforschten sie ihren Weg Masche für Masche, wobei ihre langen, sensiblen Finger ihnen schmeichelnd zuzureden und sie nicht mit heftigen Bewegungen voranzutreiben schienen. Eine endlose Spirale senkte sich in ihren Schoß, fast unbewußt entstanden: Sie dachte kaum darüber nach, was sie da hervorbrachte – sie glich einer Erdgöttin, die den symbolischen Akt der Schöpfung unendlich oft wiederholt. Die Brille rutschte ihr auf die Nasenspitze hinunter, während sie las, ihr Blick über die Seite glitt und sie zugleich auf das kleinste Anzeichen von Unruhe bei den Kindern achtete. Ihre ernste, kühle Stimme, die gleichmäßig anstieg und fiel, bannte und beruhigte ihre Zuhörer.

Von Charleston aus führte Vanessa eine liebevolle Korrespondenz mit meinen Kindern. Ihre Briefbogen waren übersät mit Katzen, Goldfischen und kleinen Mädchen, und oft fanden sich unter der Post Päckchen mit fertiggestrickten Socken oder anderen kleinen Geschenken. Es gab auch Zoo- und Theaterbesuche, die sie, bei aller unvermeidlichen Erschöpfung, ungeheuer genoß. Mit dem Alter war sie dünner geworden, ging gebeugt und trug nur noch Kleider in Grau oder Schwarz. Sie hatte sich nie wie andere gekleidet; ihre Kleider hatten immer aller Konvention getrotzt, und seit ihren mittleren Jahren nahmen sie immer weniger Rücksicht auf ihre Schönheit. Ob es ihr bewußt war oder nicht – es war ein weiteres Anzeichen dafür, daß sie von sich enttäuscht war. Sie hatte sich nie das Raffinement und die Eleganz einer Mary Hutchinson* oder einer Ethel Sands* gegönnt, oder richtiger, sie hatte sich nie darum gekümmert. Aber dennoch war sie körperlich strahlend schön gewesen – ganz gleich, ob sie nun darauf achtete oder nicht. Jetzt im Alter schienen ihre Kleider mit würdevoller Endgültigkeit zu sagen: »Ihr müßt mich nehmen, wie ich bin.«

Obgleich sie ein wenig wie eine Bäuerin aussah, die ihre Ziegen hütet, strahlte sie Vornehmheit aus. Ihre Bewegungen waren langsam und zögernd, ihr Benehmen nachdenklich, aber beeindruckend. Im Eßzimmer in Charleston saß sie als Hausherrin am Tisch, den sie selbst bemalt hatte; er war rund, aber da wo sie saß war unzweifelhaft ›oben‹. Dort regierte sie vierzig Jahre lang und verteilte Speisen mit gemessener Genauigkeit und in zunehmender Knappheit. Vor ihr stand ein Rinderbraten, von dem sie Tag für Tag ein paar graue Scheiben abschnitt, während auf dem Grunde der Salatschüssel ein paar grüne Salatblätter lauerten und die Zinnschüsseln, die Julian seinerzeit aus China mitgebracht hatte, enthielten kaum genug Gemüse oder Kartoffeln, um unseren Appetit zu stillen. Nicht daß wir gerade Hunger litten, aber die Fülle von früher gab es nicht mehr. Die Mahlzeit endete immer damit, daß sie selbst den Kaffee machte, der in konzentrierten Tropfen in die Kanne fiel. Ohne es zu merken, beobachteten wir, wie sie den schweren Kessel hob und etwas schräg hielt und genau die richtige Menge Wasser auf den Kaffee am Boden der Kanne goß, aus der leise zischend eine Dampfwolke aufstieg. Das war für mich immer die vollkommene Kadenz am Ende einer Mahlzeit gewesen, die Lösung, auf die alle Ereignisse des Morgens hinstrebten und die in die Zurückgezogenheit des Nachmittags überleitete.

Ein Hauptvergnügen für Vanessa war es immer noch, den Kontinent zu bereisen. In Erwartung des Abenteuers, wie sie es nannten, packten sie und Duncan ihre Malsachen zusammen und fuhren nach Venedig, Lucca oder Perugia oder nach Auxerre oder in andere kleine Orte in Frankreich, wo sie dann, nachdem sie sich in einer bescheidenen *pensione* oder *auberge* eingerichtet hatten, sofort auf die Suche nach einem »Sujet« aufbrachen. Da gab es keinerlei Unfug, wie erst einmal die Atmosphäre in sich aufzunehmen oder sich Zeit zu lassen damit, heimisch zu werden: Sie fingen sofort an, vor einer Kirche oder am Flußufer zu skizzieren. Danach genossen sie einen langen Abend in einem Café und ein spätes Abendbrot auf der Terrasse, wobei sie eingehend und in sehr exklusivem Akzent über die Ereignisse des Tages berichteten. Vanessa entspannte sich sichtlich in dieser Atmosphäre, genoß – aus gebührender Entfernung – die Wärme der Italiener oder die Vitalität und die praktische Vernunft der Franzosen. Wenn ich konnte, begleitete ich sie in diese Ferien. Es war leichter, dort mit Vanessa zu reden. Von ihren gewohnten Verpflichtungen befreit, wurde sie lebhafter, und tausenderlei Kleinigkeiten lenkten uns von unserer problematischen Beziehung ab.

Die Schönheit, die uns umgab, entlockte uns unser Bestes. Ein Besuch Venedigs im Oktober wurde gekrönt von einem in der herbstlichen Zeitlosigkeit von Torcello verbrachten Tag oder mit einer Fahrt über die

Lagune nach Chioggia, von wo wir nach einem mit Skizzieren verbrachten Tag in der Dunkelheit zurückkamen, fasziniert von den Segeln der Fischerboote, die sich in den Lichtern unseres kleinen Dampfers fingen und als bleiche Motten über dem dunklen Wasser schwebten. Ich erinnere mich an einen anderen Urlaub an der Yonne in einem kleinen Gasthaus, dessen Wirt aktives Mitglied der Resistance gewesen war. Er war ein begeisterter Bewunderer der Engländer und erzählte uns eine Geschichte nach der anderen, von in die Luft gesprengten Zügen und Fallschirmspringern, die sie nachts in den Wäldern erwartet hatten. Durch Bunny hatte ich von General Buckmaster* gehört und war auch mit zwei Agenten zusammengetroffen, die in Frankreich abgesetzt worden waren, und es interessierte mich wie Duncan daher wirklich; aber Vanessa blieb distanziert, entweder aus einer entschiedenen Abneigung gegen den Krieg oder aus Unfähigkeit, sich in ein aktives, extrovertiertes Leben hineinzudenken.

Die letzten Ferien fielen in das Jahr 1960, als Vanessa und Duncan das Haus der Bussys, ›La Souco‹ in Roquebrune in der Nähe von Mentone, mieteten. Diesmal also blieben sie nicht im Hotel, sondern in einem ihnen vertrauten Heim und hatten Grace dabei, die für sie kochte. Ich hatte das Haus zum letzten Mal gesehen, als ich siebzehn war, und es war für mich voll von Erinnerungen an Dorothy Bussy, Lytton Stracheys Schwester, wie sie in einem Sessel kauerte und las, während ihr graues Haar ihr über die Brille fiel und sie mich gelegentlich mit intelligenter Sympathie anblickte. Ihr Mann, Simon, war wie eine kleine Eule, grimmig und eigensinnig. Er führte den Haushalt und schalt die Köchin gnadenlos für jeden kulinarischen faux pas. Schweigsam, aber vital, konzentrierte er sich ganz auf seine Malerei, die er in aller Heimlichkeit in seinem Atelier hinter dem Haus betrieb. Inzwischen war er gestorben, und Duncan, Vanessa und ich sahen die Haufen seiner Gemälde, Pastelle und Zeichnungen durch, die im Sonnenlicht zerfielen. Sie gaben Kunde von einer leidenschaftlichen, aber einsamen Natur. Er hatte frühe Arbeiten von phantasievoller Großartigkeit hinterlassen und war nach und nach zu Bildern kleineren Formats übergegangen, einige darunter von einzigartiger Empfindsamkeit und Schönheit.

Die safrangelben Wände und die weißen Vorhänge waren unverändert, wenn auch etwas abgetragen, ebenso die vielen Bücher im Papiereinband, welche die Wände des Treppenhauses bedeckten. Der Garten fiel in Terrassen zum weitentfernten Meer ab, die getüpfelt waren mit Oliven-, Orangen- und Limonenbäumen, an denen die Früchte wie kleine Laternen hingen. Die Wege waren zwar von Unkraut zugewachsen, aber gesäumt mit kleinen blauen Iris, und wenn man nach oben schaute, sah man die zimtfarbenen Dorfhäuser gegen einen violetten Himmel.

Wir hatten ein Auto, das Duncan mit inspirierter Sorglosigkeit nach Mentone zu einem Lunch mit Clive und Barbara Bagenal lenkte, die dort wie gewöhnlich überwinterten. Oder wir fuhren in die Hügel hinauf, um einen Gegenstand zum Malen zu finden. Vanessa fuhr selbst nicht mehr. Ihre rheumatischen Knie machten sie steifer und langsamer und verursachten ihr erhebliche Schmerzen, über die sie nie klagte. Sie war vergeßlich geworden und nickte immer häufiger im Sessel ein. Duncan war besorgt über diese Anzeichen nachlassender Kräfte und wurde, typisch für ihn, eigensinnig und launisch. Ich stellte oft fest, daß ich über nichts und wieder nichts mit ihm aneinander geriet, was wiederum Vanessa betroffen machte. Dennoch war die Stimmung glücklich, belebt noch durch die weltläufige Gegenwart von Clive und Barbara und das wunderbare Wetter, das, so schien es bisweilen, ewig andauern würde.

Zurück in England, blieben Vanessa und Duncan wie bisher alle zwei Wochen zwei oder drei Tage in London in der Percy Street, wo sie inzwischen die alte Wohnung von Saxon Sydney-Turner übernommen hatten. Eines Abends bei einem Abendessen, das sie für ein paar alte Freunde gaben, fiel Vanessa in eine tiefe Ohnmacht, und man konnte sie nicht wieder zu sich bringen. Duncan rief die Ambulanz des Middlesex-Krankenhauses an. Dort aufgewacht, belebte sie sich wieder, behauptete sofort, daß es ihr durchaus gut ginge, und bestand darauf, nach Hause gebracht zu werden. Es war charakteristisch, daß sie mir nichts davon sagte, und ich erfuhr von diesem Zwischenfall erst nach ihrem Tode von Michel Saint-Denis.

Im Winter 1960 erkrankte sie in der Percy Street an einer schweren Lungenentzündung. Die Wohnung lag unbequem ganz oben im Haus und wirkte mit einem Male dürftig und verwahrlost. Sobald das Schlimmste vorbei und Vanessa etwas besser bei Kräften war, wurde sie nach Charleston gebracht. Als ich nach ihrer Abreise die Wohnung aufräumte, war ich erschrocken über die schmutzigen Laken, den Staub auf Fußboden und Möbeln, den Dreck in der Küche. Es führte mir vor Augen – was sich bislang noch unter ihrer entschiedenen Unabhängigkeit verborgen hatte –, wie alt Vanessa war und daß sie nicht mehr fähig war, alles zu bewältigen. Später wurde mir klar, daß es gut so war, besser jedenfalls als das Gegenteil, denn es besagte, daß sie bis fast ans Ende noch glaubte, alles bewältigen zu können.

Im Frühling 1961 lag Clive krank in einer Londoner Klinik. Eines Spätnachmittags rief er mich in Hilton an: Vanessa hätte sich wieder eine Lungenentzündung zugezogen, und man glaubte nicht, daß sie die Nacht überstehen würde. Ich nahm den ersten Zug von Huntingdon, fuhr mit dem Taxi quer durch London und erreichte gerade noch meinen Zug nach Lewes. Obgleich erkennbar war, daß Vanessas Kräfte seit einiger Zeit nachließen, war der Gedanke, daß sie sterben könnte, unglaubhaft, schrecklich und zugleich auf unzulässige Weise erheiternd. So wie beim Verschwinden eines vertrauten Denkmals würde ihre Abwesenheit einen neuen Ausblick eröffnen und ich vielleicht meine Freiheit finden. Das waren meine Gedankengänge, als ich im Zug saß, eigentlich war es eine Gedankenexplosion nach langem Stillstand.

Am Bahnhof nahm ich ein Taxi. In Charleston fand ich Duncan und Quentin wie unter einem Schock, aber vollkommen ruhig vor. Duncan führte mich mit Tränen in den Augen zu Vanessas Schlafzimmer im Erdgeschoß. Sie war eine Stunde zuvor gestorben. Weiß, aber von strenger Schönheit lag sie auf ihrem Bett. Duncan schlug vor, ich sollte eine Zeichnung von ihr machen – aber dazu war ich außerstande. Er machte sie dann selbst, und ich habe sie noch heute.

Ich war betroffen, daß ich nicht einmal gewußt hatte, daß es Vanessa nicht gut ging. Warum hatte nicht Duncan anstelle von Clive mich angerufen? Je mehr ich darüber nachdachte, desto mehr fühlte ich mich gelähmt und ausgeschlossen, besonders als ich feststellte, daß sie schon zehn Tage lang krank gewesen war. Meine älteste Tochter, damals achtzehn Jahre alt, und Quentins Sohn Julian waren beide dagewesen, und man hatte sie erst an dem Tag, als ich ankam, fortgeschickt. Vielleicht hatte niemand sich ganz klar gemacht, wie nahe dem Tod Vanessa war. Quentin entschuldigte sich, daß er nichts gesagt hätte. Offenbar hatte da jemand einen Fehler gemacht. Aber es gab keine wirkliche Erklärung dafür, und ich akzeptierte zu schnell ein Versagen, das mich tief verletzte.

Vanessa wurde auf dem Friedhof in Firle begraben. Die einzigen, die sich da versammelten waren Duncan, Quentin, ich, Grace und ihr Mann Walter. Heute liegt ein Stein mit ihren Lebensdaten auf dem Grab: 1879–1961. Sonderbarerweise war es schwer zu glauben, daß sie einundachtzig geworden war, obgleich sie mir doch immer wie eine relativ alte Mutter vorkam. Sie war mir stets so unveränderlich erschienen, daß ich mir eine Welt ohne sie nicht vorstellen konnte, ganz besonders nicht jene persönliche Welt, die sie für sich als Refugium vor Fremden und als einen Hafen für ihre Familie geschaffen hatte – die Welt, in der sie uns alle, zu unserer Verwirrung und zu unserem Entzükken, gehegt und gepflegt hatte.

Ich blieb noch in Charleston. Meine Beziehung zu Duncan begann vertrauter zu werden. Er war, glaube ich, sehr schlecht dran, sprach aber nicht viel von Vanessa. Als ich einen Tag nach seinem Tod ein paar Zeichnungen durchsah, fand ich einen kleinen Zettel vom 3. Juni 1961, auf den er in seiner unverwechselbaren Handschrift geschrieben hatte:

Nach dem Lunch wurde es mir plötzlich klar, daß ich jetzt im Guten wie im Bösen ›auf mich allein gestellt‹ bin

Was genau ich damit meine? Ich kann es nur ahnen, indem ich das Wort ›Hochachtung‹ verwende – das ist es, was ich Vanessa gegenüber immer empfand. Ich meine nicht die Nebenbedeutung von Schmeichelei, die dem Wort anhaftet, aber ich achtete ihre Ansichten und Gefühle immer hoch. Von nun an werde ich, so denke ich, ihre Ansichten wie immer respektieren, ich weiß oder ich kann es erraten, wie sie ausfallen würden – aber ihre Gefühle gibt es nicht mehr, und in dieser Hinsicht bin ich, das fühle ich, allein. D. G.

Die klare Einsicht dieses kleinen Dokuments ist für mich ein Zeugnis für die besondere Qualität ihrer Beziehung; seine Schlichtheit ist bewegend und erinnert mich an eine Opfergabe von frischen, in der Morgendämmerung gepflückten Kräutern – nicht so sehr für Vanessa als für die Götter. Während der langen Tage, die er im Atelier verbrachte, ehe er wieder anfing zu arbeiten, rangen diese Gefühle um Ausdruck. Eines Abends kam Clive aus der Privatklinik zurück. Erschöpft von der Reise saß er in seinem Sessel in der Bibliothek unten im Haus und überließ sich so ganz seinem Gefühl, wie ich es nie zuvor bei ihm gesehen hatte. Für ihn würde die Welt ohne Vanessa unendlich ärmer sein, und Charleston selbst war ohne sie nur ein blasser Abglanz von dem, was es einmal gewesen war. Bis Duncan sein Gleichgewicht wiederfand, lebten wir alle unter Spannung. Nichts an den äußerlichen Gewohnheiten änderte sich, aber die *raison d'être* für die Alten war dahin.

Nachbemerkung

Ich habe sieben Jahre gebraucht, um dieses kleine Buch zu schreiben. Einem professionellen Schriftsteller mag das lächerlich erscheinen, aber für mich war es so, als käme ich allmählich aus der Dunkelheit ans Licht.

Tatsächlich hatte ich schon viele Jahre, ehe Frank Hallman mir vorschlug, ein Buch zu schreiben, begonnen, mich aus meinen Fesseln zu befreien. Daß ich mich schließlich von Bunnys Dominanz emanzipiert habe, verdanke ich der zufälligen Bekanntschaft mit Arbeiten von Karen Horney, einer freudianischen Psychologin. Etwas in mir reagierte auf das, was sie schrieb, und ich war mir bewußt, daß ich einen Schlüssel zur Freiheit gefunden hatte, auch wenn ich, immer noch schüchtern und auch falsch unterrichtet, nur sprunghaft vorankam. Später wurde ich von einer meiner Töchter angespornt, die nicht nur eigene Probleme hatte, sondern eine sehr klare Vorstellung von dem, was sie wollte. Ihre tiefe emotionale Krise brachte mich wieder ins Leben zurück – es war mir auch eine wichtige Lehre. Überhaupt habe ich Wichtiges durch meine Kinder gelernt.

Etwa zur gleichen Zeit als ich mich entschloß, Bunny zu verlassen, hatte ich, wie einst Vanessa, eine Mastektomie zu überstehen. Es war eine vernichtende Erfahrung, und ich begriff, wie sie gelitten haben mußte. Wenn ich jetzt davon spreche, so nur, weil ich überzeugt bin, daß die Krankheit mehr meiner seelichen Verwirrung als meiner körperlichen Verfassung zuzuschreiben ist. Zu meinem Glück scheint es so etwas wie eine Warnung gewesen zu sein, auf die ich auch damals schon zu achten begann.

Man nimmt im allgemeinen an, daß alles verstehen alles verzeihen heißt. Aber abgesehen davon, daß es unmöglich ist, alles zu verstehen, hat von »Verzeihung« zu reden für mich zu sehr den Beigeschmack von angemaßter Überlegenheit. Verstehen ist genug – wenn man es schafft –, aber ohne Zweifel gelingt das nicht immer. Es gibt Augenblicke, da ich mich hart getroffen fühle, und andere, in denen ich erkenne, daß Vanessa mir nicht schaden wollte. Sie beging eine Unterlassungssünde, und auch wenn diese Sünden die schlimmste Wirkung haben, müssen gerade sie – es gibt keinen anderen Ausdruck – verziehen werden. Schon indem ich dieses Buch schrieb, habe ich versucht zu verstehen, und ich kann mit unsäglicher Erleichterung sagen, daß ich Vanessa jetzt durch die Augen anderer besser erkennen kann. Vor einiger Zeit habe ich Familienphotos durchgesehen, fast alle von Vanessa aufgenommen. Ich dachte, daß es sich, da ich sie alle gut kannte, um eine fast mechanische Beschäftigung handeln würde, aber ich stellte fest, daß sie heftige Gefühle auslöste und irritierend war, vor allem in Verbindung mit meinem Buch. Was hatte ich da gesagt? Was für ein Bild hatte ich gezeichnet und wie ›wahr‹ war es? Wie hielt es den Vergleich aus mit diesen auf ein Blatt Papier geklebten Schwarz-Weiß-Bildern, die an die Tasten eines alten Klaviers denken lassen, dessen Töne suggestiv in der dumpfen Luft der Erinnerung nachklingen? Ihre Botschaft ist voller Glück und Fröhlichkeit: Sie übermitteln so viel besser als das geschriebene Wort die gelebten Augenblicke, die verschwunden sind und eine Schattenwelt zurückgelassen haben.

Niemand in meinem Buch erscheint mir so schattenhaft, so fragwürdig abgebildet wie ich selbst. Ich war ja nicht vollkommen vereinsamt, verlassen und in mich gekehrt. Im Gegenteil, ich war oft ganz hochgestimmt, ich hatte Spaß mit andern, ich tanzte und lachte. Andere bereiteten mir Freude, und ich gab sie zurück. Aber da war noch die verborgene Seite meines Ich.

Ich sehe meine Kindheit jetzt wie eine über einer Wolke schwebende Wiege, ein gefährliches, aber dennoch köstliches Paradies. Mir scheint jedoch, daß die Zeit der Reife mehr sein sollte als die Kindheit, so wunderbar sie auch gewesen sein mag. Meine Reifezeit hat erst begonnen. Auch wenn sie sich um einige dreißig Jahre verspätet hat, lohnt es sich, dahin zu gelangen. Aber im Bemühen, diese Reife zu gewinnen, mag ich Vanessa in dunkleren Farben gemalt haben, als sie es verdient hätte, und ganz gewiß habe ich ihr Bild – indem ich mein eigenes Ziel verfolgte – verzerrt. Es liegt jedoch in der Natur der Dinge, daß eine Autobiographie nicht beanspruchen kann, objektiv zu sein. Ich habe versucht, meine eigenen Gespenster zu beschreiben und sie auf diese Weise zu bannen.

Erläuterungen

S. 7: Die allgemeine Wehrpflicht wurde in England erst 1916 eingeführt.

S. 9: *Vortizismus*, abgeleitet vom lateinischen *vortex* = Wirbel; literarische Bewegung um Wyndham Lewis (1884–1957) und seine Zeitschrift *Blast, Review of the great English Vortex* von der zwischen 1914 und 1915 nur zwei Nummern erschienen; mit dem Vortizismus verbindet sich ein gegen die epigonale Romantik gerichtetes literarisches Erneuerungsprogramm, das versuchte, Tendenzen der modernen Malerei, insbesonders des Kubismus und Futurismus für die Literatur fruchtbar zu machen; zum Umfeld des Vortizismus gehört auch der nachhaltiger wirkende *Imaginismus* (Ezra Pound, T. S. Eliot).

S. 32: Eine ausführliche Beschreibung der Familie-Pattle und der vier Pattle-Schwestern Virginia, Sarah, Julia und Maria findet sich bei Quentin Bell, *Virgina Woolf*, Frankfurt 1977.

S. 42: *Joseph Austen Chamberlain* (1863–1937); konservativer Politiker, von 1924 bis 1929 britischer Außenminister; wesentlich durch seine Vermittlung zwischen Deutschland und Frankreich kam der Vertrag von Locarno zustande. Chamerlain erhielt 1925 den Friedensnobelpreis.

S. 51: Intellektuell bedeutende Familie der Londonder Upper Middle Class; *Lytton Strachey* (1880–1932), Publizist und Biograph, gehörte zu den wichtigsten Mitgliedern des Bloomsbury-Kreises.

S. 69: Lady *Ottoline Morell*, geb. Cavendish- Bentinck (1873–1938), verheiratet mit dem liberalen Politiker Philip Edward Morrell: zunächst am Bedford Square in Bloomsbury und nach 1915 in Garsington Manor bei Oxford Gastgeberin eines Kreises von Künstlern, Intellektuellen und Politikern, u.a. D.H. Lawrence und Aldous Huxley, Winston Churchill, Augustus John sowie Mitglieder der Bloomsbury-Gruppe, von denen einige nach 1916 als zu Landarbeit verpflichtete Kriegsdienstverweigerer in Garsington Zuflucht fanden.

S. 75: Männliche Hauptfigur in Jane Austens Roman ›Emma‹.

S. 115: Ableitung aus *witch* (Hexe) und *pixy* (Elfe).

S. 117: *Flush*, der Roman über den Hund von Elizabeth Barrett-Browning von Virginia Woolf erschien 1933 und war ein Erfolg.
A Pilgrim's Progress, Hauptwerk des puritanischen Dichters John Bunyan (1628–1688), eines der wichtigsten Bücher im literarischen englischen Schulkanon.

S. 147: *Philip Edward Thomas* (1878–1917), Essayist und Lyriker, wurde im Ersten Weltkrieg im April 1917 in Frankreich getötet.
Rudolph Rassendyll, Held des Abenteuerromans ›The Prisoner of Zenda‹ von Anthony Hope.

S. 168: *Mary Hutchinson*, Frau des liberalen Politikers St. John Hutchinson und lange Jahre »die wichtigste Frau im Leben von Clive Bell« (Quentin Bell).
Ethel Sands (1873–1958), Malerin.

S. 170: *Oberst Maurice Buckmaster*, einer der Organisatoren der französischen Resistance.